为中华崛起传播智慧

To disseminate intelligence for the rise of China

国家出版基金项目

中国战略性新兴产业研究与发展

R&D of China's Strategic New Industries

核 电

Nuclear Power

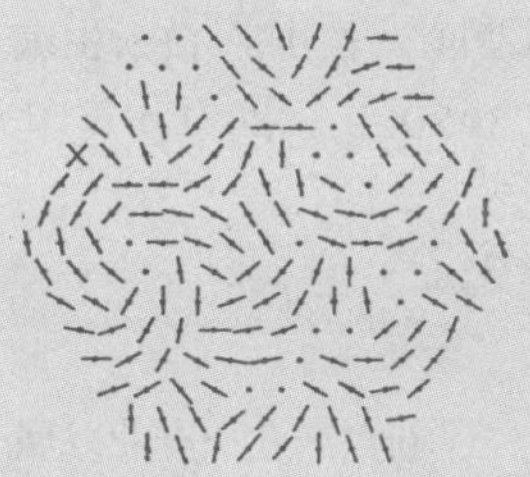

中国核科技信息与经济研究院 组编

白云生 主编

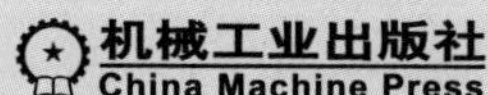

核能产业是我国战略性新兴产业，发展核能有利于我国能源结构向绿色、低碳、高质量发展。本书介绍了核能基本理论知识及其发展历程，全面详实地阐述了国内外核电的发展情况和全球核电市场的预测结果及技术创新趋势，通过对我国核电发展形势与挑战及未来核能发展技术路线的分析，对我国核电产业发展提出了政策建议。本书适合政府官员、企业经营管理者、科研院所的研究人员，以及对核能产业感兴趣的人士阅读。

图书在版编目（CIP）数据

中国战略性新兴产业研究与发展．核电／白云生编．—北京：机械工业出版社，2020.9（2021.6重印）
国家出版基金项目
ISBN 978-7-111-66350-8

Ⅰ．①中… Ⅱ．①白… Ⅲ．①新兴产业—产业发展—研究—中国②核电工业—产业发展—研究—中国 Ⅳ．①F121.3②F426.23

中国版本图书馆CIP数据核字（2020）第152137号

机械工业出版社（北京市百万庄大街22号　邮政编码 100037）
策划编辑：刘世博　　责任编辑：王逦娟　任智惠
责任校对：李　伟　　封面设计：德浩设计工作室
责任印制：罗彦成
北京宝昌彩色印刷有限公司印刷
2021年6月第1版第2次印刷
170mm×242mm・14印张・251千字
标准书号：ISBN 978-7-111-66350-8
定价：128.00元

电话服务
服务咨询电话：(010)88361066
读者购书热线：(010)68326643
(010)68326294

网络服务
年鉴网：http://www.cmiy.com
机工官网：http://www.cmpbook.com
机工官博：http://weibo.com/cmp1952

中国战略性新兴产业研究与发展

编委会

《中国战略性新兴产业研究与发展·核电》

执行编委会

主　　编　白云生

副 主 编　张　明

撰 稿 人　白云生　张　明　韩绍阳　李言瑞　闫丽蓉
周超然　张红林　王　茜　孙小凯

中国战略性新兴产业研究与发展

编委会办公室

主　任　石　勇（兼）

副主任　孙　翠

成　员　李卫玲　刘世博　曹　军　任智惠　张珂玲

序言

全球金融危机和经济衰退发生以来，美欧日俄等为应对危机、复苏经济、抢占未来发展的先机和制高点，都在重新审视发展战略，不断加快推进“再工业化”，培育发展以新能源、节能环保低碳、生物医药、新材料与高端制造、新一代信息网络、智能电网、海洋空天等技术为支撑的战略性新兴产业，在全球范围内构建以战略性新兴产业为主导的新产业体系。力图通过新一轮技术革命的引领，重新回归实体经济，创造新的经济增长点。这已成为很多国家摆脱危机、实现增长、提升综合国力的根本出路。可以预计，未来的二三十年将是世界大创新、大变革、大调整的历史时期，人类将进入一个以绿色、智能、可持续发展为特征的知识文明时代。那些更多掌握绿色、智能技术，主导战略性新兴产业发展方向的国家和民族将在未来全球竞争合作中占据主导地位，赢得全球竞争合作，共享持续繁荣进程中的主动权和优势地位。

为应对金融危机和全球性经济衰退以及日趋强化的能源、资源和生态环境约束，以实现中国经济社会的科学发展、和谐发展、持续发展，党中央、国务院提出加快调整产业结构、转变经济发展方式，加快培育和促进战略性新兴产业发展的方针，出台了《国务院关于加快培育和发展战略性新兴产业的决定》以及相关政策举措。可以肯定，未来5～10年将是我国结构调整与改革创新发展的一个新的战略机遇期，将通过继续深化改革，扩大开放，提升自主创新能力，建设创新型国家，实现我国科技、产业、经济由大变强的历史性跨越，我国经济社会发展将走出一条依靠创新驱动，绿色智能，科学发展、和谐发展、持续发展之路，实现中华民族的伟大复兴。

展望未来，高端装备制造、新能源汽车、节能环保、新一代信息技术、生物医药、新能源、新材料、绿色运载工具、海洋空天、公共安全等全球战略性新兴产业将形成十几万亿美元规模的宏大产业，成为发展速度最快，采用高新技术最为密集，最具持续增长潜力的产业群落。战略性新兴产业的发展需求也将拉动技术的创新突破和产业的结构调整，为包括我国在内的全球经济发展注入新的强大动力。

在世界各国高度重视培育和发展战略性新兴产业的新形势下，编写一套“中国战略性新兴产业研究与发展”图书，借鉴国外相关产业发展的成功经验，对行业发展思路、发展目标、发展战略、发展重点、投资方向、政策建议等方面进行全面、系统研究，凝聚对战略性新兴产业内涵和发展重点的认识，为国家战略性新兴产业发展规划的顺利实施，以及政府和有关部门制定促进战略性新兴产业发展的相关政策和法规提供参考，具有十分重要的现实意义。

“中国战略性新兴产业研究与发展”系列图书对相应产业的阐述、分析均注重强调战略性新兴产业的六个主要特点：

一是**绿色**。战略性新兴产业属于能耗低、排放少、零部件可再生循环的“环保型”“绿色型”产业，无论从产品的设计、制造、使用，还是回收、再利用等整个生命周期的各个环节，对资源的利用效率与对环境的承载压力均要求达到最理想水平。

二是**智能**。新型工业化要求坚持以信息化带动工业化、以工业化促进信息化，即要实现“两化融合”。而“两化融合”决定了智能是未来产业尤其是战略性新兴产业的发展方向。所谓智能，是指制造过程的智能化、产品本身的智能化、服务方式的智能化。这些均是智能的最基本层次，它还具有其他更为丰富的内涵。例如：智能电网，通过先进的传感和测量技术、先进的设备技术、先进的控制方法以及先进的决策支持系统技术的应用，可实现电网的可靠、安全、经济、高效、环境友好和系统安全等方面的智能；智能汽车不只是安全智能，还包括节能、减排、故障预警等方面的智能。

三是**全球制造**。随着全球化趋势不断深化，战略性新兴产业的发展成果也必将是由全人类共创共享。新产品的研制开发，不再由一个企业独自完成，需要集成各方面优势资源共同解决。例如，iPhone 在中国完成装配，但它的设计、研发以及许多零部件的供应都是在美国、日本和欧洲实现的，其本身就是一个全球化的产品。因而，未来的制造必然是全球化制造、网络化制造。

四是**满足个性化需求与为更多人分享相结合**。目前中国有 14 亿人口，印度有 13 亿人口，还有巴西、印度尼西亚等新兴国家、发展中国家也都要实现现代化。在全球如此规模庞大的人群中，既存在富裕阶层、高消费阶层，他们的消费需求是个性化、多样化的；又有占比较大的中产阶层、贫困人口，他们的消费需求是基本层次的，但也不能被忽视。两种类型的消费需求必须同时被满足，这不仅是构建和谐社会的需要，而且是构建和谐世界的需要。因此，我国发展战略性新兴产业，应该既要满足中高端个性化的需求，同时又要满足我国与其他发展中国家广大普通消费者的需求。要把个性化的设计、个性化的产品生产，与规模化、工业化的传统生产结合起来，不能完全抛弃传统的规模化生产方式。

五是**可持续**。要使有限的自然资源得以有效、可持续利用，发展利用可再生资源、能源，强调发展再制造、循环经济。无论是原材料使用，还是零部件制造，从研发、设计之初就考虑到了生产中的废料、使用后的遗骸的回收处置，使其能够重新得到循环利用。

六是**增值服务**。培育发展战略性新兴产业需要注意在设计制造过程中与产品售后、使用过程中提供相关增值服务。不应再局限于传统的观念，只注重制造本身，而不注重服务的价值。例如，发展电动汽车产业，必须首先解决好商业模式问题，包括充电桩建设、电池更换、废旧电池回收等服务，否则将无法广泛推广。

“中国战略性新兴产业研究与发展”系列图书内容丰富，资料翔实，观点鲜明，立意高远，并力求充分体现出“四性”，即科学性、前瞻性、指导性和基础性。

第一，体现**科学性**。所谓科学性，就是指以科学发展观为指导。科学发展观的核心是以人为本，基本要求是全面、协调、可持续，根本方法是统筹兼顾，符合客观规律。“中国战略性新兴产业研究与发展”系列图书既要能够为党中央、国务院提出的加快发展战略性新兴产业的总体战略服务，又不应受到行业、部门的局限，更不能写成规划或某些部门规划的解读材料，而应能够立足于事物客观规律、立足于全局。各分册编写组同志重视调查、研究，力求对国情、科技、产业及全球相关产业的发展态势有比较准确的把握，努力为我国战略性新兴产业的发展提供一本基于科学基础的好素材。这套图书立足基于我国国情，而不是简单地把发达国家的相关产业信息进行综合、编译，照搬照抄。当然，我国发展战略性新兴产业不能“闭门造车”，而是要坚持开放性，积极参与国际分工合作，充分利用全球优势资源，提高发展的起点和水平。因而，有必要参照国际成功经验与最新发展趋势，但一定要以我国国情和产业特点为根本出发点，加快培育和发展有中国特色的、竞争能力强的战略性新兴产业。

第二，体现**前瞻性**。一是能够前瞻战略性新兴产业的发展，因为这套图书是战略性新兴产业的发展指导书。二是能够前瞻战略性新兴产业技术的发展。为了做好这两个前瞻，必须要适当地前瞻全球经济、我国经济与战略性新兴产业发展的趋势。只讲发展现状是不够的，因为关于现状的资料很多，通过简单的网络搜索即可查到；也不能只罗列国外的某些规划和发展战略。“中国战略性新兴产业研究与发展”系列图书的编写注重有深度的科学分析与前瞻性的研究。

第三，体现**指导性**。“中国战略性新兴产业研究与发展”系列图书本身就是指导书，能够对产业、对技术、对国家制定政策，甚至在未来国家发展战略与规划的制定等方面发挥一定的引导作用与影响。虽然不能说这套图书可以指导国家战略与规划的制定，但是应该努力发挥其积极的引导作用。

第四，体现**基础性**。所谓基础性，就是指要能够提供战略性新兴产业的基础信息、基础知识，以及我国和有关国家在相关产业发展方面的基本战略，主要的法规、政策和举措，并尽可能提供一些基本的技术路线图。比如，在轴承分册，就描述了一个轴承产业发展的路线图。唯有如此，“中国战略性新兴产业研究与发展”系列图书才能满足原来立项的宗旨——不仅要为工程技术界、大学教师、大学生与研究生提供学习参考书，为产业界的技术人员、管理人员提供决策参照，而且要为政府部门的政策法规制定者提供参考。

机械工业出版社是具有60多年历史的专业性综合型出版机构，改革开放后，随着市场经济的发展，机械工业出版社不断改革转型，不但形成了完善的编辑出版工作流程和质量保证体系，而且编辑人员作风严谨，工作创新。

“中国战略性新兴产业研究与发展”系列图书不仅是一套科技普及书，更是一套产业发展参考书，必须既要介绍国内外战略性新兴产业的发展情况，又要阐述相关政策、法规、扶植措施等内容。因此，这套图书的组编单位、编写负责人和编写工作人员必须要有相关积累和优势。“中国战略性新兴产业研究与发展”系列图书所选的分册主编和作者主要是精力充沛的业内中青年专家，并由资深专家负责相应的编审、校审工作。现在看来大多数工作由中青年同志担当，是完全符合实际的。此外，这套图书的编著还充分发挥了有关科研院所、行业学会和协会的作用，他们的优势在于对行业比较熟悉，并掌握了较为丰富的资料。

最后，特别感谢国家出版基金对“中国战略性新兴产业研究与发展”系列图书的大力支持！感谢全体编写出版人员的辛勤劳动！

期望“中国战略性新兴产业研究与发展”为社会各界了解战略性新兴产业提供帮助，期待中国战略性新兴产业培育和发展尽快取得重大突破，祝愿我国在不久的将来实现由经济大国向经济强国的历史性跨越！

是为序。

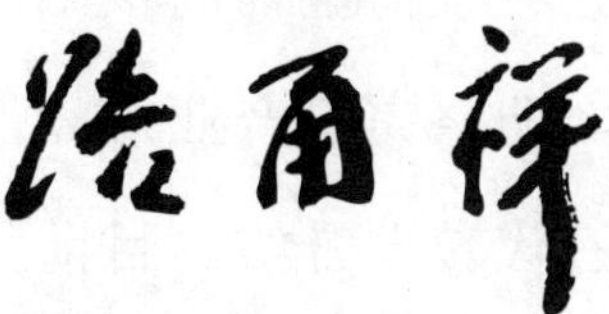

前言

核能是人类20世纪的伟大发现之一，核能产业是人类目前科技水平最高的产业之一，核能是全球非化石清洁能源的重要组成部分，具有可再生能源的类似属性，与同期投产的其他可再生能源相比，规模化发展的新一代核电具有显著的经济性及市场竞争优势。核能为保障人类能源供应安全、减少温室气体排放、促进经济社会发展做出了重要贡献。

我国已经成为全球第一大能源生产国和消费国，积极推进核能的和平利用，对于保障能源供应与安全、保护环境、实现电力工业结构优化和可持续发展，实现国家清洁能源战略具有重要意义。我国也是当前乃至未来全球能源清洁化、低碳化转型的重大贡献者，能源绿色发展任务艰巨。核能是我国构建“清洁低碳、安全高效”现代能源体系的重要组成部分。我国核能发展取得了举世瞩目的成就，但还存在发展不平衡、不充分的问题，在核电安全性、经济性、放射性废物管理、公众接受度等方面的挑战依然存在。

2011年，日本福岛核事故给全球核电发展带来巨大冲击，我国充分吸收借鉴福岛核事故经验教训，采取应对措施，提升核电安全水平，调整完善产业规划，核电发展进入安全高效发展新阶段，从二代向三代转型升级。目前，我国已建成5台三代核电机组，包括全球首批AP1000技术示范工程三门1号、2号机组，海阳1号、2号机组和全球首批EPR技术示范工程台山1号机组。我国自主研发的三代核电技术华龙1号国内外示范工程进展良好，福清5号、6号机组和巴基斯坦卡拉奇K2、K3项目进展良好，部分工程节点提前完成。截至2018年年底，我国大陆在运行核电机组44台，装机容量4 464.516万kW；在建设核电机组12台，总装机容量1 343.058万kW。发展核电对于提升我国综合经济实力、工业技术水平和国际地位做出了巨大贡献，对于应对气候变化和改善环境质量发挥了重要作用，核电已经成为国家名片。

经过30多年的努力，我国核电产业从无到有，再到大规模批量化建设和核电“走出去”，取得了举世瞩目的成绩，在运核电装机容量已到达世界第三位，成为世界核电大国，具备了迈向核电强国的基础。伴随着核电的发展，我国建立健全了核能行业管理与安全监管机制，形成了较为完善的核安全法规标准体系，培育了一支高素质的核电产业队伍，在核科技研发、工程设计与管理、建设安装、设备制造、核燃料循环等方面跻身世界先进行列。

党的十九大提出，要推进绿色发展，建立健全绿色低碳循环发展的经济体系，壮大清洁能源产业。核能作为一种清洁低碳、安全高效、可大规模利用的能源，是推进绿色发展、建设美丽中国的重要能源选择。积极推进核电建设、推动核电出口，是贯彻落实“创新、协调、绿色、开放、共享”五大发展理念，推进“一带一路”倡议和“走出去”战略的良好实践，对于满足经济社会发展不断增长的能源需求，实现能源、经济和生态环境协调发展，提升我国国际影响力、综合经济实力和持续发展水平具有十分重要的意义。本书系统梳理了核能基础理论、国外主要核电国家发展概况、我国核能发展状况、全球核电市场预测、世界核电技术创新趋势、核电发展形势与挑战以及发展技术路线等情况，并对我国的核电产业发展提出了政策建议。

本书共分为 8 章。第 1 章介绍了核能的基础理论，包括核工业产业链上各环节的基本知识，从安全性、经济性和清洁性等方面介绍了核能低碳清洁、安全高效的基本特征，以及核能发展历程。第 2 章介绍了国外主要核电国家发展概况，分别从能源结构、核能发展历程、管理体制和核电发展等角度，分析了美国、俄罗斯、法国、日本、韩国 5 个国家的核电发展概况。第 3 章介绍了我国核能发展状况，梳理了我国核电近期发展政策，通过国内外主要研究机构对我国核电市场的预测情况，分析了我国核电市场空间情况，测算了中长期核电发展的燃料需求情况。第 4 章介绍了全球核电未来市场预测情况，梳理了其中对全球核电市场的基本判断，以及对全球反应堆的详细预测(2030 年、2040 年）情况。第 5 章介绍了世界核电技术创新趋势，分别从世界概况和中国概况两个方面介绍了大型压水堆、小型反应堆(小堆)、钠冷快堆、高温气冷堆、聚变堆，以及其他先进反应堆的发展现状、优缺点及未来发展趋势等情况。第 6 章介绍了我国核电发展形势与面临的挑战，从能源低碳化需求、能源多样性协调发展需求、电力增长需求、核电标准化建设及核科技创新需求方面对发展形势与面临的挑战进行了分析。同时，提出了核电在安全性、经济性、放射性废物管理、公众接受度等方面面临的新的挑战和要求。第 7 章介绍了核能的技术路线。在先进核能技术、创新目标、乏燃料后处理与高效废物安全处理技术方面，进行了分析和展望。第 8 章从完善相关法律、完善天然铀保障能力体系、统筹推进我国核燃料产业发展、确保核电建设规模稳定性、促进我国核电标准化体系完善、推动核能产业链走出去、推动乏燃料后处理管理体系能力建设、完善放射性废物管理组织体系建设、促进公众更好沟通等 9 个方面为我国核电发展提出了政策建议。

本书力求客观反映战略性新兴产业 —— 核能产业发展现状及趋势，仅从研究角度分析了核能未来发展路线图。由于经验原因和水平有限，书中难免有疏忽和不当之处，恳请读者批评指正。

2020 年 3 月

编写说明

《国务院关于加快培育和发展战略性新兴产业的决定》确定了我国未来经济社会发展的战略重点和方向是战略性新兴产业，并且根据我国国情和科技、产业基础，又制定出现阶段重点发展节能环保、新一代信息技术、生物、高端装备制造、新能源、新材料、新能源汽车、数字创意和相关服务业九大新兴产业。可见，九大战略性新兴产业将是国家重点支持、大力推广的产业。

为了使大家全面理解、准确把握、深刻领会国家这一战略决定的精神实质，了解其发展内涵，推动产业结构升级和经济发展方式转变，增强国际竞争优势，抢占新一轮经济和科技制高点，机械工业出版社在国家出版基金的支持下，组织各领域权威专家编写了一套“中国战略性新兴产业研究与发展”（以下简称“研究与发展”）图书。

“研究与发展”以国家相关发展政策和规划为基础，借鉴国外相关产业发展的成功经验，对产业发展思路、发展目标、发展战略、发展重点、投资方向、政策建议等方面进行了全面、系统的研究；对前瞻性、基础性和目前产业上有瓶颈限制的问题提出了有针对性的对策。

“研究与发展”采用分期分批的出版方式陆续出版发行，第一期 12 个分册、第二期 13 个分册分别于 2013 年 6 月和 2018 年 2 月完成出版，第一期包括：太阳能、风能、生物质能、智能电网、新能源汽车、轨道交通、工程机械、水电设备、农业机械、数控机床、轴承和齿轮。第二期包括：功能材料、物流仓储装备、紧固件、模具、内燃机、塑料机械、塑木复合材料、物联网、制冷空调、智能制造装备、非常规油气、中压开关和数据中心。本次出版的第三期 29 个分册图书包括：矿物材料、生物基材料、数据与企业治理、智慧经济、智能注塑机、数据赋能组织、高端轴承、冷链物流、智能汽车、通用航空、远程设备智能维护、智能供应链、智能化立体车库、气体分离设备、焊接材料与装备、高端液气密元件、高端链传动系统、内燃机再制造、风电齿轮箱、海洋油气装备、内燃动力工程装备、变频调速设备、电子信息功能材料、智能制造、数控系统、工业机器人、核电、智能工厂物流构建、增材制造。今后根据国家产业政策要求及各行业的发展情况还将陆续推出其他分册。

为了出版好“研究与发展”，机械工业出版社成立了“中国战略性新兴产业研究与发展”编委会，全国人大常委会原副委员长路甬祥担任编委会主任。路甬祥副委员长对该套图书的编写高度重视，亲自参加编委研讨会，多次提出重要指导意见。他从图书的定位、内容选材、作者队伍建设和运作流程等方面都给予了全面和具体的指导，并提出了“六个特点”和“四性”的具体要求。

机械工业出版社还建立了完善的项目管理、编写组织、出版规范和网络支撑四个方面的工作体系来保证图书质量，投入了大量的精力组织行业权威专家规划内容结构、研讨内容特色。参与图书编写的主创人员自觉自愿地把自己的聪明才智和研究成果奉献给社会，奉献给国家。他们都担负着繁重的科研、教学、行业管理或生产任务，为了使此书能够早日与大家见面，他们不辞辛苦、加班加点，因为他们都有一个共同心愿 —— 帮助企业快速成长，使中国由大变强。

在此，衷心地感谢为此项工作付出大量心血的组编单位、各位专家、各位撰稿人、编辑出版及工作人员！

尽管我们做了大量工作，付出了巨大努力，但仍难免有疏漏或错误之处，敬请读者批评指正！

中国战略性新兴产业研究与发展 编辑部

2020 年 3 月

目录 CONTENTS

序言

前言

编写说明

第 1 章　核能基础理论 …… 1

1.1　核工业产业链基本知识 …… 2

1.2　核能的主要特征 …… 4

1.2.1　安全性 …… 4

1.2.2　经济性 …… 4

1.2.3　清洁性 …… 5

1.3　核能发展历程 …… 5

第 2 章　国外主要核电国家发展概况 …… 7

2.1　美国核电发展情况 …… 8

2.1.1　美国能源结构 …… 8

2.1.2　发展历程 …… 9

2.1.3　管理体制 …… 10

2.1.4　核电发展 …… 11

2.2　俄罗斯核电发展情况 …… 15

2.2.1　俄罗斯能源结构 …… 15

2.2.2　发展历程 …… 16

2.2.3　管理体制 …… 18

2.2.4　核电发展 …… 19

2.2.5 核电出口 …… 21
2.3 法国核电发展情况 …… 24
2.3.1 法国能源结构 …… 24
2.3.2 发展历程 …… 25
2.3.3 管理体制 …… 27
2.3.4 核电发展 …… 27
2.3.5 核电出口 …… 30
2.4 日本核电发展情况 …… 30
2.4.1 日本能源结构 …… 31
2.4.2 发展历程 …… 32
2.4.3 管理体制 …… 33
2.4.4 核电发展 …… 34
2.5 韩国核电发展情况 …… 37
2.5.1 韩国能源结构 …… 37
2.5.2 发展历程 …… 38
2.5.3 管理体制 …… 38
2.5.4 核电发展 …… 39

第3章 我国核能发展状况 …… 41
3.1 我国核能发展历程 …… 42
3.2 我国核能产业发展现状 …… 47
3.2.1 天然铀 …… 47
3.2.2 铀转化和铀浓缩 …… 53
3.2.3 燃料元件制造 …… 53
3.2.4 核电工程建设 …… 56
3.2.5 核电站运行 …… 59

3.2.6 核燃料循环后段 …… 70
3.3 发展政策 …… 74
3.3.1 《核电安全规划（2011—2020年）》与《核电中长期发展规划（2011—2020年）》（摘要） …… 74
3.3.2 《核电“十三五”发展规划及2030年战略》（摘要） …… 75
3.3.3 《电力发展“十三五”规划（2016—2020年）》（摘要） …… 76
3.3.4 《能源发展“十三五”规划》（摘要） …… 77
3.3.5 《能源技术革命创新行动计划（2016—2030年）》（摘要） …… 78
3.4 国内核能市场空间预测 …… 83
3.4.1 各机构对我国核电市场预测 …… 83
3.4.2 燃料需求预测 …… 84

第4章 全球核电市场预测 …… 85
4.1 国际原子能机构（IAEA）预测结果 …… 86
4.2 铀咨询公司（UxC）预测结果 …… 92

第5章 世界核电技术创新趋势 …… 97
5.1 大型压水堆 …… 99
5.1.1 世界概况 …… 99
5.1.2 中国概况 …… 100
5.2 小型反应堆 …… 100
5.2.1 世界概况 …… 100
5.2.2 中国概况 …… 101

5.3 快堆 …… 103
5.3.1 世界概况 …… 103
5.3.2 中国概况 …… 104
5.4 高温气冷堆 …… 104
5.4.1 世界概况 …… 104
5.4.2 中国概况 …… 105
5.5 聚变堆 …… 105
5.5.1 世界概况 …… 105
5.5.2 中国概况 …… 106
5.6 其他反应堆 …… 106
5.6.1 铅冷快堆 …… 106
5.6.2 超临界水冷堆 …… 107
5.6.3 熔盐堆 …… 109
5.6.4 气冷快堆 …… 111

第6章 核电发展形势与挑战 …… 113
6.1 核电发展形势 …… 114
6.1.1 能源低碳化需求 …… 114
6.1.2 能源多样性需求 …… 115
6.1.3 电力增长需求 …… 115
6.1.4 核电的标准化建设 …… 116
6.1.5 核科技创新需求 …… 116
6.2 核电发展面临的主要挑战 …… 117
6.2.1 安全性 …… 117
6.2.2 经济性 …… 118

6.2.3 放射性废物管理 …… 118
6.2.4 公众接受度 …… 119

第7章 核能的技术路线 …… 121
7.1 先进核能技术 …… 122
7.1.1 战略方向 …… 122
7.1.2 创新目标 …… 122
7.1.3 研发的重点方向 …… 125
7.2 乏燃料后处理与高放射性废物安全处置技术 …… 126
7.2.1 战略方向 …… 126
7.2.2 创新目标 …… 127
7.2.3 研发的重点方向 …… 128

第8章 政策建议 …… 131

附录 …… 137
附录A 核安全与放射性污染防治“十三五”规划及2025年远景目标 …… 138
附录B 电力发展“十三五”规划（2016—2020年） …… 155
附录C 能源发展“十三五”规划 …… 178

第1章

核能基础理论

1.1 核工业产业链基本知识

1. 铀矿勘探

铀矿勘探（Exploration of Uranium Deposit）属核地质学，主要操作流程有详细查明矿床的成矿地质条件和矿体的数量、贮存部位、分布规律及其厚度、品位和物质组成、产状等的变化特点；详细查明矿床开采技术条件，进行可供矿场设计应用的加工、选冶试验；详细查明和计算矿床铀资源储量和质量，进行预可行性或可行性研究，划分铀资源储量类型，为矿场设计提供依据。

2. 铀矿石开采

铀矿石开采是把具有商业品级的铀矿石从地下矿床中开采出来的原料工业。铀矿石开采与其他固态矿种的开采基本相同，不同的是铀矿石一般难以靠肉眼鉴别，且有放射性，不断释放出 α、β、γ 射线及衰变的氡。因此铀矿开采必须借助于放射性物探技术，同时要采取相应的防护措施。此外，铀矿床一般矿体小而分散、形态复杂、矿化不匀、连续性差，所以生产能力低，矿场寿命短，成本较高。铀矿石开采的方式主要有地下开采和露天开采。近年来，对一些埋藏深、品位低、围岩圈闭条件较好的矿场也采用了化学开采法。

3. 铀矿冶

铀矿冶是指从铀矿石中提取、浓缩和纯化精制天然铀产品的过程。铀矿冶是核工业的基础。目的是将具有工业品位的矿石，加工成有一定质量要求的固态铀化学浓缩物，以作为铀化工转换的原料。在铀矿冶中，由于铀含量低、杂质含量高、腐蚀性强，又具有放射性，铀的冶炼工艺比较复杂，需经过多次改变形态，不断进行铀化合物的浓缩与纯化。

4. 铀纯化循环

铀纯化循环的主要任务是从共去污循环中得到的铀溶液中进一步去除钚和裂变产物。共去污循环得到的硝酸铀酰溶液经浓缩和调料后，送入 2D 柱进行分馏萃取，被 30%TBP（磷酸三丁酯）萃取的铀经过双酸洗涤进一步去除钌、锆 - 铌等裂变产物。

5. 铀转化

铀转化（Conversion of Uranium）是指把铀水冶厂精制的天然八氧化三铀（黄

饼）或二氧化铀等中间产品制成铀的氧化物、氟化物和金属铀的过程。

6. 铀浓缩

铀浓缩（Uranium Enrichment）是指提高某一元素特定同位素丰度的同位素分离过程，例如从天然铀生产浓缩铀或从普通水生产重水。浓缩设施分离铀同位素的目的是提高铀 -235 相对于铀 -238 的相对丰度或浓度。这种设施的能力用分离功单位衡量。根据国际原子能机构的定义，丰度为 3% 的铀 -235 是核电站发电用低浓缩铀，铀 -235 丰度大于 80% 的铀是高浓缩铀，其中丰度大于 90% 的称为武器级高浓缩铀，主要用于制造核武器。

7. 燃料组件制造

燃料组件制造是把烧结的二氧化铀芯块装到锆合金管中，将近三百根装有芯块的锆合金管组装在一起，成为燃料组件。

8. 核电站

核电站是指通过适当的装置将核能转变成电能的设施。核电站以核反应堆来代替火电站的锅炉，核燃料在核反应堆中发生特殊形式的“燃烧”产生热量，使核能转变成热能以加热水产生蒸汽。核电站的系统和设备通常由两大部分组成：核的系统和设备，又称为核岛；常规的系统和设备，又称为常规岛。

9. 乏燃料后处理

乏燃料后处理是指把已经使用的 3% ～ 4% 的铀废料（乏燃料），以化学方法将铀和钚从裂变产物中分离出来，称为乏燃料再溶解和后处理技术。回收的铀和钚可在核电站混合氧化物燃料中再循环使用，以生产更多能量，从而使铀资源得到更充分利用并减少浓缩需求。后处理可以减少高放废物的体积和去除钚，有利于废物的最终处置。

10. 放射性废物处理

放射性废物处理是指使放射性废物适于最终处置（包括往大气或水体中排放）的一切操作实践，例如收集、分类、浓缩、焚烧、压缩、去污、固化、包装、贮存和运输等。废物处理的目标是尽量减少放射性废物的体积，以减少贮存、运输和处置的费用，并尽可能回收或复用，减少向环境的排放。排放的放射性总量和浓度必须符合有关规定。废物必须分类收集和存放，分别处理，防止交叉污染或污染的扩散。

11. 放射性废物处置

放射性废物处置是把放射性废物放置在一个经批准的专门设施中，不再回取，使之与人类生存环境永久隔离的行政和技术活动的总称，它是核燃料循环的最后一个环节。

1.2 核能的主要特征

核能具有清洁、高效、安全和经济等特点。

1.2.1 安全性

核能是安全的能源。核电站安全的主要目标是保护工作人员和周围居民在所有运行和发生事故时受到的放射性辐照剂量达到合理可行的尽可能低水平，以及对环境的影响不超过规定的水平。为确保核电站安全，世界上所有发展核电的国家都制定了各自的安全标准和规定，包括在核电站选址、设计、建造和运行各阶段所应采取的一系列措施，以及对从建造到退役的整个过程应进行的评价。

为实现核电站的主要安全目标，核电站的安全设计必须切实保证 3 个基本功能：①能够安全停堆，并保持在安全停堆状态。②冷却堆芯，并长期地排出余热。③把放射性物质包容在适当的系统屏障内。

核电站安全设计所遵循的基本准则是“纵深防御”。第一层次强调对事故的预防。电站的设计、建造和运行，除按严格的质量要求选用合适材料和高的加工制造技术外，还应留有一定的安全裕度，使各种设备和系统具有固有的安全性能。第二层次是及时探测并控制初始故障，防止发展成事故。在设计中应考虑设置必需的控制和保护设备及系统，监视核电站各种运行参数，保证正常运行。此外，还要有一套在役检查设备，可以及时发现缺陷，采取改进措施。第三层次基于理论上假设的事故（如主冷却剂管道断裂、全站停电和蒸汽管道破裂等这些所谓设计基准事故），设置几套安全系统（专设安全设施），阻止事故发生或限制事故范围扩大。为保证它们可靠运行，设计时都要有很高的可靠性要求。第四层次是对事故的处理措施，特别是对超过设计基准事故以外的严重事故，也应考虑一些附加措施，以减轻事故后果。

1.2.2 经济性

核电是经济可靠的能源。经过近 30 年的发展，目前国内核电发电成本已低于脱硫脱硝火电厂的发电成本，远低于风电、太阳能等新能源的发电成本。随着煤炭、石油等非再生化石能源的日益紧缺，核电的经济性优势将更加凸显。核电站设备技术和质量标准要求高，设备年利用率远超常规火电厂，同时核电是高负荷因子大功率密集性的能源，装载核燃料后可连续运行 18 个月，几乎不受外界资源、环境的影响或制约，在供给可靠性方面，核电具有火电、水电、风电、太阳能发电等不可比拟的优势。

1.2.3 清洁性

核能是清洁的能源。与火电相比，核能不排放二氧化硫、氮氧化物、二氧化碳和烟尘颗粒物等。1kg 铀 -235 的原子核全部裂变，可以释放相当于 270 万 kg 标准煤完全燃烧释放出的能量。一台百万 kW 核电机组每年可减排二氧化碳 600 万 t，二氧化硫 2.6 万 t，氮氧化物 1.4 万 t。发展核电替代部分煤电，可以减少污染物的排放，减缓地球温室效应，有利于改善环境，实现能源与环境协调发展。一座百万 kW 级的核电站每年只需补充一次约 30t 的核燃料，一辆重型载货汽车即可拉走，仅产生约 30t 的乏燃料和 800t 左右的低放射性废物，而且这些少量废物经处理后，不会造成环境污染。同样规模的火电厂每年需要燃煤约 350 万 t，仅每天的燃煤就需要一列 40 节车厢的火车来运输，约排放 600 万 t 的二氧化碳、4.4 万 t 的二氧化硫、2.2 万 t 的氮氧化物和 32 万 t 的灰尘。因此，发展核电是减少大气污染和改善生态环境的有效途径之一。

相关统计资料显示，相同规模的火电站排放出的放射性物质是核电站的 10 倍，生活在核电站周围的居民，每年接受的辐射剂量仅相当于乘飞机在 7 000m 高空飞行 2h 所接受的辐射剂量。

1.3 核能发展历程

核能是人类历史上的一项伟大发现，早期科学家的探索为核能的发现和应用奠定了基础。

对核能的研究可以追溯到 19 世纪末英国物理学家汤姆逊发现电子，人类逐渐揭开了原子核的神秘面纱。1895 年，德国物理学家伦琴发现了 X 射线。1896 年，法国物理学家贝克勒尔发现了放射性。1898 年，居里夫妇发现放射性元素钋。1902 年，居里夫人发现了放射性元素镭。1905 年，爱因斯坦提出质能转换公式。1914 年英国物理学家卢瑟福通过实验发现了质子。1935 年，英国物理学家查得威克发现了中子。1938 年，德国科学家哈恩用中子轰击铀原子核，发现了核裂变现象。

核能发电的历史与动力堆的发展历史密切相关。动力堆的发展最初是出于军事需要。1942 年，美国芝加哥大学成功启动了世界上第一座核反应堆。1954 年，苏联建成了世界上第一座商用核电站——奥布灵斯克核电站。英、美等国也相继建成各种类型的核电站。

根据核电站的发展情况，可以分为四代，分别如下：

第一代核电站，核电站的开发与建设开始于20世纪50年代。1954年，苏联建成发电功率为5MW的实验性核电站；1957年，美国建成发电功率为9万kW的西坪港原型核电站。这些成就证明了利用核能发电的技术可行性。国际上把上述实验性和原型核电机组称为第一代核电机组。

第二代核电站，20世纪60年代后期，在实验性和原型核电机组的基础上，陆续建成发电功率为30万kW的压水堆、沸水堆、重水堆和石墨水冷堆等核电机组，它们在进一步证明核能发电技术可行性的同时，使核电的经济性也得到证明。世界上商业运行的400多座核电机组绝大部分是在这一时期建成的，被称为第二代核电机组。

第三代核电站，20世纪90年代，为了消除三里岛和切尔诺贝利核电站事故的负面影响，世界核电业界集中力量对严重事故的预防和缓解进行了研究和攻关，美国和欧洲先后出台了《先进轻水堆用户要求文件》（即URD文件）和《欧洲用户对轻水堆核电站的要求》（即EUR文件），进一步明确了预防与缓解严重事故，提高安全可靠性等方面的要求。国际上通常把满足URD文件或EUR文件的核电机组称为第三代核电机组。对第三代核电机组的要求是能在2010年前进行商用建造。

第四代核能系统，2000年1月，在美国能源部的倡议下，美国、英国、瑞士、南非、日本、法国、加拿大、巴西、韩国和阿根廷共10个有意发展核能的国家，联合举办了“第四代核能系统国际论坛”，于2001年7月签署了合约，约定共同合作研究开发第四代核能技术。第四代核能系统包括钠冷快堆系统、超高温气冷堆系统、熔盐堆系统、铅合金冷却堆系统、超临界水冷堆系统和气冷快堆系统6种系统。目前，我国除了气冷快堆系统外，对其他5种系统都有较深入的研究，其中钠冷快堆和超高温气冷堆两种堆型技术的研发最为成熟。

第 2 章

国外主要核电国家发展概况

2.1 美国核电发展情况

美国是世界上核电装机容量最大的国家。根据国际原子能机构（IAEA）统计，截至 2017 年 12 月底，美国在运行核电机组 99 台，装机容量 99 869MW；在建设 2 台，装机容量 2 234MW。2017 年核发电量 418.9TW•h，占全年电力供应的 9.8%。

2.1.1 美国能源结构

1970—2017 年美国能源和电力供需数据（表 2-1），显示了能源消费的长期趋势。从 2010 年到 2017 年，总能源产量和出口都在增加。

美国于 2016 年成为一个天然气净出口国，有效地逆转了行业对于增加国外进口的需要。这种变化主要是天然气和页岩气开采技术持续创新的结果，从而使供应量显著增加。

2010—2017 年，尽管有核电站退役，但核电发电量保持稳定。2000—2017 年核电发电量的年均增长率为 0.4%，这主要是因为核电站运营效率的提高和停机时间减少。

使用非水电可再生能源（比如风能和太阳能）生产的能源在 2000—2017 年间经历了最大的平均增长率 15.5%。强劲的增长是联邦和州政策激励的结果，如联邦采取了生产税收抵扣（PTC）和投资税收抵扣（ITC），以及州级层面的可再生能源政策和不断降低的针对可再生能源的投资成本。

表 2-1 1970—2017 年美国能源和电力供需数据

项目	1970 年	1980 年	1990 年	2000 年	2010 年	2017 年	2000—2017 年平均年增长率（%）
能源消耗（EJ）							
总计	71.7	82.5	89.1	104.1	102.8	102.9	-0.06
固体燃料	14.5	18.9	23.1	27.0	26.6	19.8	-1.80
液体燃料	31.1	36.1	35.4	40.4	37.4	38.2	-0.32
天然气	23.0	21.4	20.7	25.1	25.9	29.6	0.96
核电	0.3	2.9	6.4	8.3	8.9	8.9	0.40
水电	2.8	3.1	3.2	3.0	2.7	2.9	-0.09

（续）

项目	1970 年	1980 年	1990 年	2000 年	2010 年	2017 年	2000—2017 年平均年增长率（%）
其他可再生能源	0.0	0.1	0.3	0.3	1.3	3.5	15.52
能源生产（EJ）							
总计	67.1	70.9	74.5	75.3	79.0	92.4	1.21
固体燃料	16.9	22.2	26.6	27.2	27.9	21.8	-1.29
液体燃料	24.2	21.6	18.7	15.8	15.2	25.9	2.94
天然气	22.9	21.0	19.3	20.7	23.0	29.4	2.07
核电	0.3	2.9	6.4	8.3	8.9	8.9	0.40
水电	2.8	3.1	3.2	3.0	2.7	2.9	-0.09
其他可再生能源	0.0	0.1	0.3	0.3	1.3	3.5	15.52

2.1.2 发展历程

1954 年的原子能法规定，美国原子能委员会（AEC）负有探索和平利用核能的责任。AEC 的职责包括监管和发展两个方面。该机构建立了许多行业 - 政府联合集团，以探索反应堆设计概念。1957 年，第一个大型民用核电站在美国宾夕法尼亚州的希平港（Shipping port，PA）投入运行。1960 年，伊利诺伊州格兰迪县的德累斯顿核电站成为世界上首个完全由私人提供融资的商业核电站。

美国国会于 1974 年通过的《1974 能源重组法》废除了 AEC，以便将监管和能源开发责任分配给不同机构。根据《1974 能源重组法》，成立了核管理委员会（NRC）和能源研究与发展管理局（ERDA）。新成立的 NRC 是独立的监管机构，其任务是监督核反应堆和其他与核燃料加工、运输及处理相关设施的安全和许可证的颁发。

1977 年，《能源部组织法》获得签署。ERDA 被废除，并成立了美国能源部（DOE），以便将大部分联邦能源活动整合在一个部门之下，从而为全面和平衡的国家能源计划进行总体规划。

由于电力需求增长强劲，核电行业在 20 世纪六七十年代急剧增长。在这一时期，美国的核电容量增加 50GW。由于公用事业公司希望获得规模经济效益，因此在经过了第一轮商业反应堆建设之后，核电机组规模在 20 世纪七八十年代迅速扩大。

佐治亚州 Waynesboro 的 Alvin W. Vogtle 核电站正在继续扩建，将增加两座西屋电气先进非能动（AP1000）压水反应堆（PWR），每台机组的容量为 1 100 MW。Vogtle 目前有两座运行反应堆，每座反应堆的容量为 1 150MW。1 号和 2 号机组均于 1976 年开始建设，并分别于 1987 年和 1989 年完成。西屋电气公司最初被授予建设 3 号和 4 号机组，然而，该公司在建设过程中破产，并被 Bechtel 替代。

2018 年，NRC 向 Florida Power & Light（FPL）签发了建设两座西屋电气 AP1000 PWR 机组 —— 被称为“Turkey Point”的 6 号和 7 号机组的联合许可证（COL）。在决定开始施工前，FPL 对正在进行中的 Vogtle 扩建项目，以及中国的三门项目的进展和完成情况进行跟踪。

2.1.3 管理体制

核管理委员会是联邦政府行政部门的一部分，是核电工业的主要监管机构。NRC 由 5 位委员以及运营执行主管领导，他们将负责制定政策，制定监管核反应堆和核材料安全的法规，签发许可证，以及裁定法律事务。

NRC 与环保署、职业安全和健康管理局、联邦紧急事务管理局等其他政府机构合作，领导磋商工作，监管核安全标准和规范。

美国核管理委员会组织结构如图 2-1 所示。

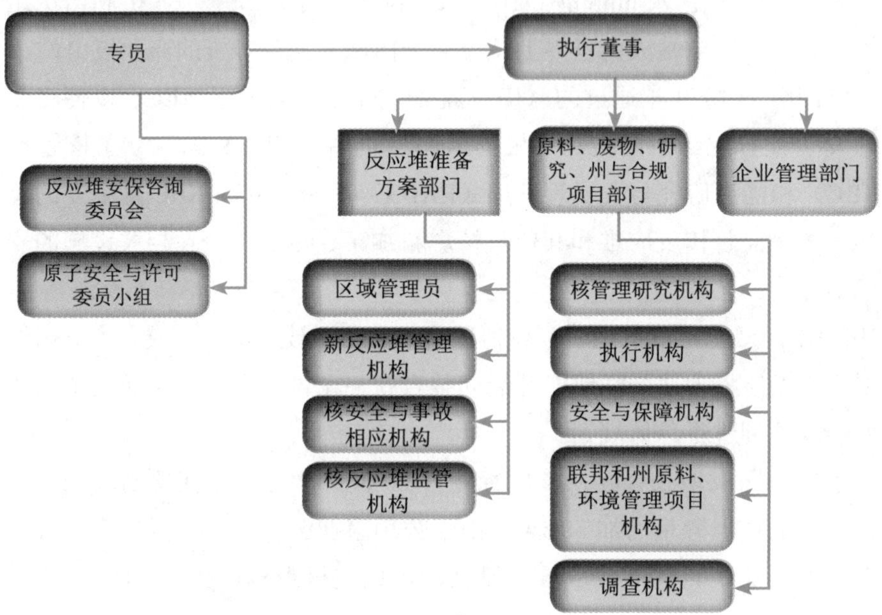

图 2-1 美国核管理委员会组织结构

2.1.4 核电发展

根据IAEA统计，截至2017年12月底，美国在运行核电机组99台，装机容量99 869 MW；在建设2台，装机容量2 234MW。2017年核发电量418.9 TW·h，占全年电力供应的9.8%。截至2018年11月底，美国在运行核电机组98台，装机容量99 221 MW；在建设2台，装机容量2 500 MW。美国在运行和在建设机组具体情况见表2-2。

表2-2 美国在运行和在建设机组（截至2017年12月底）

核电机组	反应堆堆型	装机容量/MW	状态	运营商
ANO-1	PWR	836	运行	ENTERGY
ANO-2	PWR	993	运行	ENTERGY
BEAVER VALLEY-1	PWR	921	运行	FENOC
BEAVER VALLEY-2	PWR	905	运行	FENOC
BRAIDWOOD-1	PWR	1 194	运行	EXELON
BRAIDWOOD-2	PWR	1 160	运行	EXELON
BROWNS FERRY-1	BWR	1 101	运行	TVA
BROWNS FERRY-2	BWR	1 104	运行	TVA
BROWNS FERRY-3	BWR	1 105	运行	TVA
BRUNSWICK-1	BWR	938	运行	PROGRESS
BRUNSWICK-2	BWR	920	运行	PROGRESS
BYRON-1	PWR	1 164	运行	EXELON
BYRON-2	PWR	1 136	运行	EXELON
CALLAWAY-1	PWR	1 215	运行	AmerenUE
CALVERT CLIFFS-1	PWR	863	运行	EXELON
CALVERT CLIFFS-2	PWR	855	运行	EXELON
CATAWBA-1	PWR	1 146	运行	DUKEENER
CATAWBA-2	PWR	1 150	运行	DUKEENER
CLINTON-1	BWR	1 062	运行	EXELON
COLUMBIA	BWR	1 116	运行	ENERGY NW

（续）

核电机组	反应堆堆型	装机容量/MW	状态	运营商
COMANCHE PEAK-1	PWR	1 218	运行	LUMINANT
COMANCHE PEAK-2	PWR	1 207	运行	LUMINANT
COOK-1	PWR	1 045	运行	AEP
COOK-2	PWR	1 168	运行	AEP
COOPER	BWR	769	运行	ENTERGY
DAVIS BESSE-1	PWR	894	运行	FENOC
DIABLO CANYON-1	PWR	1 138	运行	PG&E
DIABLO CANYON-2	PWR	1 118	运行	PG&E
DRESDEN-2	BWR	902	运行	EXELON
DRESDEN-3	BWR	895	运行	EXELON
DUANE ARNOLD-1	BWR	601	运行	NEXTERA
FARLEY-1	PWR	874	运行	SOUTHERN
FARLEY-2	PWR	883	运行	SOUTHERN
FERMI-2	BWR	1 122	运行	DTEDISON
FITZPATRICK	BWR	813	运行	EXELON
GINNA	PWR	580	运行	EXELON
GRAND GULF-1	BWR	1 401	运行	ENTERGY
HARRIS-1	PWR	928	运行	PROGRESS
HATCH-1	BWR	876	运行	SOUTHERN
HATCH-2	BWR	883	运行	SOUTHERN
HOPE CREEK-1	BWR	1 172	运行	PSEG
INDIAN POINT-2	PWR	1 020	运行	ENTERGY
INDIAN POINT-3	PWR	1 040	运行	ENTERGY
LASALLE-1	BWR	1 137	运行	EXELON
LASALLE-2	BWR	1 140	运行	EXELON
LIMERICK-1	BWR	1 130	运行	EXELON
LIMERICK-2	BWR	1 134	运行	EXELON

（续）

核电机组	反应堆堆型	装机容量/MW	状态	运营商
MCGUIRE-1	PWR	1 158	运行	DUKEENER
MCGUIRE-2	PWR	1 158	运行	DUKEENER
MILLSTONE-2	PWR	869	运行	DOMINION
MILLSTONE-3	PWR	1 229	运行	DOMINION
MONTICELLO	BWR	647	运行	NSP
NINE MILE POINT-1	BWR	613	运行	EXELON
NINE MILE POINT-2	BWR	1 277	运行	EXELON
NORTH ANNA-1	PWR	948	运行	DOMINION
NORTH ANNA-2	PWR	944	运行	DOMINION
OCONEE-1	PWR	847	运行	DUKEENER
OCONEE-2	PWR	848	运行	DUKEENER
OCONEE-3	PWR	859	运行	DUKEENER
OYSTER CREEK	BWR	619	运行	EXELON
PALISADES	PWR	805	运行	ENTERGY
PALO VERDE-1	PWR	1 311	运行	APS
PALO VERDE-2	PWR	1 314	运行	APS
PALO VERDE-3	PWR	1 312	运行	APS
PEACH BOTTOM-2	BWR	1 308	运行	EXELON
PEACH BOTTOM-3	BWR	1 309	运行	EXELON
PERRY-1	BWR	1 256	运行	FENOC
PILGRIM-1	BWR	677	运行	ENTERGY
POINT BEACH-1	PWR	591	运行	NEXTERA
POINT BEACH-2	PWR	591	运行	NEXTERA
PRAIRIE ISLAND-1	PWR	522	运行	NSP
PRAIRIE ISLAND-2	PWR	519	运行	NSP
QUAD CITIES-1	BWR	908	运行	EXELON
QUAD CITIES-2	BWR	911	运行	EXELON

（续）

核电机组	反应堆堆型	装机容量/MW	状态	运营商
RIVER BEND-1	BWR	967	运行	ENTERGY
ROBINSON-2	PWR	741	运行	PROGRESS
SALEM-1	PWR	1 169	运行	PSEG
SALEM-2	PWR	1 158	运行	PSEG
SEABROOK-1	PWR	1 246	运行	NEXTERA
SEQUOYAH-1	PWR	1 152	运行	TVA
SEQUOYAH-2	PWR	1 125	运行	TVA
SOUTH TEXAS-1	PWR	1 280	运行	STP
SOUTH TEXAS-2	PWR	1 280	运行	STP
ST. LUCIE-1	PWR	981	运行	FPL
ST. LUCIE-2	PWR	987	运行	FPL
SUMMER-1	PWR	973	运行	SCE&G
SURRY-1	PWR	838	运行	DOMINION
SURRY-2	PWR	838	运行	DOMINION
SUSQUEHANNA-1	BWR	1 257	运行	PPL_SUSQ
SUSQUEHANNA-2	BWR	1 257	运行	PPL_SUSQ
THREE MILE ISLAND-1	PWR	819	运行	EXELON
TURKEY POINT-3	PWR	802	运行	FPL
TURKEY POINT-4	PWR	802	运行	FPL
VOGTLE-1	PWR	1 150	运行	SOUTHERN
VOGTLE-2	PWR	1 152	运行	SOUTHERN
WATERFORD-3	PWR	1 168	运行	ENTERGY
WATTS BAR-1	PWR	1 123	运行	TVA
WATTS BAR-2	PWR	1 165	运行	TVA
WOLF CREEK	PWR	1 200	运行	WCNOC
VOGTLE-3	PWR	1 117	在建设	SOUTHERN
VOGTLE-4	PWR	1 117	在建设	SOUTHERN

2.2 俄罗斯核电发展情况

俄罗斯是世界上核电出口成绩最显著的国家。根据 IAEA 统计，截至 2017 年 12 月底，俄罗斯在运行核电机组 35 台，装机容量 33 384 MW，在建设 7 台，装机容量 5 498 MW。2017 年核发电量 203.1 TW·h，占全年电力供应的 18.6%。

2.2.1 俄罗斯能源结构

1990—2017 年俄罗斯能源和电力供需数据见表 2-3。核能在总能耗中的占比大约为 20%。

表 2-3 1990—2017 年俄罗斯能源和电力供需数据

项目	1990 年	2000 年	2015 年	2017 年	2000—2017 年平均年增长率（%）
能源消耗（EJ）					
总计	32.70	27.02	32.83	35.76	1.41
固体燃料	7.70	5.24	5.35	5.37	0.13
液体燃料	9.50	7.53	11.51	12.14	2.68
天然气	14.50	13.19	14.71	16.90	1.38
核电	0.40	0.46	0.71	0.74	2.69
水电	0.60	0.60	0.55	0.61	0.16
其他可再生能源	–	–	–	–	–
能源生产（EJ）					
总计	46.40	39.96	53.50	56.37	1.82
固体燃料	7.80	5.60	8.49	9.25	3.14
液体燃料	16.70	13.60	22.35	22.68	2.90
天然气	20.90	19.70	21.40	23.09	1.31
核电	0.40	0.46	0.71	0.74	2.69
水电	0.60	0.60	0.55	0.61	0.16
其他可再生能源	–	–	–	–	–

2.2.2 发展历程

尽管最近电力需求下降，但俄罗斯对其核电的发展计划持乐观态度。核电站的发电量在过去6年中增长了11%。核电站的装机容量增长了9%。目前，有6座新的核电站正在建设中。俄罗斯正在中国、印度和伊朗参建新的核电站（NPP）。此外，俄罗斯还与白俄罗斯、芬兰和匈牙利签署了发展核电的协定。俄罗斯核电发展历程见表2-4。

表2-4　俄罗斯核电发展历程

年份	事件
1937	开始对原子核结构进行实验研究。在列宁格勒镭研究所开始生产“脉冲”量的镎和钚
1939	开始研究实现核链式反应的可行性。在列宁格勒物理和技术研究所安装了欧洲最大的回旋加速器
1940	在铀中发现自发核裂变现象。苏联科学家从理论上证明了从铀的核裂变反应释放能量的可行性
1942	重新开始因爆发战争而被打断的原子能研究
1943	建立了一个特殊物理实验室——莫斯科第二实验室（现为俄罗斯科学中心“Kurchatov 研究所”）
1945	建立了一个政府部门间机构——First Chief Administration（第一管理处），用于协调原子科学和技术领域的所有工作
1945/1946	掌握高纯度金属铀和石墨生产堆技术以便启动第一座实验反应堆
1946	在第二实验室实现可控铀裂变链式反应
1948	启动第一座工业核反应堆
1953	建立苏联中型机械制造部，作为处理核科学技术的权力机构
1954	在奥布宁斯克启动世界上第一个核电站
1957	苏联批准了国际原子能机构（IAEA）章程
1964	在 Novovoronezh 将首个商业水慢化、水冷却容器型（WWER）反应堆投入使用。在 Beloyarsk 将全球首座商业水冷沸水堆实现石墨慢化，投入试运行
1970	在苏联的积极参与下建立国际核信息系统（INIS）
1973	在列宁格勒将第一个商业水冷石墨慢化通道型（RBMK）反应堆投入试运行

（续）

年份	事件
1973	在 Aktau 将世界上第一个原型快中子增殖反应堆（BN-350）投入使用，用于发电和海水淡化生产
1976	在俄罗斯联邦东北部的 Bilibino 完成第一个核中央供热和发电厂
1977	启动 RT-1 工厂，用于对乏燃料进行再处理
1980	在 Beloyarsk 启动了一个商业发电机组，通过 BN-600 快堆进行发电。将 1 000MW 水慢化水冷反应堆（WWER-1000）投入试运行
1984/1986	将采用符合新安全规定的 WWER-1000 系列反应堆的 Zaporozhie 和 Balakovo 核电站投入试运行
1986	切尔诺贝利核电站 4 号机组发生事故。组织原子能部负责核电站的运行
1989	将中型机械制造部和原子能部重组为苏联原子能工业部
1992	建立俄罗斯联邦原子能部（俄罗斯 Minatom，也被称为核电部），以取代苏联原子能工业部
1993	根据俄美核裁军协定开始转换俄罗斯武器级高浓缩铀（VOU）
1995	俄罗斯联邦核电工业 50 周年。开始在乌拉尔电化学联合体将高浓铀商业转化成低浓铀（VOU-NOU 项目）。位于卡卢加地区奥布宁斯克的 FEI RF SSC 在激光与核中心投入第一阶段使用，用于将核裂变能量转化成激光辐射。作为转化计划的一部分，钻石生产的第一阶段在 VNIIEF RF NC 投入使用
1996	批准支持核电行业主要思想流派的计划。完成了 PETR VELIKY 核动力巡洋舰海上试验。完成从独联体国家拆除苏联核武器并运到俄罗斯联邦
1997	开始为 SRF TOPOL-M 导弹联合体批量生产新弹头类型的弹药
1998	决定开始生产第一批试用铀 - 钚燃料组件。制造一批试用的 ADE-2，-4，-5 反应堆转化燃料棒。批准从 1998—2005 年以及到 2010 年在俄罗斯联邦发展核电工程的计划。开始制定核电发展战略草案（50 年预测）的活动
1998	基于武器级钚基混合氧化物燃料的工艺设计完成，并在俄罗斯联邦的核反应堆国家研究中心投入商业使用。为 BOR-60 和 BN-600 反应堆制造了试用批量的燃料
1998	建立俄罗斯联邦政府信息和分析中心，以确保为该部门的信息管理和工业应急委员会提供信息和分析支持，包括行业企业正常运行以及发生紧急状态的情况
1999	完成大修后，将 Kursk NPP 2 核电机组投入运行，监测所有燃料通道并根据结果进行部分替换。该项工作是在行业内首次进行
1999	开始实施大规模措施，以加速利用从军事服务中撤出的核动力潜艇，并加速对属于国防部的危险设施地点进行生态恢复，并按照政府的决定移交给俄罗斯联邦

（续）

年份	事件
2001	Volgodonsk（Rostov）核电站的第一个机组投入运行
2002	PT-1 厂在 Mayak 生产联合体投入运行 25 周年
2004	俄罗斯核电站 50 年的历史。1954 年 6 月 27 日，在奥布宁斯克市，一座容量达 5 000 kW 的核电站投入运行，并在世界历史上首次连接到电网
2005	俄罗斯 60 年的核电历史。俄罗斯核电始于 1945 年 8 月 20 日，当时建立了“第一管理处”
2007	俄罗斯总统普京批准了关于 Rosatom 国有公司的新法律
2009	10 月 30 日，反应堆调整工作的“冷热”预调试在 Rostov 核电站第 2 台机组上成功完成
2010	罗斯托夫核电站：Rosatom 签发了将 2 号机组投入运行的许可证
2012	Baltic 核电站：开始建设核岛基础
2013	Beloyarsk-4 在 BN-800 开始首次临界计划
2014	WANO 对 Beloyarsk-4 进行启动前的同行审核
2015	罗斯托夫核电站：准备在 4 号发电机组安装反应堆容器
2015	罗斯托夫核电站：3 号发电机组投入商业运行
2016	Novovoronezh 核电站：3 号发电机组成为验证退役技术的试验场
2016	罗斯托夫核电站：在正在建设的 4 号发电机组，开始对核反应堆燃料装载机进行预测试
2017	Rosenergoatom：浮动核电站机组（FPU）Akademik Lomonosov 的专家准备对反应堆机组系统进行冲洗

2.2.3 管理体制

俄罗斯核电科研生产由一家国有公司——俄罗斯原子能公司（Rosatom）承担，该公司拥有超过 250 家企业和组织，是雇佣了超过 25 万人的强大联合体，拥有专门从事核燃料循环、核动力工程以及核武器应用的研究机构和企业。JSC Atomenergoprom 整合了核工业的民用部分，是 Rosatom 的一部分。Rosatom 旗下包括多家从事核电工程、核与辐射安全、核武器联合体以及基础研究的企业。Atomenergoprom 生产各种核与非核产品，并在核电工程领域提供全面服务，包括核电站的设计和交钥匙建设、核电站整个使用寿命期间的燃料供应、升级和维护、人员培训。俄罗斯原子能公司产业组织结构如图 2-2 所示。

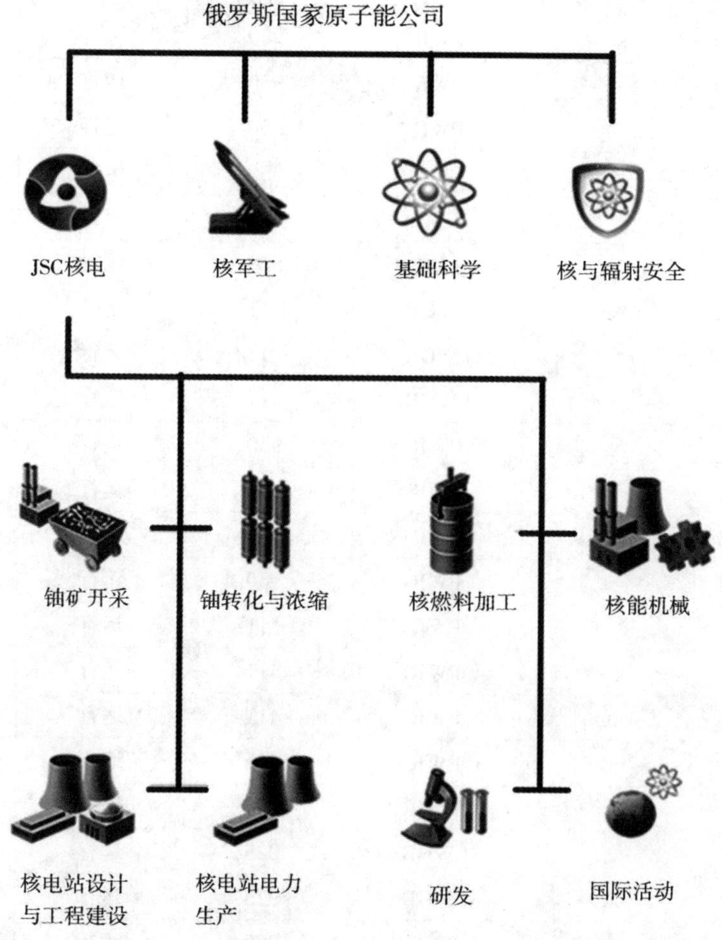

图 2-2　俄罗斯原子能公司产业组织结构

2.2.4　核电发展

根据 IAEA 统计，截至 2017 年 12 月底，俄罗斯在运行核电机组 35 台，装机容量 33 384 MW；在建设 7 台，装机容量 5 498 MW。2017 年核发电量 203.1 TW · h，占全年电力供应的 18.6%。根据统计，截至 2018 年 11 月底，俄罗斯在运行核电机组 37 台，装机容量 28 961 MW；在建设 6 台，装机容量 4 889 MW。各核电机组具体情况见表 2-5。

表 2-5 俄罗斯在运行和在建设机组（截至 2017 年 12 月底）

核电机组	堆型	装机容量/MW	状态	运营商
BALAKOVO-1	PWR	950	运行	REA
BALAKOVO-2	PWR	950	运行	REA
BALAKOVO-3	PWR	950	运行	REA
BALAKOVO-4	PWR	950	运行	REA
BELOYARSK-3	FBR	560	运行	REA
BELOYARSK-4	FBR	820	运行	REA
BILIBINO-2	LWGR	11	运行	REA
BILIBINO-3	LWGR	11	运行	REA
BILIBINO-4	LWGR	11	运行	REA
KALININ-1	PWR	950	运行	REA
KALININ-2	PWR	950	运行	REA
KALININ-3	PWR	950	运行	REA
KALININ-4	PWR	950	运行	REA
KOLA-1	PWR	411	运行	REA
KOLA-2	PWR	411	运行	REA
KOLA-3	PWR	411	运行	REA
KOLA-4	PWR	411	运行	REA
KURSK-2	LWGR	925	运行	REA
KURSK-3	LWGR	925	运行	REA
KURSK-4	LWGR	925	运行	REA
LENINGRAD 2-1	PWR	1085	运行	REA
LENINGRAD-1	LWGR	925	运行	REA
LENINGRAD-2	LWGR	925	运行	REA
LENINGRAD-3	LWGR	925	运行	REA
LENINGRAD-4	LWGR	925	运行	REA
NOVOVORONEZH 2-1	PWR	1 114	运行	REA
NOVOVORONEZH-4	PWR	385	运行	REA
NOVOVORONEZH-5	PWR	950	运行	REA
ROSTOV-1	PWR	950	运行	REA
ROSTOV-2	PWR	950	运行	REA

（续）

核电机组	堆型	装机容量/MW	状态	运营商
ROSTOV-3	PWR	950	运行	REA
ROSTOV-4	PWR	1 011	运行	REA
SMOLENSK-1	LWGR	925	运行	REA
SMOLENSK-2	LWGR	925	运行	REA
SMOLENSK-3	LWGR	925	运行	REA
AKADEMIK LOMONOSOV-1	PWR	32	在建设	REA
AKADEMIK LOMONOSOV-2	PWR	32	在建设	REA
BALTIC-1	PWR	1 109	在建设	REA
KURSK 2-1	PWR	1 115	在建设	REA
LENINGRAD 2-2	PWR	1 085	在建设	REA
NOVOVORONEZH 2-2	PWR	1 114	在建设	REA
ROSTOV-4	PWR	1 011	在建设	REA

注：REA—— 俄罗斯原子能公司。

2.2.5 核电出口

俄外交部负责向国外推广俄罗斯的核电技术，包括在俄罗斯大使馆设立 Rosatom 国外代表处，在客户国家为核电建设提供大量具有竞争力的融资。在 2015 俄罗斯核工业展上，Rosatom 宣布截至 2015 年年初，其国外订单总额达 1 014 亿美元，其中，660 亿美元是核电站订单，218 亿美元是销售 EUP 和 SWU 的合同，剩余的 136 亿美元是燃料组件和铀。截至 2016 年年底的订单总额超过 1 330 亿美元。2015 年的出口收入为 64 亿美元，比 2014 年提高了 20%。Rosatom 的目标是到 2030 年，来自出口商品和服务的收入占总收入的 60%，并且预计 2017 年一半的核电站收入来自海外项目。2016 年年初，Rosatom 表示对建设海外核电站的投资每增加 1 卢布，俄罗斯的 GDP 就会增加 2 卢布，并且会促进对外贸易。

Rosatom 预测，自 2020 年起全球每年将会建设约 16 台机组，其中 4 ～ 5 台可能会来自 Rosatom。该公司认为其优势是为核电站提供综合产品的能力，不仅包括交钥匙建设和燃料，而且还包括培训、服务、基础设施开发、法律和监管机构等的一站式服务。Rosatom 表示，2015 年 11 月，由于其所提供产品的集成结构，因此，在大多数国家的新 VVER 反应堆成本（LCOE，平准化能源成本）为

50～60美元/（MW·h）。

2016年，Rosatom和对外经济开发银行（Vnesheconombank）商定建立合作关系，以支持Rosatom对海外项目的投资，协议反映了该银行的“新战略优先”。Rosatom表示，“在签订协议的框架内实施项目，将有助于解决核工业所面临的全球挑战，加强俄罗斯联邦的能源安全”，将“对俄罗斯的经济增长，以及扩大俄罗斯在全球核能市场上所占的市场份额做出贡献”。

针对俄罗斯核电站的出口有各种各样的资金安排：中国和伊朗直接支付采购金额；印度则受益于大量俄罗斯融资；白俄罗斯、孟加拉国和匈牙利将会依赖大量贷款；土耳其将会利用俄罗斯的资金支持，首先采用建设-拥有-运营（BOO）的模式，但是将会保证长期电价；芬兰将会让俄罗斯持有34%的股权。

截至2015年4月，Rosatom已与9个国家签订了19座核电站合同，包括5座在建设核电站。截至2015年12月，Rosatom在13个国家拥有34座核电站订单，每座核电机组的建造费用约为50亿美元，并且它正在商谈建设更多的核电站。截至2015年9月，所有出口订单的总价值达3 000亿美元。俄罗斯核电出口情况见表2-6～表2-10。

表2-6　俄罗斯出口的在运行机组

国家	核电站	类型	状态
乌克兰	Khmelnitski 2 & Rovno 4	VVER-1000/V-320	运行
伊朗	Bushehr 1	VVER-1000/V-446	运行
中国	Tianwan 1&2	AES-91	运行
	Tianwan 3	AES-91	运行
	Tianwan 4	AES-91	具备商运条件
印度	Kudankulam 1&2	AES-92	运行

表2-7　俄罗斯出口的在建设机组

国家	核电站	类型	状态
白俄罗斯	Ostrovets 1&2	AES-2006（V-491）	2013年开始施工
印度	Kudankulam 3&4	AES-92	2017年6月和2017年10月开始施工
孟加拉国	Rooppur 1	AES-2006（V-392M）	2017年11月开始施工
土耳其	Akkuyu 1	VVER-1200（V-509）	2018年4月开始建设，采取BOO模式

表 2-8　俄罗斯已签约出口机组

国家	核电站	类型	状态
中国	Tianwan 7&8	VVER-1200	已签约
中国	Xudabao 3&4	VVER-1200	已签约
孟加拉国	Rooppur 2	AES-2006（V-392M）	已签约，已经筹集了 90% 的贷款，计划于 2018 年开始建设
土耳其	Akkuyu 2-4	VVER-1200（V-509）	已签约，采取 BOO 模式，2018 年开始建设
芬兰	Hanhikivi 1	AES-2006 （V-491）	已签约，Rosatom 持有 34% 的股权，并安排 75% 资本成本贷款，计划于 2018 年开始建设
伊朗	Bushehr 2&3	AES-92 （V-466B）	2014 年 11 月，NIAEP 与 ASE 签订建设合同，采取石油易货贸易方式或支付现金
亚美尼亚	Metsamor 3	AES-92	已签约，贷款占 50%

表 2-9　俄罗斯计划出口机组

国家	核电站	类型	状态
埃及	El Dabaa	4 × AES-2006	已经计划，国家贷款安排提供 85% 的资金，将在投产后 35 年付清。合同计划于 2018 年开始执行
印度	Kudankulam 5&6	2 × AES-92	已经计划，2017 年 6 月签订框架协议，2017 年 7 月签订子合同
匈牙利	Paks 5&6	2 × AES-2006	已经计划，已经安排 80% 的贷款
斯洛伐克	Bohunice V3	1 × AES-2006	已经计划，可能让 Rosatom 持有 51% 的股份
乌兹别克斯坦	Lake Tudakul	2 × AES-2006	计划 2028 年投入运行

表 2-10　俄罗斯在谈出口机组

国家	核电站	类型	状态
印度	Andra Pradesh	6 × AES-2006	2015 年进行了谈判
保加利亚	Belene/Kozloduy 7	AES-92	已经取消，但是可能重启
乌克兰	Khmelnitski	完成 2×V-392 反应堆	计划于 2015 年开始建设，85% 通过贷款融资，但是乌克兰 2015 年废止了合同
南非	Thyspunt	最多 8 × AES-2006	签署了框架协议，没有具体细节，由俄罗斯提供融资，优先采取 BOO 方式

（续）

国家	核电站	类型	状态
尼日利亚		AES-2006	签署了框架协议，没有具体细节，由俄罗斯提供融资，优先采取 BOO 方式
阿根廷	Atucha 5	AES-2006	签署了框架协议，没有具体细节，由俄罗斯提供融资，合同计划 2016 年开始实施
印度尼西亚	Serpong	10 MWe HTR	由 OKBM Afrikantov 提供概念设计
阿尔及利亚			已经签署协议，没有具体细节
约旦	Al Amra	2 × AES-92	于 2018 年取消
越南	NinhThuan 1，3&4	2 × AES-2006	无限期搁置

2.3 法国核电发展情况

法国是世界上核电装机占本国电力装机比例最高的国家。根据 IAEA 统计，截至 2017 年 12 月底，法国在运行核电机组 58 台，装机容量 63 130 MW；在建设 1 台，装机容量 1630 MW。2017 年核发电量 398.4 TW · h，占全年电力供应的 71.9%。

2.3.1 法国能源结构

法国拥有少量化石燃料资源，成本较高，化石燃料的生产已降至较低水平，预计未来也不会在法国的能源供应中占很大份额。并且大多数水电资源已经开发殆尽。法国的能源政策侧重通过制定能源效率措施和发电技术（包括核电，替代能源和可再生能源）提高能源独立性，减轻国际化石燃料市场波动所导致的脆弱性，满足“巴黎气候协定”承诺。

1990—2017 年法国能源和电力的供需数据见表 2-11。总体而言，能源平衡在过去 20 多年有所改善。

表 2-11 1990—2017 年法国能源和电力的供需数据

项目	1990 年	2000 年	2010 年	2015 年	2017 年	2000—2017 年平均年增长率（%）
能源消耗（EJ）						
总计	9.42	11.01	10.84	10.54	10.34	-0.1
固体燃料	0.85	0.63	0.48	0.38	0.40	-2.7

（续）

项目	1990 年	2000 年	2010 年	2015 年	2017 年	2000—2017 年平均年增长率（%）
液体燃料	3.52	3.80	3.23	3.00	2.97	-1.4
天然气	1.12	1.55	1.66	1.55	1.65	0.4
核电	3.27	4.29	4.53	4.56	4.21	-0.1
水电	0.21	0.26	0.24	0.21	0.20	-1.6
其他可再生能源	0.45	0.48	0.70	0.84	0.91	3.0
能源产出（EJ）						
总计	4.67	5.47	5.70	5.82	5.48	0.1
固体燃料	0.33	0.12	0	0	0	-100.0
液体燃料	0.15	0.08	0.05	0.04	0.04	-4.1
天然气	0.11	0.06	0.03	0.000 8	0.000 6	-24.0
核电	3.43	4.53	4.67	4.77	4.35	-0.2
水电	0.21	0.26	0.24	0.21	0.20	-1.6
其他可再生能源	0.44	0.42	0.71	0.80	0.89	4.5

在第二次世界大战后的重建时期，法国经济和社会的发展主要依赖能源密集产业。快速增长的能源需求一部分通过国内的煤炭和水电资源来满足。然而，随着法国国内化石燃料资源受到限制和成本高昂的原因，能源供应严重依赖进口。相比于 1960 年的 38%，到 1973 年，进口占法国能源消耗量的 75% 以上。20 世纪 70 年代石油危机之后，法国确定自身需要更大的能源独立性，实施大型核电计划成为法国能源政策的主要内容。核能在一次能源供应中的份额从 20 世纪 70 年代后期的不足 2%，提高到 90 年代中期的约 30%，并在 2017 年达到 72%。

2.3.2 发展历程

法国核电的发展分为四个阶段：

第一阶段（20 世纪 60 年代），根据工业独立和法国技术发展的整体目标，提出了各种反应堆设计方案（主要是天然铀石墨气冷反应堆和快速增殖反应堆）。但是，法国还与比利时财团共同建造了压水反应堆（PWR）机组（Chooz-A），并在布列塔尼（Brennilis）建设了一座重水反应堆。20 世纪 60 年代后期，核电行业的国际发展让法国核电行业认识到，法国的核电站技术无法与日渐发展的轻水堆（LWR）技术竞争。1969 年，法国核电行业决定按许可方式建设 LWR，同时对国内核电行业重组以提高国际竞争力。随后，法国政府制定建设计划，每年建设 1 座或 2 座 PWR。

第二阶段（1974—1981 年），用美国西屋电气公司改进的一项设计来制定新的法国标准。当时，核计划由于 20 世纪 70 年代的石油危机而加速实施，法国核电机组容量从 900 MW 提高到 1 300 MW，随后提高到 1 450 MW。法国以法国原子能委员会（CEA）最初建立的基础设施为基础，制定并实施了一个强大的国内燃料循环产业计划。

第三阶段（1981—2000 年），Framatome 终止了西屋电气的许可，并就新协议进行了谈判，为国内核电行业提供更大的自主权。Framatome 在反应堆运行和维护服务方面开发了广泛的维护专业知识和能力。法国根据低于预期的经济增长率，以及国家电力供应系统频繁出现的产能过剩情况调整了其能源政策。完成 1 450 MW N4 型号的研发，对法国核电机型研发具有里程碑意义。

第四阶段（2000 年以后），Framatome 将其核电部分与西门子（德国）合并。这促成 Framatome Advanced Nuclear Power 的创立，它随后与阿海珐集团合并，并命名为阿海珐核能公司（AREVA NP）；其股份由阿海珐（66%）和西门子（34%）持有。2000—2010 年，分别在 Olkiluoto（芬兰）、台山（中国）和 Flamanville（法国）建设了 4 座 1 600 MW 压水堆（EPRs）。

2015 年 6 月，法国做出关键决定，给法国核电工业带来新的动能：法国电力集团（EDF）和阿海珐通过一家专业公司联手设计反应堆，EDF 成为该领域的行业领导者；燃料循环将成为阿海珐的主要业务；阿海珐将由法国政府进行资本重组；推出一项严格的绩效计划，更好地管理公司和员工。

2017 年 1 月，欧盟委员会批准了法国政府提出的对于 AREVA NewCo 的资本重组，以及 2017 年 5 月 EDF 对于 AREVA NP 的接管。

2017 年 7 月，法国政府完成了 20 亿欧元额外 AREVA SA 股份的购买，以及另外 25 亿欧元 NewCo（该公司的燃料循环业务）股份的购买。New NP（阿海珐反应堆业务）的控制权被出售给 EDF。

2017 年 12 月，EDF 成为 New NP 的主要股东，持有 75.5% 的股份，三菱重工（MHI）和 Assystem 分别持有 19.5% 和 5% 的股份。2018 年 1 月，New NP 宣布正式将名称改回 Framatome（法国反应堆公司在 2001 年与 Cogema 合并前使用的名称）。

2018 年 1 月，NewCo 更名为 Orano。2018 年 2 月，MHI 和 Japan Nuclear Fuel Ltd（JNFL）正式成为 Orano 的股东（各持有 5% 的股份）。

2.3.3 管理体制

1. 政府机构

法国核电的政府管理机构主要有：

- 生态与环境保护部；
- 能源与气候总局（DGEC）；
- 风险预防总局（DGPR）；
- 其他部委（外交、经济和国防）；
- 独立核机构：核安全局（ASN）。

2. 科研与产业组织

法国核电的科研与产业组织主要有：

- 技术支持组织：辐射防护和核安全研究所（IRSN）；
- 研究与开发：替代能源和原子能委员会（CEA）；
- 核电站运营商：法国电力集团（EDF）；
- 核蒸汽供应系统和核设备，服务和燃料的设计者和供应商：Framatome；
- 燃料循环行业，包括工程和服务：Orano cycle；
- 采掘：Orano mining；
- 转化：Comurhex；
- 浓缩：Georges Besse Ⅱ；
- 燃料制造：Framatome（UOX-FBFC），Orano cycle（MOX-Melox）；
- 再加工和封装：Orano cycle；
- 放射性废物管理（研发和处置）：ANDRA。

2.3.4 核电发展

根据 IAEA 统计，截至 2017 年 12 月底，法国在运行核电机组 58 台，装机容量 63 130MW；在建设 1 台，装机容量 1 630MW。2017 年核发电量 398.4

TW • h，占全年电力供应的 71.9%。法国在运行和在建设核电机组具体情况（截至 2017 年 12 月底）见表 2-12。

表 2-12　法国在运行和在建设核电机组具体情况（截至 2017 年 12 月底）

核电机组	堆型	装机容量/MW	状态	运营商
BELLEVILLE-1	PWR	1 310	运行	EDF
BELLEVILLE-2	PWR	1 310	运行	EDF
BLAYAIS-1	PWR	910	运行	EDF
BLAYAIS-2	PWR	910	运行	EDF
BLAYAIS-3	PWR	910	运行	EDF
BLAYAIS-4	PWR	910	运行	EDF
BUGEY-2	PWR	910	运行	EDF
BUGEY-3	PWR	910	运行	EDF
BUGEY-4	PWR	880	运行	EDF
BUGEY-5	PWR	880	运行	EDF
CATTENOM-1	PWR	1 300	运行	EDF
CATTENOM-2	PWR	1 300	运行	EDF
CATTENOM-3	PWR	1 300	运行	EDF
CATTENOM-4	PWR	1 300	运行	EDF
CHINON B-1	PWR	905	运行	EDF
CHINON B-2	PWR	905	运行	EDF
CHINON B-3	PWR	905	运行	EDF
CHINON B-4	PWR	905	运行	EDF
CHOOZ B-1	PWR	1 500	运行	EDF
CHOOZ B-2	PWR	1 500	运行	EDF
CIVAUX-1	PWR	1 495	运行	EDF
CIVAUX-2	PWR	1 495	运行	EDF
CRUAS-1	PWR	915	运行	EDF
CRUAS-2	PWR	915	运行	EDF
CRUAS-3	PWR	915	运行	EDF

（续）

核电机组	堆型	装机容量/MW	状态	运营商
CRUAS-4	PWR	915	运行	EDF
DAMPIERRE-1	PWR	890	运行	EDF
DAMPIERRE-2	PWR	890	运行	EDF
DAMPIERRE-3	PWR	890	运行	EDF
DAMPIERRE-4	PWR	890	运行	EDF
FESSENHEIM-1	PWR	880	运行	EDF
FESSENHEIM-2	PWR	880	运行	EDF
FLAMANVILLE-1	PWR	1 330	运行	EDF
FLAMANVILLE-2	PWR	1 330	运行	EDF
GOLFECH-1	PWR	1 310	运行	EDF
GOLFECH-2	PWR	1 310	运行	EDF
GRAVELINES-1	PWR	910	运行	EDF
GRAVELINES-2	PWR	910	运行	EDF
GRAVELINES-3	PWR	910	运行	EDF
GRAVELINES-4	PWR	910	运行	EDF
GRAVELINES-5	PWR	910	运行	EDF
GRAVELINES-6	PWR	910	运行	EDF
NOGENT-1	PWR	1 310	运行	EDF
NOGENT-2	PWR	1 310	运行	EDF
PALUEL-1	PWR	1 330	运行	EDF
PALUEL-2	PWR	1 330	运行	EDF
PALUEL-3	PWR	1 330	运行	EDF
PALUEL-4	PWR	1 330	运行	EDF
PENLY-1	PWR	1 330	运行	EDF
PENLY-2	PWR	1 330	运行	EDF
ST. ALBAN-1	PWR	1 335	运行	EDF
ST. ALBAN-2	PWR	1 335	运行	EDF

（续）

核电机组	堆型	装机容量/MW	状态	运营商
ST. LAURENT B-1	PWR	915	运行	EDF
ST. LAURENT B-2	PWR	915	运行	EDF
TRICASTIN-1	PWR	915	运行	EDF
TRICASTIN-2	PWR	915	运行	EDF
TRICASTIN-3	PWR	915	运行	EDF
TRICASTIN-4	PWR	915	运行	EDF
FLAMANVILLE-3	PWR	1 630	在建设	EDF

2.3.5 核电出口

近些年法国核电出口也取得了较好的成绩，法国核电出口情况见表 2-13。

表 2-13 法国核电出口情况

国家	核电站	类型	公司	状态
伊朗	Darkhovin 1&2	M310	Framatome	1979 年取消
南非	Koeberg 1&2	M310	Framatome	1984—1985 年投入试运行
韩国	Hanul/ Ulchin 1&2	M310	Framatome	1988—1989 年投入商业运行
中国	Daya Bay	M310	Framatome	1994 年投入商业运行
中国	Ling Ao	M310	Framatome	2002 年投入商业运行
芬兰	Olkiluoto 3	EPR	原 AREVA NP	施工被推迟并且超出预算
中国	Taishan 1&2	EPR	原 AREVA NP	施工被推迟并且超出预算
土耳其	Sinop 1-4	Atmea1	MHI-AREVA	已做计划
英国	Hinkley Point C 1&2	EPR	原 AREVA NP	已做计划，2019 年开始建设
英国	Sizewell C 1&2	EPR	原 AREVA NP	已做计划

2.4 日本核电发展情况

根据 IAEA 统计，截至 2018 年 12 月底，日本在运行核电机组 42 台（其中只有 9 台处于运行状态），2 台在建设，18 台永久关停等待退役。日本有诸多核动力反应堆在运行，占 2017 年总发电量的 4% 左右。目前，日本并未考虑增加发电能力或更换现有设施。日本政府（GOJ）于 2015 年 7 月 16 日发布了长期能源供需展望。在该计划中，政府制定了下列目标：到 2030 年将其对核电的依赖程度降至 20% ～ 22%。

2.4.1 日本能源结构

过去，日本进口了大量的廉价原油。在 1973 财年，石油占其总能耗的 75.5%。然而，日本随后在 1973 年发生的第一次石油危机中保持着高企的油价。由于对石油供应减少的恐惧日益增加，日本决定减少对石油作为主要能源的依赖，转而引入更多的核电、天然气和煤炭，以便稳定日本的能源供应。

因此，日本对于石油的依赖从 1973 财年的 75.5% 下降到 2010 财年的 40.3%。与此同时，该国加速推动能源来源的多元化，包括煤炭（22.7%）、天然气（18.2%）和核能（11.2%）。然而，随着 2011 年日本东部地震之后的核电站关闭，作为核能替代燃料的化石燃料的消耗量大幅增加，2012 年，石油在能源消耗中的比例上升至 44.5%，而核能仅占 0.7%。在发电领域，2016 年，由于可再生能源发电量的扩大，以及核电站重启，石油发电出现下降。石油发电的占比降至 39.7%，连续 4 年出现下降，这是自 1965 年以来最低的水平，并首次低于 40%。1980—2016 年日本能源和电力供需数据见表 2-14。

表 2-14 1980—2016 年日本能源和电力供需数据

项目	1980 年	1990 年	2000 年	2010 年	2015 年	2016 年	2000—2016 年年均增长率（%）
能源消耗（EJ）							
总计	15.93	19.67	22.71	21.98	20.02	19.84	-0.84
固体燃料	2.80	3.32	4.20	5.00	5.15	5.04	1.15
液体燃料	10.30	11.01	11.16	8.86	8.14	7.88	-2.16
天然气	1.01	2.06	3.06	3.99	4.66	4.73	2.76
核电	0.78	1.88	2.86	2.46	0.08	0.15	-16.86
水电	0.86	0.82	0.75	0.72	0.73	0.65	-0.85
其他可再生能源	0.18	0.58	0.68	0.95	1.26	1.39	4.53

（续）

项目	1980年	1990年	2000年	2010年	2015年	2016年	2000—2016年年均增长率（%）
能源生产（EJ）							
总计	2.49	3.59	4.50	4.32	2.20	2.31	-4.05
固体燃料	0.55	0.19	0.07	0.03	0.03	0.03	-4.38
液体燃料	0.02	0.02	0.03	0.03	0.02	0.02	-2.13
天然气	0.10	0.09	0.11	0.15	0.11	0.11	0.43
核电	0.78	1.88	2.86	2.46	0.08	0.15	-16.86
水电	0.86	0.82	0.75	0.72	0.73	0.65	-0.85
其他可再生能源	0.18	0.58	0.68	0.94	1.23	1.35	4.38

2.4.2 发展历程

1955年，《原子能基本法》的颁布推动了依据民主管理、自愿行动和公开信息这三项基本原则为实现和平目标而开展的原子能开发和利用。1956年，原子能委员会成立，就促进原子能开发和利用的相关事项为首相设立一个咨询委员会。

1956年，日本制定了“核能研究、开发和利用的长期计划”（长期计划），该计划在1956—2000年间每五年修订和更新一次。

1966年，国际贸易和工业部（后来称为经济产业省）进行重组，以适应其日益增加的工作量，并为1966年后日本引进商业轻水反应堆制定了额外的规则和条例。

1974年，日本颁布了3项促进电力开发的基本法律，即“发电设施邻近地区调整法”“电力发展促进税法”和“电力促进专项法”，这些法律推进了核电站的适当选址。

1978年，成立了核安全委员会，该委员会是原子能委员会的一个独立实体。1980年加强了安全保障措施，以吸取1979年三里岛事故以及后来1986年切尔诺贝利事故的经验教训。

1986年对“核电愿景”的总体评估为2030年的能源供应和电力需求指明了长期前景，并提出了一项名为“安全21”的加强安全计划，进一步加强了安全保障措施。1990年，日本修订了其供应目标，包括替代能源，以减少其对石油日益增长的需求及其对全球温室效应的贡献。

2001 年，日本政府成立了核工业安全局（NISA），该部门是经济产业省自然资源和能源局的特殊机构，对核工业安全问题拥有管辖权。此外，内阁办公室的原子能委员会和核安全委员会向其他部门和机构提供了高水平的独立和适当指导。

2011 年 3 月 11 日，东北地区太平洋沿岸发生的地震和随后的海啸对东京电力公司福岛第一核电站和福岛第二核电站造成破坏。特别是在东京电力公司的福岛第一核电站，发生了国际核放射事件量表（INES）为 7 级的极其严重的事故。日本国会福岛核事故独立调查委员会的报告指出：

“监管机构并未监测或监督核安全。由于缺乏专业知识，造成‘监管俘获’并推迟了相关条例的实施。他们通过允许运营商自愿施用条例来规避直接责任。他们独立于政治舞台、推动核能发展的部门和运营商，沦为笑柄。既没有能力又缺乏确保核电安全的专业知识和承诺。”

基于从事故中汲取的经验教训，通过分离促进和管理核能的职能，成立核监管机构（NRA）作为环境省的一个外部机构，旨在避免单一政府组织既是监管机构又是促进核能更广泛应用的机构所产生的潜在问题。该机构主席和委员可以根据自己的专长，发挥独立、中立和公正的作用。此外，为了消除垂直分割管理的有害影响，核监管机构应整体管理有关核能、核安全、基于国际承诺的保障措施、辐射监测以及放射性同位素使用条例的规定，这些规定先前受其他行政机关的管辖。2014 年 3 月 1 日，注册管理机构、日本核能安全组织及其所有活动都纳入了核监管机构的管理范畴。

日本原子能委员会于 2014 年重新成立。该委员会发布了“核能基本政策”，旨在将其视为指导未来几年核能使用的长期政府政策的指南针（2017 年 7 月经内阁批准）。

2.4.3 管理体制

文部科学省是由前教育、科学、体育和文化部与科学技术厅合并组成的。文部科学省负责科学和技术方面的核能管理。其主要作用是核研究与开发（包括核燃料循环、快速增殖反应堆和加速器）、核能领域的人力资源以及核责任，也负责监督日本原子能机构。

经济产业省负责其先前作为国际贸易和工业部参与的相关领域，或从科学技术厅接管与核燃料循环活动有关的领域（精炼、浓缩、制造、再加工和废物处理）。由自然资源和能源局负责核电相关问题。

外务省负责核能利用的国际方面事务，包括相关国际条约和公约的实施。

内阁办公室通常负责内阁关键和具体问题的政策规划和政策协调，包括与核能利用有关的问题。

日本原子能委员会与相关政府部门和机构一同为核能利用提供独立的长期指导。设立在内阁办公室的原子能政策办公室是日本原子能委员会的秘书处。日本核能部门的总体结构如图 2-3 所示。

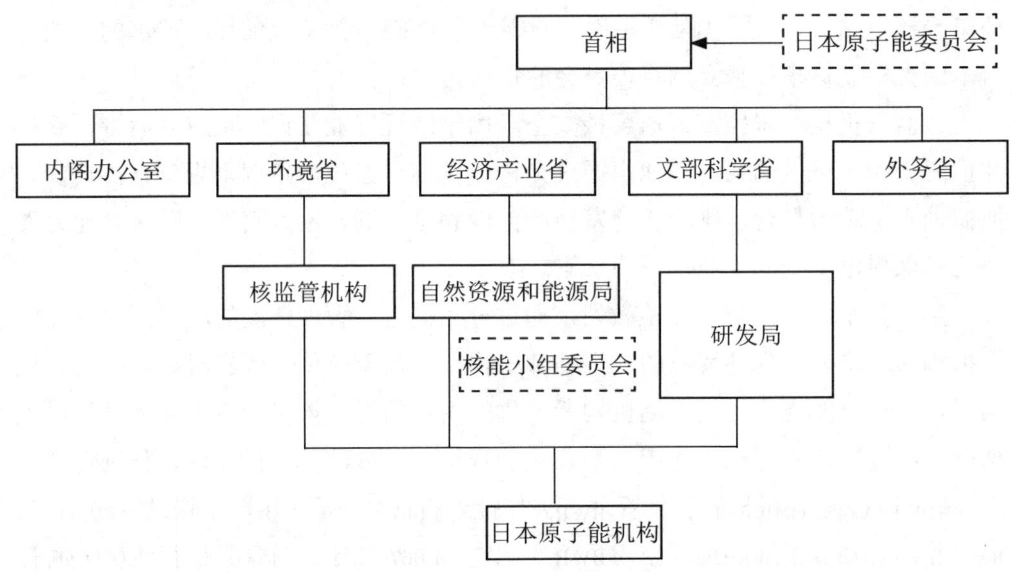

图 2-3 日本核能部门的总体结构

2.4.4 核电发展

根据 IAEA 统计，截至 2018 年 12 月底，日本有 42 台核电机组在运行，2 台在建设，18 台永久关停等待退役。日本目前在运行核动力反应堆占 2017 年总发电量的 4% 左右。

日本总共有 18 座核电站永久关闭，并且将会退役，其中包括福岛第一核电站 1～6 号机组。三座反应堆（Tokai 核电站，Hamaoka 核电站 1 号和 2 号机组）的退役工作已经开始。公用电力公司已经向核临管机构提交了以下 6 座反应堆的退役计划，并已获得批准：Mihama 核电站 1 号和 2 号机组；Shimane 核电站 1 号机组；Genkai 核电站 1 号机组；Tsuruga 核电站 1 号机组；Ikata 核电站 1 号机组。此外，公用电力公司于 2017 年 12 月决定退役 Ohi 核电站 1 号和 2 号机组，于 2018 年 3 月决定退役 Ikata 核电站 2 号机组。日本在运行和在建设及永久关闭机组具体情况见表 2-15。

表 2-15 日本在运行和在建设及永久关闭机组具体情况

（截至 2018 年 12 月底）

核电机组	堆型	装机容量/MW	状态	运营商
FUKUSHIMA-DAINI-1	BWR	1 067	运行	TEPCO
FUKUSHIMA-DAINI-2	BWR	1 067	运行	TEPCO
FUKUSHIMA-DAINI-3	BWR	1 067	运行	TEPCO
FUKUSHIMA-DAINI-4	BWR	1 067	运行	TEPCO
GENKAI-2	PWR	529	运行	KYUSHU
GENKAI-3	PWR	1 127	运行	KYUSHU
GENKAI-4	PWR	1 127	运行	KYUSHU
HAMAOKA-3	BWR	1 056	运行	CHUBU
HAMAOKA-4	BWR	1 092	运行	CHUBU
HAMAOKA-5	BWR	1 325	运行	CHUBU
HIGASHI DORI-1 （TOHOKU）	BWR	1 067	运行	TOHOKU
IKATA-2	PWR	538	运行	SHIKOKU
IKATA-3	PWR	846	运行	SHIKOKU
KASHIWAZAKI KARIWA-1	BWR	1 067	运行	TEPCO
KASHIWAZAKI KARIWA-2	BWR	1 067	运行	TEPCO
KASHIWAZAKI KARIWA-3	BWR	1 067	运行	TEPCO
KASHIWAZAKI KARIWA-4	BWR	1 067	运行	TEPCO
KASHIWAZAKI KARIWA-5	BWR	1 067	运行	TEPCO
KASHIWAZAKI KARIWA-6	BWR	1 315	运行	TEPCO
KASHIWAZAKI KARIWA-7	BWR	1 315	运行	TEPCO
MIHAMA-3	PWR	780	运行	KEPCO
OHI-1	PWR	1 120	运行	KEPCO
OHI-2	PWR	1 120	运行	KEPCO
OHI-3	PWR	1 127	运行	KEPCO
OHI-4	PWR	1 127	运行	KEPCO
ONAGAWA-1	BWR	498	运行	TOHOKU
ONAGAWA-2	BWR	796	运行	TOHOKU
ONAGAWA-3	BWR	796	运行	TOHOKU
SENDAI-1	PWR	846	运行	KYUSHU
SENDAI-2	PWR	846	运行	KYUSHU

（续）

核电机组	堆型	装机容量/MW	状态	运营商
SHIKA-1	BWR	505	运行	HOKURIKU
SHIKA-2	BWR	1 108	运行	HOKURIKU
SHIMANE-2	BWR	789	运行	CHUGOKU
TAKAHAMA-1	PWR	780	运行	KEPCO
TAKAHAMA-2	PWR	780	运行	KEPCO
TAKAHAMA-3	PWR	830	运行	KEPCO
TAKAHAMA-4	PWR	830	运行	KEPCO
TOKAI-2	BWR	1 060	运行	JAPCO
TOMARI-1	PWR	550	运行	HEPCO
TOMARI-2	PWR	550	运行	HEPCO
TOMARI-3	PWR	866	运行	HEPCO
TSURUGA-2	PWR	1 108	运行	JAPCO
OHMA	BWR	1 325	在建设	EPDC
SHIMANE-3	BWR	1 325	在建设	CHUGOKU
FUGEN ATR	HWLWR	148	永久关闭	JAEA
FUKUSHIMA-DAIICHI-1	BWR	439	永久关闭	TEPCO
FUKUSHIMA-DAIICHI-2	BWR	760	永久关闭	TEPCO
FUKUSHIMA-DAIICHI-3	BWR	760	永久关闭	TEPCO
FUKUSHIMA-DAIICHI-4	BWR	760	永久关闭	TEPCO
FUKUSHIMA-DAIICHI-5	BWR	760	永久关闭	TEPCO
FUKUSHIMA-DAIICHI-6	BWR	1 067	永久关闭	TEPCO
GENKAI-1	PWR	529	永久关闭	KYUSHU
HAMAOKA-1	BWR	515	永久关闭	CHUBU
HAMAOKA-2	BWR	806	永久关闭	CHUBU
IKATA-1	PWR	538	永久关闭	SHIKOKU
JPDR	BWR	12	永久关闭	JAEA
MIHAMA-1	PWR	320	永久关闭	KEPCO
MIHAMA-2	PWR	470	永久关闭	KEPCO
MONJU	FBR	246	永久关闭	JAEA
SHIMANE-1	BWR	439	永久关闭	CHUGOKU
TOKAI-1	GCR	137	永久关闭	JAPCO
TSURUGA-1	BWR	340	永久关闭	JAPCO

2.5 韩国核电发展情况

根据IAEA统计，截至2018年12月底，韩国共有24台正在运行的反应堆，总装机容量为22 490MW；正在建设的5台，容量为6 700MW；1台永久关停等待退役。2017年核发电量为141.1TW·h，占全年电力供应的27.1%。韩国总统文在寅上任后，计划降低韩国对煤炭和核电的依赖，强调有必要向可再生能源转型。目标是到2030年，将可再生能源占比从目前的1.1%增至20%。

2.5.1 韩国能源结构

2014年1月，韩国宣布了一项长期战略，该战略确定了到2035年国家能源政策的具体方向。第二个能源总体规划旨在到2035年将最终能源消耗降低13%，包含六个基本方向：①转换为需求管理政策。②建立分布式发电系统。③平衡环境和安全。④提高能源安全性和稳定的能源供应。⑤各能源的稳定供应系统。⑥反映公众舆论的能源政策。1980—2016年韩国能源和电力供需数据见表2—16。

表2-16 1980—2016年韩国能源和电力供需数据

项目	1980年	1990年	2000年	2005年	2010年	2014年	2016年	2000—2016年年均增长率（%）
能源消耗（EJ）								
总计	1.84	3.90	8.08	9.57	11.05	11.85	12.34	3.07
固体燃料	0.55	1.02	1.80	2.29	3.23	3.55	3.43	4.72
液体燃料	1.12	2.10	4.20	4.25	4.37	4.39	4.94	1.18
天然气	0	0.13	0.79	1.27	1.80	2.00	1.91	6.47
核能	0.04	0.55	1.14	1.54	1.34	1.38	1.43	1.63
水电	0.02	0.07	0.06	0.05	0.06	0.07	0.06	-0.01
其他可再生能源	0.11	0.03	0.09	0.17	0.25	0.46	0.57	14.15
能源生产（EJ）								
总计	0.53	0.97	1.37	1.83	1.71	1.95	2.10	3.11
固体燃料	0.36	0.32	0.08	0.05	0.04	0.03	0.03	-6.07
液体燃料	0	0	0	0	0	0	0	0
天然气	0	0	0	0.02	0.02	0.01	0.01	0

（续）

项目	1980 年	1990 年	2000 年	2005 年	2010 年	2014 年	2016 年	2000—2016 年年均增长率（%）
核能	0.04	0.55	1.14	1.54	1.34	1.38	1.43	1.63
水电	0.02	0.07	0.06	0.05	0.06	0.07	0.06	-0.01
其他可再生能源	0.11	0.03	0.09	0.17	0.25	0.46	0.57	14.15

2.5.2 发展历程

韩国的核电工作始于 1957 年，这一年韩国成为国际原子能组织的成员国。1958 年，韩国通过了“原子能法”。1959 年，顺应全球和平利用原子能的趋势，设立原子能办公室。

自 20 世纪 70 年代以来，韩国在实施国家工业化政策的同时实施核电计划。韩国坚持致力于核电发展，将其作为国家能源政策的一个组成部分，旨在减少经济的外部脆弱性并确保避免全球化石燃料短缺带来的风险。

在相对较短时间内，韩国从设计、制造、建设、运营及维护、燃料制造和建设安全监管基础设施方面开展核电技术的本地化进程。在这一趋势下，通过建设荣光核电站（NPP）3 号和 4 号机组，实现了各种核领域的高度技术自立。目前，韩国的核电站技术和相关的燃料循环技术正在日趋成熟。

目前，韩国有 24 台运行的反应堆，装机容量为 22 490MW，约占韩国电力的 30%。5 台反应堆（包括 1 台额外的 7GW 设施）在建设中。韩国的反应堆位于五个场地，预计所有新建设施都位于该类场地内。

根据 2017 年正式宣布的能源转型政策，韩国政府重点关注核电站运行安全、核设施退役和乏燃料管理问题。

2.5.3 管理体制

韩国的核相关活动由科学技术信息通信部，产业通商资源部，外交部和核安全与安保委员会等各种组织负责策划和实施：

科学技术信息通信部全面负责国家的核研究与开发和核国际合作。

产业通商资源部负责核电站的建设和运营、核燃料供应以及放射性废物的管理。

外交部负责核外交活动，包括缔结双边和多边协定和条约。

核安全与安保委员会作为监管机构，负责安全、安保和防扩散事务。

韩国的主要核相关组织如图 2-4 所示。

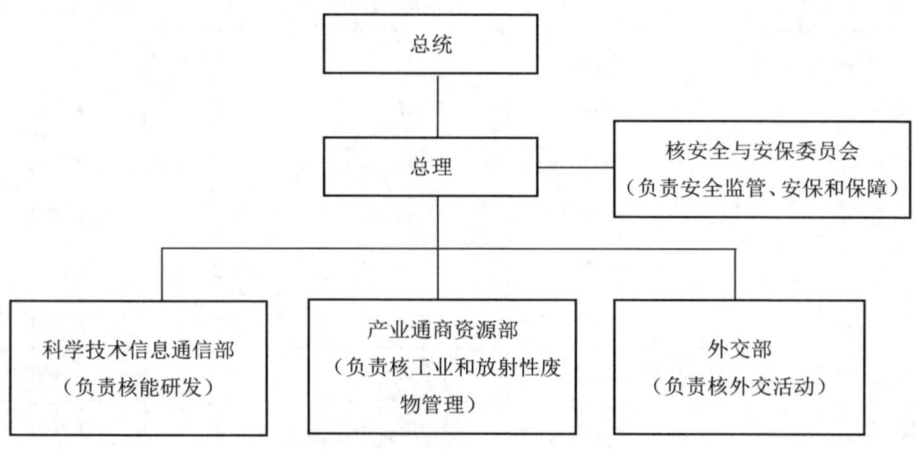

图 2-4　韩国的主要核相关组织

来源：韩国科学技术信息通信部。

2.5.4　核电发展

根据 IAEA 统计，截至 2018 年 12 月底，韩国共有 24 台正在运行的反应堆，总装机容量为 22 490MW；正在建设的 5 台，装机容量为 6 700MW；1 台永久关停等待退役。2017 年核发电量为 141.1TW·h，发电比例为 27.1%。韩国在运行和在建设及永久关闭机组具体情况见表 2-17。

表 2-17　韩国在运行和在建设及永久关闭机组具体情况

（截至 2018 年 12 月底）

核电机组	堆型	装机容量/MW	状态	运营商
HANBIT-1	PWR	996	运行	KHNP
HANBIT-2	PWR	988	运行	KHNP
HANBIT-3	PWR	986	运行	KHNP
HANBIT-4	PWR	970	运行	KHNP
HANBIT-5	PWR	994	运行	KHNP
HANBIT-6	PWR	993	运行	KHNP
HANUL-1	PWR	968	运行	KHNP

（续）

核电机组	堆型	装机容量/MW	状态	运营商
HANUL-2	PWR	969	运行	KHNP
HANUL-3	PWR	997	运行	KHNP
HANUL-4	PWR	999	运行	KHNP
HANUL-5	PWR	998	运行	KHNP
HANUL-6	PWR	997	运行	KHNP
KORI-2	PWR	640	运行	KHNP
KORI-3	PWR	1 011	运行	KHNP
KORI-4	PWR	1 012	运行	KHNP
SHIN-KORI-1	PWR	997	运行	KHNP
SHIN-KORI-2	PWR	997	运行	KHNP
SHIN-KORI-3	PWR	1 416	运行	KHNP
SHIN-WOLSONG-1	PWR	997	运行	KHNP
SHIN-WOLSONG-2	PWR	993	运行	KHNP
WOLSONG-1	PHWR	661	运行	KHNP
WOLSONG-2	PHWR	632	运行	KHNP
WOLSONG-3	PHWR	648	运行	KHNP
WOLSONG-4	PHWR	635	运行	KHNP
SHIN-HANUL-1	PWR	1 340	在建设	KHNP
SHIN-HANUL-2	PWR	1 340	在建设	KHNP
SHIN-KORI-4	PWR	1 340	在建设	KHNP
SHIN-KORI-5	PWR	1 340	在建设	KHNP
SHIN-KORI-6	PWR	1 340	在建设	KHNP
KORI-1	PWR	576	永久关闭	KHNP

第3章

我国核能发展状况

3.1 我国核能发展历程

从核电发展起步至今，核能作为我国的战略性产业，经历了不同的发展阶段，根据当时环境，核能的发展政策不断进行调整修订，以更好地保障并促进我国核能安全高效发展。

我国核电发展起步较晚，但发展历程体现出涉及面广、决策层次高的特点。20 世纪 70 年代，全世界出现石油危机，我国东部城市也出现了能源短缺的问题，1970 年 2 月，上海市领导到中央向周恩来总理汇报说，上海许多工程由于缺电轮流停产。周恩来总理指出："从长远看，要解决上海和华东地区的用电问题，要靠核电。"仅 1970 年间，周恩来总理就曾四次提出要搞核电站建设，要和平利用核能的问题。

1983 年 1 月 12—18 日，为贯彻落实国务院关于尽早制定我国今后 20 年发展核电技术政策的批示，国家计委、国家科委在北京召开了由 70 多个单位的 108 名领导和专家参加的"核能发展技术政策论证会"（即回龙观会议）。会议通过认真探讨和论证，对发展我国核能的重大技术政策，包括堆型选择、单堆功率、引进技术等问题，取得了基本一致的意见——"一致支持国务院发展核电的决策"，认为无论从国内需求还是国际条件来看，我国发展核能不仅是可行的，而且是再不能延误下去了。根据会议的论证意见，由国家计委和国家科委联合拟定《核能发展技术政策要点》，下达至有关部门和单位，作为制定核能发展规划的依据。

《核能发展技术政策要点》强调了我国核能发展的必要性和在能源工业中的地位，分析了我国核工业已有的良好基础，提出了要充分利用我国已有的技术条件和物质基础，积极引进和消化国外先进技术，建立完整的核能工业体系和达到国际先进水平的目标。《核能发展技术政策要点》确定了我国关于核能发展的一系列重要政策，如核电堆型主要采用压水堆，主要发展单机百万千瓦级机组，提出了通过技贸结合、合作生产与国内科研相结合，掌握引进先进技术的方针。一些认识分歧得到了统一，把核能发展的重要技术政策肯定下来，为我国核电的起步奠定了基础。

1983 年 9 月，国务院为加强对核能发展的领导，决定成立国务院核电领导小组。随后国务院相继批准了秦山核电站和广东大亚湾核电站两大核电工程正式开工，标志着我国核能发展正式起步。

1985 年《核能发展技术政策要点》颁布以后，在实践过程中得到了较好的贯彻。针对实际中存在的问题，根据国务院和有关部门对重大事项的决策、讲话和批示中提出的处理意见，对部分条款作了补充调整。总体而言，我国核电发展政策大致经历了起步发展、适度发展、积极发展和安全高效发展四个阶段，具体如下：

1. 起步发展阶段（20 世纪 80 年代中期至 90 年代中期）

经过约 10 年的发展，我国核电“开好头、起好步”，实现了开门红：秦山核电站是第一座由我国自主设计、自主建造的原型核电站，设计电功率为 30 万 kW，1991 年并网发电，实现了我国大陆核电零的突破。广东大亚湾核电站引进法国 M310 机型（2×984MW），由外国承包商负总技术责任，中方参与工程建设管理，所有设备均为进口，于 1994 年并网发电。在本阶段，核能政策如下：

（1）坚持以压水堆为主的技术路线　1983 年年初，国家在组织全国性技术政策论证中即已确定：“根据中国核工业技术发展现状和经济合理的原则，中国第一代核电站堆型应主要采用压水堆。”这条技术路线一直得到很好的遵循，是核电发展最现实、最有效的途径。

（2）坚持“以我为主、自主设计”的技术引进方式　由于 1989 年国内政治形势和对外关系形势发生变化，技术引进遇到困难，因此对技术引进方式作了调整，更加强调要充分利用我国已有的技术条件和物质基础，要充分发挥自身的力量，提出了“以我为主、中外合作”的方针，即设计全面由中方承担，通过自主研发攻关、引进技术、购买软件资料、聘请外方专家咨询，解决设计技术问题。

（3）实现“国产化和买容量”两条路径并行　1992 年小平同志南方谈话调动了东南沿海各省加快核电建设的积极性，提出了较大的核电发展目标。我国核电发展相应调整为采取“国产化”和“买容量”两条腿走路的方针，即在不否定国产化道路的同时，考虑到国产化有个过程，不能等待国产化后再发展核电，要以购买发电容量为目的，进口设备建设核电站。秦山核电站和广东大亚湾核电站很好地践行了这两条路径。

2. 适度发展阶段（20 世纪 90 年代中期至 2003 年）

“九五”期间，我国确立了“适度发展核电”的方针。我国核电在原有基础上，坚持适度发展，先后启动了 4 个项目（秦山第二核电站、广东岭澳核电站、秦山第三核电站和江苏田湾核电站）共 8 台机组的建设，装机容量为 660 万 kW，把核电发展的起步规模推上了一个新台阶。围绕上述核电建设，面对新的情况，国家计委核电办先后召开了两次关于核电国产化的大型讨论会（上海会议、深圳会议），进行了广泛的讨论，取得了较好的成果，在一些重大问题上取得了共识，核电发展的技术政策又有了新的进展及调整，主要成果如下：

（1）确定了我国核电发展两步走的技术路线　面对国际上对先进核电机型的推介，根据我国实际，确定核电发展两步走的技术路线：第一步，当前核电建设机型确定为国际上已成熟的、我国已基本掌握技术的、并作适当改进的机型（同时要跟踪研发国际先进核电机型）；第二步，在先进核电机型技术基本掌握后建设先进核电机型。两步走的技术路线是20世纪80年代初，《核能发展技术政策要点》中确定的压水堆技术路线的发展和深化，在压水堆技术路线下，摆正了先进机型和成熟机型的关系。

（2）确定了国产化方针和自主化目标　坚定不移走国产化道路，国产化方针指的是“以我为主、中外合作、引进技术、推进国产”，主要目的有三：一是掌握技术，跟踪世界发展；二是降低造价，提高经济效益；三是实现自主，摆脱对外国的依赖。同时，我国也有能力跟踪世界先进水平，走出一条“自主设计、自主制造、自主建造、自主运营”发展核电的路子来，逐步实现核电国产化、标准化和系列化。

（3）百万千瓦起步改为60万kW起步　由于外汇平衡问题难于解决，经国务院领导研究，对核能发展技术政策作了较大的调整。将我国核电由百万千瓦级起步改为60万kW起步，把60万kW定为一段时间内核电建设的主力机型，这项决定更适合我国国情。实践证明，通过秦山二期工程建设掌握60万kW核电机组技术，为我国自主建设百万千瓦机组打下了扎实基础。

（4）确定以核养核、滚动发展的方针　1994年2月，有关部门在深圳讨论广东核电合营公司体制问题时，国务院决定广东核电实行“以核养核、滚动发展方针，第一期利润全部用于二期。”

3. 积极发展阶段（2003—2011年）

2005年10月，党的十六届五中全会确定了“积极发展核电”的方针。2007年10月国务院正式发布我国第一部《核电中长期发展规划（2005—2020）》，明确核电发展目标为2020年我国大陆核电装机容量将达到4 000万kW，在建设容量为1 800万kW。自2005年年底以来，国家先后核准了辽宁红沿河、福建宁德、福建福清、广东阳江、浙江方家山、浙江三门（AP1000）、山东海阳、广东台山（EPR）、海南昌江和广西防城港等 13 个核电项目，包括美法两国开发的 AP1000 和 EPR 三代机型均获准在我国开建。我国核能发展政策体现如下：

（1）核电国产化道路调整为一步到位　2003 年，国家发展改革委提出并贯彻了“招标引进、发展三代、一步到位、跨越发展”的核电建设道路。在国际招标技术方向选择上，以“一步到位”发展世界上国际三代（尚处建设首堆工程阶段的）水平为目标，通过“国际招标选定”，选择我国今后一系列核电发展机型（美国 AP1000、法国 RPE 等），并放弃我国已基本掌握技术的核电机型。在核电建设进程上，通过招标引进，先建 4 台，作为驱动项目。紧随其后实行批量规模的后续项目建设，以满足 2020 年达到 4 000 万 kW 的目标。

（2）小范围采用我国已有核电技术　2004 年年初，国务院有关部门接受广大专家建议，为完成规划相关目标，保障核电发展可持续，在执行上述政策进行招标引进谈判和引进项目建设前期，决定在浙江秦山和广东岭澳，各翻版建设两台机组。2005 年年中，接受广大专家建议，在坚持招标引进、发展三代技术的同时，小范围采用我国已有核电技术，同意建设几台二代和二代改进型核电机组。

在此期间，我国为实现国外第三代先进核电技术（AP1000）的引进、消化、吸收、研发、转让、应用和推广，通过自主创新，形成自主品牌核电技术，于 2007 年 5 月成立国家核电技术公司（简称“国家核电”）。至此形成了中核、中广核、国核技三足鼎立的核电项目企业发展态势。

（3）明确核电发展技术路线　2007 年，我国颁布的《核电中长期发展规划（2005—2020）》明确了核电发展技术路线：即核电发展坚持“热堆—快堆—聚变堆”的“三步走”路线；坚持发展百万千瓦压水堆核电技术；在规划实施的核电发展技术路线上，在引进消化吸收的三代百万千瓦压水堆核电技术完全掌握前，适当自主建设二代改进型核电技术。

4. 安全高效发展阶段（2011 年至今）

日本福岛核事故发生后，我国立即开展核电安全全面检查工作，对《核电中长期发展规划（2005—2020）》进行调整完善，将核电目标调整为：到 2020 年建成 5 800 万 kW，在建设 3 000 万 kW。自 2012 年起，我国先后核准了田湾二期三期、石岛湾高温气冷堆、阳江三期、红沿河二期、福清三期、防城港二期和福建霞浦示范快堆等项目，截至 2017 年 12 月 31 日，我国在运核电机组达到 37 台，装机容量达到 3 580 万 kW（额定装机容量），在建设核电机组 20 台，总装机容量 2 269 万 kW（额定装机功率）。核电发展政策大致经历了以下调整：

（1）因“福岛核事故”核电发展短暂停顿及全面整改　2011 年 3 月 11 日，日本发生福岛核事故，使得我国的核电建设陷入暂时的停顿，对我国能源发展部署决策产生了重要影响。2011 年 3 月 16 日，国务院常务会议明确指出：“调整完善《核电中长期发展规划（2005—2020）》，《核电安全规划》批准前，暂停审批核电项目包括已开展前期工作的项目。”同时会议强调，要充分认识核安全的重要性和紧迫性，核电发展要把安全放在第一位，形成国四条：“一是立即组织对我国核设施进行全面安全检查。二是切实加强正在运行核设施的安全管理。三是全面审查在建设核电站。四是严格审批新上核电项目。”

（2）新建核电机组必须为三代核电技术　2012 年 10 月 24 日，国务院常务会议讨论通过《核电安全规划（2011—2020 年）》和《核电中长期发展规划（2011—2022）》。会议指出，2011 年 3 月以来，在对运行、在建设核电机组进行综合安全检查的基础上，国务院两次讨论这两个规划，对待核电安全和发展十分严肃和慎重。会议对当前和今后一个时期的核电建设做出部署：一是稳妥恢复正常建设。合理把握建设节奏，稳步有序推进。二是科学布局项目。“十二五”时期只在沿海安排少数经过充分论证的核电项目厂址，不安排内陆核电项目。三是提高准入门槛。按照全球最高安全要求新建核电项目，新建核电机组必须符合三代安全标准。这标志着我国核电建设重启，核能发展正稳步向前。

2012—2017 年我国先后颁布了一系列涉核政策，具体见表 3-1。目前，我国始终坚持在保障核电安全基础上稳步发展核电的基本方针。

表 3-1　2012—2017 年我国核能发展政策

文件	时间	发布单位	主要涉核政策
核电中长期发展规划（2011—2020）	2012 年	国务院	到 2020 年，核电装机容量达到 5 800 万 kW，在建设 3 000 万 kW 规模，发电占比从目前的 2% 提升至 4%
能源发展“十二五”规划	2013 年	国务院	加快建设现代核电产业体系，打造核电强国。到 2015 年，运行核电装机达 4 000 万 kW，在建设规模为 1 800 万 kW
能源发展战略行动计划（2014—2020）	2014 年	国务院办公厅	加强技术攻关，力争新一代核电等核心技术取得重大突破。到 2020 年，核电装机容量达到 5 800 万 kW，在建设容量达到 3 000 万 kW

（续）

文件	时间	发布单位	主要涉核政策
电力发展“十三五”规划	2016年	国家发展改革委、国家能源局	“十三五”期间，全国核电投产约3 000万kW，开工3 000万kW以上，2020年装机容量达到5 800万kW
2017年能源工作指导意见	2017年	国家能源局	2017年的重点工作任务是年内计划建成三门1号机组、福清4号机组、阳江4号机组、海阳1号机组、台山1号机组等项目，新增装机容量641万kW。积极推进具备条件项目的核准建设，年内计划开工8台机组。扎实推进三门3号和4号机组、宁德5号和6号机组、漳州1号和2号机组、惠州1号和2号机组等项目前期工作，项目规模986万kW

3.2　我国核能产业发展现状

3.2.1　天然铀

我国铀矿产业起步于20世纪50年代，经历了60余年的发展历程，建立了完整的科研技术、生产运营和人才队伍体系。为了确保天然铀的长期稳定生产与供应，国家在统筹考虑“两种资源、两个市场”的情况下，不断优化调整天然铀的供应保障体系，逐步建立完善了以“国内开采、海外开发、国际贸易、战略储备”为相互依托、灵活调节、稳定可靠的“四位一体”的天然铀供应保障体系。

1. 我国铀资源分布广泛，铀矿资源潜力巨大

我国铀矿地质勘查工作始于1955年，已探明360余个铀矿床，为我国国防建设和核电发展奠定了资源基础。21世纪以来，我国铀矿的找矿重点逐渐转向砂岩型铀矿，已在北方盆地取得重要突破，实现了资源储量翻番。新疆伊犁和吐哈盆地地浸砂岩型铀矿已经发展成为万吨级铀矿资源基地；内蒙古鄂尔多斯、二连浩特等盆地砂岩型铀矿找矿工作取得重大突破，新探明纳岭沟、大营特大型和巴彦乌拉铀矿床，新发现巴音青格利、罕台庙、哈达图等铀矿产地，使鄂尔多斯盆地东北部成为我国首个10万吨级铀矿资源基地。截至2018年年底，我国已查明的铀矿资源分布于新疆、内蒙古和江西等23个省（自治区），已经落实了6个万吨至10万吨级铀矿资源基地。我国铀矿资源类型众多，其中，砂岩型、花岗岩型、火山岩型和碳硅泥岩型（四大类型）铀矿占了全国铀矿资源总量的 92%，其他类型铀矿占 8%（如图 3-1 所示）。已探明的 32 个大型及以上规模铀矿床的资源量约占全国已查明铀矿资源量的 59%（如图 3-2 所示）。

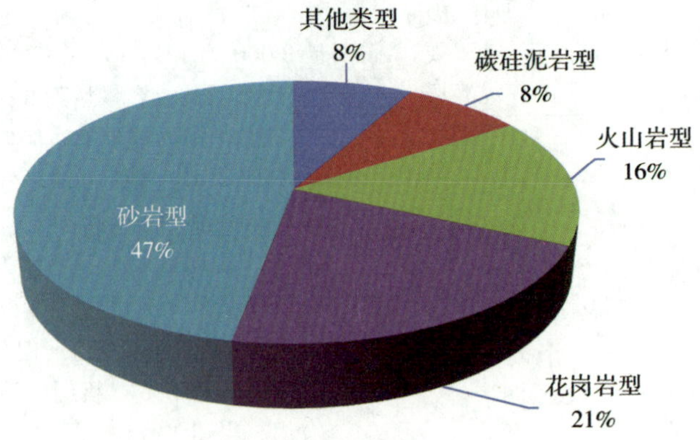

图 3-1 我国铀矿类型和比例分布

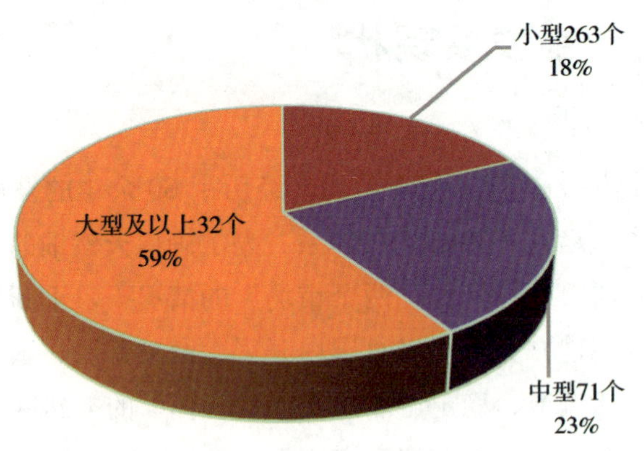

图 3-2 我国铀矿床规模个数及资源量占比

近年来，新发现芙蓉铀矿、湘江铀矿、斜方钛铀矿、腾冲铀矿、盈江铀矿和单斜蓝硒铜矿 6 种矿物，在稳定同位素地质、成矿作用物理化学试验、气液包裹体和数学地质等方面也均取得了重要创新成果。2006—2013 年，我国完成了新一轮铀矿资源潜力评价，在 GIS 技术平台上分成矿区带，完成了全国铀矿资源潜力评价工作，共圈定全国重要的铀成矿预测区 340 多片，预测铀矿资源潜力远超 200 万 t，显示出巨大的找矿潜力。

2018 年，国内铀矿勘查以北方盆地砂岩型铀矿为主攻类型，以伊犁盆地南缘、鄂尔多斯盆地东北部、二连盆地中东部和松辽盆地西南部等铀矿资源大基地为重点，全年共完成钻探工作量约 500km，新发现工业铀矿孔 217 个。

（1）砂岩型铀矿找矿取得新突破　哈达图铀矿床埋藏浅、品位高，已查明资源超万吨；巴彦乌拉铀矿床因芒来地段资源规模持续扩大，有望发展为特大型铀矿床；松辽盆地南部大林万吨级铀矿产地控制程度进一步提高，矿体连续性得到了查证；伊犁盆地洪海沟铀矿床已落实为特大型铀矿床。

（2）硬岩型铀矿老矿山深部和外围找矿取得新进展　甘肃龙首山芨岭西和江西相山鹏姑山等地段发现厚大工业铀矿体；广东诸广南长排地区深部矿体连续性得到查证，资源规模持续扩大。

（3）新区探索取得新发现　准噶尔盆地东部、鄂尔多斯盆地南部、塔里木盆地北缘等地区均揭露到工业铀矿化，有望发现新的铀矿产地，有效地缓解了铀矿勘查后备基地不足的突出矛盾。

2. 形成了相对完整的铀矿地质科研体系，铀矿勘查能力不断提高

我国建立了以专业化研究院为基础、部分地质院校为支撑的完整的铀矿地质科研体系，培养了一支机构健全、专业配套，并拥有一大批优秀学科带头人的科技攻关队伍。在铀成矿理论、铀矿勘查方法与技术研究以及核地质技术标准体系的建立等方面取得了丰硕成果。

目前，我国已经发展了深源成矿、幔汁成矿、热点成矿、复合型构造系统成矿等理论和观点。对我国砂岩型、花岗岩型、火山岩型和碳硅泥岩型四大类型铀矿的地质特征和成矿规律进行了深入研究。发展了层间氧化带砂岩型铀矿成矿理论和找矿技术，建立了火山岩型铀矿双混合模式、花岗岩型铀矿双重成因模式等铀成矿模式，建立了适合我国地质条件的地浸砂岩型铀矿预测评价模式和 1km 垂幅内的热液型铀矿攻深找盲技术，推动了我国中新生代盆地地浸砂岩型铀矿的勘查和资源突破。“叠合复成因”铀成矿理论的提出、零价态金属铀的发现引发国内外重点关注。我国编制并发布的核行业铀矿地质技术标准近 150 项，涵盖了核地质所有专业，建立了核地质勘查技术标准化体系，保证了铀矿勘查与科研工作的规范化。

我国建立了由地质评价、地球物理探测、地球化学探测和遥感信息分析四大技术方法组成的铀矿攻深找盲技术体系。基本实现了航天、航空、地面和地下四位一体的联测联探，其中，放射性地质调查技术、航空放射性测量技术、径迹、钋法、活性炭和氡气法等系列氡法测量技术达到了国际先进水平；初步开发了高光谱矿物蚀变填图技术；小口径人造金刚石钻探技术、地浸砂岩型铀矿钻探技术、铀含量及铀同位素分析测试技术保持国际领先水平；自主研制了系列放射性找矿设备和测量仪器。

我国大力推进铀矿综合勘查能力建设，地面物化探、航空物探、卫星遥感等新技术和新方法在我国铀矿找矿中得到广泛应用，初步实现了“天－空－地－深”四位一体的动态联测联探。深部钻探能力大幅提升，中国铀矿第一科学深钻（钻探 2 818.88m）创造了国内 P 口径绳索取心钻进的最深记录。铀矿资源预测评价技术发展到“定深、定型、定位、定量”的新阶段。

3. 勘查技术逐步升级，绿色勘查、信息化找矿成为产业发展新指引

近年来，我国铀矿勘查技术逐步升级，部分勘查装备自主化取得新突破。2018 年，在北方沉积盆地和南方硬岩地区预测 20 多片一级成矿远景区，支撑扩大二连浩特、通辽等大基地资源，拓展了铀矿找矿新区、新类型和新空间。启动云平台和大数据找矿计划，高光谱技术首次应用于砂岩铀矿勘查领域，航空电磁、三维地震和无人机航测新技术在铀矿勘查和多矿种资源调查中显示出积极成效。小型化遥感信息处理设备和可移动式航空放射性测量校准装置研制取得重要进展，自主研制的放射性资源三维计算软件有望替代传统人工模式，模块化－自动化泥浆处理装置推进铀矿勘查向绿色发展，土壤化探和新型测井仪器显著提升了深部找矿精度，放射性测井安全和防护使用技术难题得到有效解决。

为响应党的十九大提出的“建设美丽中国”的号召和要求，我国正在积极推进铀矿绿色勘查。一方面，大力加强铀矿找矿过程中的环境保护，将铀矿勘查对环境的影响降到最低；另一方面，积极开展资源综合评价，系统查明铀矿和其他矿产资源的空间产出关系，研究出合理的综合开发利用方案，避免其他矿产的开发造成环境污染和资源浪费。此外，随着铀成矿理论的发展和计算机技术的进步，信息化找矿将成为铀矿地质勘查的主流和今后发展方向。目前，数字勘查系统已经在铀矿找矿中得到普遍推广应用，提高了铀矿找矿工作的效率和水平；多学科综合手段以及多元地学信息的综合分析利用，将大大提高铀矿预测的精度和找矿效率。

4. 国内绿色铀矿大基地建设步伐加快，铀矿采冶项目保持安全稳定运行

国内实施“多探少采、上大限小”，加大结构调整和改革力度，关闭一批资源枯竭、安全和技术水平落后的小矿场，积极推进大基地建设战略，推进铀资源开发绿色、集约、高效发展。在掌握酸法地浸采铀工艺的基础上，成功开发出我国第三代采铀技术——CO_2+O_2 绿色地浸采铀技术，并实现规模化工程应用，成为继美国之后第二个掌握该技术的国家。

近5年来，我国首个规模化、现代化的千吨级绿色铀矿场在新疆伊犁全面建成，内蒙古两个千吨级大基地建设取得突破性进展，绿色经济的地浸砂岩产能所占比例提升到60%以上，加快了国内铀矿开发与国际全面接轨的步伐。随着蒙其古尔一期、二期，内蒙古巴彦乌拉、纳岭沟、钱家店扩建等北方地区地浸“五大工程”的全面建成，基本形成了以北方绿色地浸砂岩矿场为主体、南方硬岩矿场为补充的产业发展格局，我国本土铀矿供应能力逐渐提升。各铀矿采冶工程项目按计划保持安全稳定生产运行，为国内铀资源保障奠定了基础。

地浸采铀不断迈向精细化，数字化矿场建设取得新进展。2018年，我国地浸采铀工艺水平进一步提升：地浸采铀超深地浸钻孔结构和成井工艺取得新突破，向深部第二开发空间迈进；针对西北某地区地浸难题，研发了新型浸出技术，单孔抽液量和铀浓度获取了较理想的参数；研发了低渗砂岩铀矿化学增渗及解堵工艺技术，保持了地浸生产的连续稳定运行。截至2018年，我国北方地浸铀矿场基本实现无人值守，井场和水冶生产实现自动化远程控制，智能预警、网络实时监测取得新进展；研究提出新时代硬岩标杆铀矿场改造技术方案，针对关停硬岩矿场设计了安全环保的自动化监控报警系统和视频监控系统。集成创建了先进高效、具有中国特色的千吨级铀矿大基地整套工程应用技术体系，不仅为国内千吨级矿场建设提供了技术样板，也为“一带一路”走出去提供了工程技术解决方案。

5. 继续加强国际合作，海外铀资源开发取得重大进展

根据铀资源红皮书《2018年铀：资源、生产和需求》指出，全球已查明开采成本低于130美元/kgU的铀资源总量为614.22万tU，比上一版红皮书公布的数量增长7.4%；已查明开采成本低于260美元/kgU的铀资源总量为798.86万tU，比上一版红皮书公布的数量增长4.5%。我国在铀资源开发方面积极发挥两种资源、两个市场的作用，积极推进铀资源的海外开发及铀贸易。

我国两大核电集团——中核集团和中广核集团分别成立了专业化的公司负责海外铀勘探开发，并在尼日尔、哈萨克斯坦、纳米比亚、乌兹别克斯坦、津巴布韦和阿尔及利亚等国家积极开展铀资源勘探开发活动，共同开展“一带一路”沿线国家的铀资源风险勘查。截至2018年12月，中核集团在尼日尔、纳米比亚、津巴布韦和蒙古拥有生产项目1个，维护项目1个，矿场前期准备项目1个，勘探项目2个，其中尼日尔阿泽里克铀矿项目是中国第一个海外铀资源投资开发项目。中广核集团在中亚、北美、澳大利亚和非洲等全球富铀地区完成了资源布局，控股收购了纳米比亚湖山铀矿和澳大利亚 EME 公司，参股哈萨克斯坦谢米兹拜伊铀公司和加拿大 Fission 公司，与乌兹别克斯坦地矿委均股成立中乌铀公司。我国企业控股开发的海外铀资源项目情况见表 3-2。

表 3-2　我国企业控股开发的海外铀资源项目情况　（单位：tU）

项目名称	股东	资源量	设计年产能	2019 年产量	运回国内量
阿泽里克	中核国际（中核集团香港上市公司）持股 37.2%、中非基金持股 24.8%，其他持股 38%	13 692	678	0	累计 699
罗辛	中国铀业持股 68.62%，其他持股 31.38%	183 600	3 800	2 076	0
湖山	中广核持股 54%、中非基金持股 36%、纳米比亚国矿公司持股 10%	248 446	5 088	3 396	累计 7 044
澳洲能源金属公司	中广核持股 66.45%	26 970	–	0	0

注：澳洲能源金属公司旗下项目目前尚没有进入可行性研究阶段。

同时，我国企业积极参股国际铀资源公司，提高海外铀资源的掌控能力。截至 2018 年年底，中核集团已经完成帕拉丁公司 LH 控股公司 25% 股权和 LH 项目公司 25% 债权的收购。中广核集团先后参股收购了哈萨克斯坦谢米兹拜伊铀公司和加拿大 Fission 公司。我国企业海外收购项目情况见表 3-3。

表 3-3　我国企业海外收购项目情况　（单位：tU）

项目名称	股东	权益资源量	设计年产能	2019 年产量	2019 年运回国内量
LH 控股公司	中核持股 25%	12 300	2 000	0	0
Fission 公司	中广核持股 19.89%	10 346	—	0	0
谢米兹拜伊铀有限合伙企业	中广核持股 49%、哈原工持股 51%	剩余 26 188	1 400	960	累计 7 986

注：Fission 公司目前尚没有进入可行性研究阶段，暂不能确定年产量。

此外，我国加大海外铀的贸易力度和储备建设，多渠道保障铀资源供应。中核集团、中广核集团、国家电投集团均通过旗下公司加大铀的贸易力度，已与哈萨克斯坦国家原子能公司、加拿大卡梅科公司和法国阿海珐集团分别签订了长期采购合同，提高国内铀资源保障能力。我国的铀储备建设工作也正在进行，取得了重要进展。

3.2.2 铀转化和铀浓缩

经过60年的发展，我国核燃料加工产业发展水平不断提升，攻克了单线3 000tU/a铀转化一体化生产线关键技术，成为世界上少数拥有商业离心浓缩铀生产能力的国家之一，产业规模不断扩大，为满足国内以及出口核电反应堆对核燃料的需求提供了供应保障。经过“十二五”发展，铀纯化转化、铀浓缩产能达到“十一五”末的3倍。近年来，铀转化能力继续提升，2018年12月，中核二七二铀业的铀转化工程项目顺利通过现场竣工验收，这标志着我国“一南一北”两个铀纯化转化基地中的南方基地正式建成，国内核燃料产业布局结构得到进一步优化，为满足我国核能事业现阶段的发展需求及保障我国核燃料循环体系的健康发展提供了有力支撑。在铀浓缩方面，新一代铀浓缩离心机实现升级换代，2018年11月19日，由中核集团自主研发，具有完全自主知识产权的我国新一代铀浓缩离心机大型商用示范工程通过国家竣工验收。这标志着我国铀浓缩离心机实现了升级换代，具备了大规模商用条件，铀浓缩整体技术水平、经济性进一步提升，达到国际先进水平。为了适应核电布局以及规模发展，我国正在推进核燃料产业园建设，目标是实现铀纯化转化、铀浓缩、核燃料元件制造等核燃料生产环节一站式加工，从而进一步提升产业的竞争力。

3.2.3 燃料元件制造

1. 在运行核电站基本实现核燃料本土化供应

我国秦山一期核电站采用我国自主研发的15×15燃料组件，于1991年12月并网发电，并成功出口应用于巴基斯坦的恰希玛Ⅰ、Ⅱ期核电站。针对引进的核电技术，如大亚湾M310核电技术、俄罗斯的VVER1000核电技术、加拿大的CANDU-6核电技术，我国先后实现了相应核燃料加工技术的引进消化吸收，国产化的核燃料产品质量优良、性能可靠。正在建设的三代压水堆AP1000核电站，通过引进消化吸收，核燃料加工也已实现了国产化。

2. 核燃料元件加工能力已满足国内长期发展需要

我国核燃料元件的制造能力经过多年的建设，形成南北两个核燃料制造基地，现有核燃料元件加工能力可以满足国内压水堆、重水堆、高温气冷堆等在运行和在建设机组需求（我国核燃料元件主要生产能力分布见表3-4）。其中，南方核燃料制造基地为中核建中核燃料元件有限公司（简称“812厂”），分别具有约800t/a AFA3G和50t/a VVER压水堆核燃料组件制造能力；北方核燃料制造基地为中核北方核燃料元件有限公司（简称“202 厂”），具有约 200t/a CANDU-6 型铀燃料棒束制造能力、200t/a 的 AFA3G 燃料组件制造能力以及 400t/a AP1000 燃料组件的制造加工能力，并预留了一定生产能力的扩充接口。中广核集团在哈萨克斯坦正在建设 200t/a 的 AFA3G 压水堆核燃料组件厂，2018 年已完成主工艺和辅助系统厂房及系统设计，详细设计已获得政府批准，设备及零部件采购和制造正按计划执行，计划最早于 2020 年年底正式投产。今后，为了满足新增核电站燃料需求，优化核燃料加工能力布局，我国将在提升现有南北两个核燃料制造基地水平的基础上，积极推进“一站式”核燃料加工产业园建设。

表 3-4　我国核燃料元件主要生产能力分布

组件类型		中核集团（821 厂）	中核集团（202 厂）	中广核集团（哈萨克斯坦分厂）	合计
压水堆	AFA 3G 组件 /（t/a）	800	200	200（在建设）	1 200
	AP1000 组件 /（t/a）	—	400	—	400
	VVER 组件 /（t/a）	50	—	—	50
重水堆 /（t/a）		—	200	—	200
高温气冷堆 /（万个球 /a）		—	30	—	30

3. 锆合金国产化加工供应能力基本具备

核燃料元件的关键结构材料是锆合金包壳管。我国已经实现了 AFA3G 燃料组件所需 M5TM 锆合金管材本土化生产加工；完全掌握了 CANDU-6 型燃料棒束 Zr-4 合金包壳和各种板、棒、丝材的制造技术；已经形成完整的 AP1000 燃料锆铌 ZIRLO 合金生产链，包括海绵锆生产、合金熔炼、条带和管材制造等在内的全部生产工艺。我国自主研发生产的改进型 Zr-4 合金（低锡 Zr-4）可满足燃耗低于 40 ～ 45GW • d/t 燃料组件的要求。自主知识产权的 N36 锆合金首批次工程化包壳管材于 2018 年 9 月 2 日通过产品和个性鉴定，产品制造工艺和质量稳定可靠，符合相关要求，为“华龙一号”CF3 组件保障供应奠定了基础。10 月 31 日，中核二七二铀业公司的核级海绵锆铪制备技术验证项目的成功验收，进一步完善了我国核级海绵锆铪生产工艺技术。国家电投完成了自主化吸收体材料的全新概念设计，形成了高价值、耐水腐蚀的稀土陶瓷类控制棒吸收体材料，以及低成本、耐水腐蚀的可燃毒物吸收体材料，完成了材料初步试制和性能测试，关键性能实现显著提升，后续计划开展辐照考验。

4. 正在形成自主品牌高性能压水堆核燃料

我国基本形成了较为完善的核燃料科研创新体系，建成了设施较为完善、功能齐全、技术先进的大型核动力燃料研究试验设施。已经掌握了燃料元件设计技术、工艺开发技术、检测技术、堆内外试验技术和制造技术等关键技术。

秦山一期核电站核燃料（CF1）实现了我国自主核燃料供应的起步，近年来，国内相关集团加大开发力度，在建设自主品牌高性能压水堆燃料元件的方针指引下，取得积极进展。其中，中核集团自主研制的先进核燃料元件 CF3，目前进入第三循环考验期，更先进的 CF4 燃料组件研发已经启动。中广核集团自主研发设计的 4 组 STEP-12 核燃料组件正在开展第二循环考验；2017 年 12 月，另外 4 组改进型 STEP-12 先导组件及 4 组 CZ 空管阻流塞组件制造完毕，并于 2018 年 2 月全部装入岭澳一期 2 号机进行入堆辐照考验。国家电投依托国家重大科技专项主持研发的我国首个全锆骨架 14ft（1ft=0.304 8m）高性能燃料组件 SAF-14 已于 2016 年 12 月完成了定型组件研制，目前正开展入堆先导组件制造和入堆安全评价工作，预计 2020 年进行入堆辐照考验。同时，国家电投积极拓展 SAF 系列燃料型号，适用于 12ft 堆芯的燃料型号 SAF-12 和供热堆的燃料型号 SAF-S6 目前已完成了方案设计。

我国积极开展环形元件以及耐事故元件（ATF）等前沿核燃料元件的研发。中核集团瞄准国际最新技术方向，开展环形燃料元件和 ATF 燃料元件的研究工作，目前均已圆满完成第一阶段的研究工作。2018 年 11 月 20 日，由中核集团自主研制、拥有自主知识产权的我国首套全尺寸压水堆环形燃料组件试验件成功下线。2018 年 11 月 26 日，中核集团完成全球首次环形燃料零功率物理实验，走在世界前列。目前正在开展环形燃料元件设计、制造和先导组件入堆安审准备工作。2017 年 8 月 25 日，中核集团实现第一阶段先进耐事故材料（碳化硅、FeCrAl）入堆辐照考验，目前正在进行辐照后检验工作，同时正在开展第二阶段耐事故材料（FeCrAl、涂层）入堆辐照考验准备工作，目前已完成耐事故燃料元件的概念设计，计划于 2020 年前完成芯块（高铀密度、FCM）和燃料短棒入堆辐照及检验工作。上述工作为提升我国核电站安全性提供了有力保障，为增强我国核燃料在世界的话语权奠定了良好基础。中广核集团已经编制形成具有自主知识产权的 ATF 性能分析软件，完成 ATF 包壳材料辐照小样品制备以及正常和事故工况下 ATF 燃料分析模型研究，部分 ATF 材料样品已启动辐照考验工作，后续还将逐步开展燃料小棒 / 小组件中子辐照工作，ATF 元件正在从概念、材料研究逐渐转向工程示范研究阶段。国家电投开展了 ATF 燃料锆合金包壳管耐磨损抗氧化表面涂层的基本原理研究和方案设计，完成了材料试制和堆外关键性能考核，完成了安全性、经济性和相容性分析，后续计划开展工程化样管试制及其辐照考验。开展了高性能 ATF 燃料单晶二氧化铀的试制，正在开展锆基复合燃料芯块的材料试制和性能考核。

3.2.4 核电工程建设

在确保安全的基础上，我国有序推进核电建设，取得显著成绩。目前，我国是世界上在建设核电机组最多的国家，在建设核电机组采用的核电技术包括二代改进型核电技术、三代核电技术和其他核电技术。

截至 2018 年 12 月底，我国在建设核电机组 13 台，总装机容量 14 030.58MW，在建设的核电机组包括红沿河核电站 5 号、6 号机组，福清核电站 5 号、6 号机组，阳江核电站 6 号机组，海阳核电站 2 号机组，台山核电站 2 号机组，防城港核电站 3 号、4 号机组，田湾核电站 5 号、6 号机组，石岛湾核电站高温气冷堆核电站示范工程和霞浦示范快堆工程。我国在建设核电项目情况见表 3-5。

表 3-5　我国在建设核电项目情况（截至 2018 年 12 月 31 日）

序号	核电机组	堆型	额定容量/MW	开工时间	备注
1	辽宁红沿河二期 5 号	压水堆 ACPR1000	1 118.79	2015.03.29	二代改进型
2	辽宁红沿河二期 6 号		1 118.79	2015.07.24	
3	福建福清三期 5 号	压水堆华龙一号	1 150	2015.05.07	华龙技术示范
4	福建福清三期 6 号		1 150	2015.12.22	
5	广东阳江核电站 6 号		1 086	2013.12.23	
6	山东海阳一期 2 号	压水堆 AP1000	1 250	2010.06.20	三代自主化依托项目
7	广东台山一期 2 号	压水堆 EPR	1 750	2010.04.15	引进法国技术
8	广西防城港二期 3 号	压水堆华龙一号	1 180	2015.12.23	华龙技术示范
9	广西防城港二期 4 号		1 180	2016.12.24	
10	江苏田湾三期 5 号	压水堆 M310 改进	1 118	2015.12.27	二代改进型
11	江苏田湾三期 6 号		1 118	2016.09.07	
12	山东石岛湾 1 号	高温气冷堆	211	2012.12.09	国家重大科技专项
13	福建霞浦示范快堆	钠冷快堆	600	2017.12.29	快堆示范工程
合计	13 台机组，14 030.58MW				

近年来我国核电项目建设普遍采用EPC总承包模式。各核电工程公司以先进的信息化手段打造专业化、标准化的多项目管理体系，取得良好成效，核电工程管理自主化能力和总承包能力持续提升；核电工程建造队伍通过30多年的发展，全面掌握了30万kW、60万kW、100万kW装机容量，涉及压水堆、重水堆、高温气冷堆和快堆等各种堆型的核心建造技术，形成了核电站建造的专有技术体系。核电工程建设管理能力的不断提升为我国核电后续规模化、跨越式发展奠定了良好基础。

1. 工程总承包能力持续提升

目前，中国核电工程有限公司、中广核工程有限公司和国核工程有限公司等核电工程公司，承担了国内在建设核电机组大部分核电工程的总承包工作。各核电工程公司通过大型核电工程项目的实践，持续提升工程设计与设计管理、集约化采购与系统集成、施工建安管理、核电调试与调试管理、项目管理等核心业务能力，积累了丰富的核电工程设计及项目管理经验。

中国核电工程有限公司是我国最早从事核电研究设计的单位，拥有核工业唯一的工程设计综合甲级资质（涵盖全部21个领域）等共8项甲级资质。50年来，凭借着在我国核工业领域积累的丰富工程经验、雄厚技术力量，公司以核军工、核电、核化工和核燃料研发设计为龙头，以工程总承包为核心，先后承接了福建福清核电工程、秦山核电扩建工程（方家山核电工程）、海南昌江核电工程、江苏田湾核电工程、辽宁徐大堡核电工程、湖南桃花江核电工程等核电项目及821厂放射性废物处理工程的总承包工作。同时，负责中国核工业集团有限公司内部所有核电选址和拟建项目的前期论证工作；承担核电站核反应堆燃料元件生产线、核材料及核部件生产线的专业研究设计及核设备集成和民用环保等工作。

中国广东核电集团有限公司自2005年岭澳二期开工建设以来，以专业化核电AE公司——中广核工程有限公司为平台，集核电工程设计、设备成套、施工建安和调试启动等业务为一体，以核电站总体架构技术为能力支撑，高效组织协同产业链企业的建设，确保核电站建造的安全质量以及整体性，共同推进核电项目群优质高效建设。十多年来，先后承接了岭澳二期、红沿河、宁德、阳江和防城港等核电项目的总承包合同，多数合同项目已顺利完成，仍在实施中的项目进展良好。通过总承包的带动，建立了涵盖工程设计、设备制造、施工建安、生产调试的工程建设全业务链的安全质保管理体系，确保核电项目的安全质量，并搭建核电建设国际化、专业化和标准化的规范体系，构建安全高效、体系规范、成本更优的运作机制，不断提升核电工程总承包能力。

国家核电技术公司（2015 年与中国电力投资集团公司重组）于 2007 年 7 月 6 日组建成立了全资子公司——国核工程有限公司，负责承担三代核电 AP1000 依托项目 4 台机组的核岛 EPC 总承包、国家重大专项 CAP1400 示范工程全厂 EPCS 总承包及其他 CAP 系列机组后续项目的建设管理工作。在依托项目建造过程中，中方员工与西屋联队联合成立了现场管理机构（侧重于现场工程管理）和联合管理机构（侧重于设备采购和后台支持等）。在中外联合办公过程中，中方人员逐渐掌握了三代核电的设备采购、工程管理和质量控制等先进管理理念。2009 年，由国核工程有限公司作为牵头方，上海核工院作为参与方，组成的国核联队，拟采用核岛工程总承包的模式，开展后续项目总承包工作。在全厂总承包项目中，国核工程有限公司与上海核工院、国核电力院组成三方联队开展全厂总承包。

通过实施核电工程总承包管理，我国搭建了贯穿产业链上下游的资源协同平台和产业创新研发平台，提高了核电工程建设效率，较好地应对了多项目、多基地、多个堆型同步建设的挑战，推动了核电批量化建成投产。

2. 工程建造能力全面加强

核电站建造核心在于核岛建造，包括建筑和安装两大部分，其建造能力直接关系到核电站的建设质量、安全和工期。以中国核工业建设集团公司为主的核电工程建造队伍，承担着中国大陆所有在建设核电站核岛大部分的建造任务，以及中国出口巴基斯坦的全部核电工程，中国建筑技术集团有限公司、中国能源建设集团有限公司和中国电力建设集团有限公司等也积极培育了有关能力，具备了相关建造安装资质，为中国核电的工程建设提供了更多的有效资源。目前，我国具备同时承担 30 台以上核电机组的建造能力，能够满足我国核电安全高效发展要求。2017 年商运的二代改进型广东阳江 4 号机组创造了全球同类型核电机组最短工期 51.9 个月的纪录。

随着我国核电的发展，核电工程建设实现了从单台机组建设向规模化、批量化建设的跨越式转变，并以集约化、标准化、专业化和信息化为手段，进一步提升我国核电多项目管理能力和专业化施工管理能力。同时，从第三代核电技术招标开始，我国即展开了 EPR、AP1000 建造技术研究，以模块化施工管理为研究主线，开发了配套的开顶法、平行法和大型物项吊装等施工管理技术，取得了多项研究成果。

3. 在建设工程稳步推进

2018 年，我国在建设核电工程整体上稳步推进，各在建设核电项目在安全、质量、进度、投资、技术和环境保护等方面均得到有效控制。AP1000 和 EPR 全球首堆建成投产，核电建设全面进入三代技术时代。全年新投产核电机组 7 台，分别是阳江核电站 5 号机组，海阳核电站 1 号机组，三门核电站 1 号、2 号机组，台山核电站 1 号机组，田湾核电站 3 号、4 号机组。根据中国电力企业联合会《2018 年全国电力工业统计快报》，2018 年核电建设工程投资完成 437 亿元，2017 年完成 454 亿元，同比下降 3.8%。

3.2.5 核电站运行

1. 商运核电机组逐年增加

2018 年，全国并网核电机组 8 台，其中 7 台机组投入商运。我国商运核电机组情况见表 3-6。我国历年新增商运核电机组数量及装机容量情况如图 3-3 所示，我国历年累计商运核电机组数量及装机容量情况如图 3-4 所示。

表 3-6 我国商运核电机组情况

核电机组	堆型	位置	装机容量/MW	首次并网时间	商运时间
秦山一期	压水堆	浙江海盐	310	1991.12.15	1994.04.01
大亚湾 1 号	压水堆	广东深圳	984	1993.08.31	1994.02.01
大亚湾 2 号	压水堆	广东深圳	984	1994.02.07	1994.05.06
秦山二期 1 号	压水堆	浙江海盐	650	2002.02.06	2002.04.15
秦山二期 2 号	压水堆	浙江海盐	650	2004.03.11	2004.05.03
秦山二期 3 号	压水堆	浙江海盐	660	2010.08.01	2010.10.05
秦山二期 4 号	压水堆	浙江海盐	660	2011.11.25	2011.12.30
秦山三期 1 号	重水堆	浙江海盐	728	2002.11.19	2002.12.31
秦山三期 2 号	重水堆	浙江海盐	728	2003.06.12	2003.07.24
方家山 1 号	压水堆	浙江海盐	1 089	2014.11.04	2014.12.15
方家山 2 号	压水堆	浙江海盐	1 089	2015.01.12	2015.02.12
岭澳 1 号	压水堆	广东深圳	990	2002.02.26	2002.05.28
岭澳 2 号	压水堆	广东深圳	990	2002.09.14	2003.01.08

（续）

核电机组	堆型	位置	装机容量/MW	首次并网时间	商运时间
岭澳 3 号	压水堆	广东深圳	1 086	2010.07.15	2010.09.15
岭澳 4 号	压水堆	广东深圳	1 086	2011.05.03	2011.08.07
田湾 1 号	压水堆	江苏连云港	1 060	2006.05.12	2007.05.17
田湾 2 号	压水堆	江苏连云港	1 060	2007.05.14	2007.08.16
田湾 3 号	压水堆	江苏连云港	1 126	2017.12.30	2018.02.15
田湾 4 号	压水堆	江苏连云港	1 126	2018.10.27	2018.12.22
红沿河 1 号	压水堆	辽宁瓦房店	1 118.79	2013.02.17	2013.06.06
红沿河 2 号	压水堆	辽宁瓦房店	1 118.79	2013.11.23	2014.05.13
红沿河 3 号	压水堆	辽宁瓦房店	1 118.79	2015.03.23	2015.08.16
红沿河 4 号	压水堆	辽宁瓦房店	1 118.79	2016.04.01	2016.09.19
宁德 1 号	压水堆	福建宁德	1 089	2012.12.28	2013.04.15
宁德 2 号	压水堆	福建宁德	1 089	2014.01.04	2014.05.04
宁德 3 号	压水堆	福建宁德	1 089	2015.03.21	2015.06.10
宁德 4 号	压水堆	福建宁德	1 089	2016.03.29	2016.07.21
阳江 1 号	压水堆	广东阳江	1 086	2013.12.31	2014.03.25
阳江 2 号	压水堆	广东阳江	1 086	2015.03.10	2015.06.05
阳江 3 号	压水堆	广东阳江	1 086	2015.10.18	2016.01.01
阳江 4 号	压水堆	广东阳江	1 086	2017.01.08	2017.03.15
阳江 5 号	压水堆	广东阳江	1 086	2018.05.23	2018.07.12
福清 1 号	压水堆	福建福清	1 089	2014.08.20	2014.11.19
福清 2 号	压水堆	福建福清	1 089	2015.08.06	2015.10.16
福清 3 号	压水堆	福建福清	1 089	2016.09.07	2016.10.24
福清 4 号	压水堆	福建福清	1 089	2017.07.29	2017.09.17
昌江 1 号	压水堆	海南昌江	650	2015.11.07	2015.12.25
昌江 2 号	压水堆	海南昌江	650	2016.06.20	2016.08.12
防城港 1 号	压水堆	广西防城港	1 086	2015.10.25	2016.01.01
防城港 2 号	压水堆	广西防城港	1 086	2016.07.15	2016.10.01
三门 1 号	压水堆	浙江三门	1 250	2018.06.30	2018.09.21
三门 2 号	压水堆	浙江三门	1 250	2018.08.24	2018.11.05

（续）

核电机组	堆型	位置	装机容量/MW	首次并网时间	商运时间
海阳 1 号	压水堆	山东海阳	1 250	2018.08.17	2018.10.22
台山 1 号	压水堆	广东台山	1 750	2018.06.29	2018.12.13

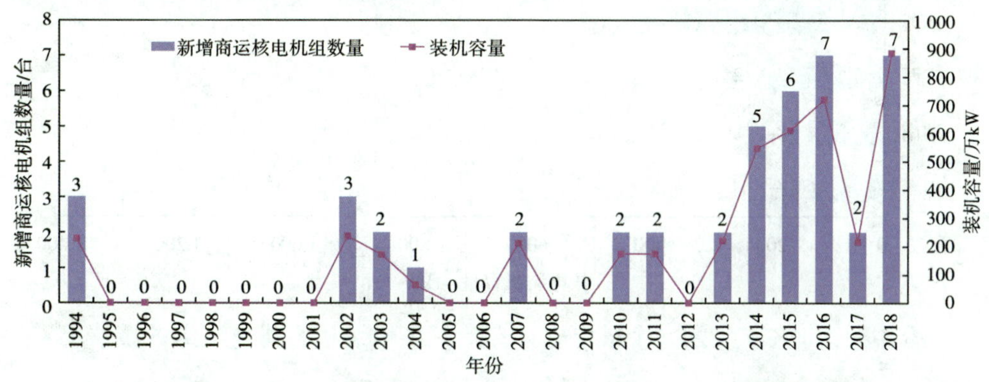

图 3-3　我国历年新增商运核电机组数量及装机容量情况

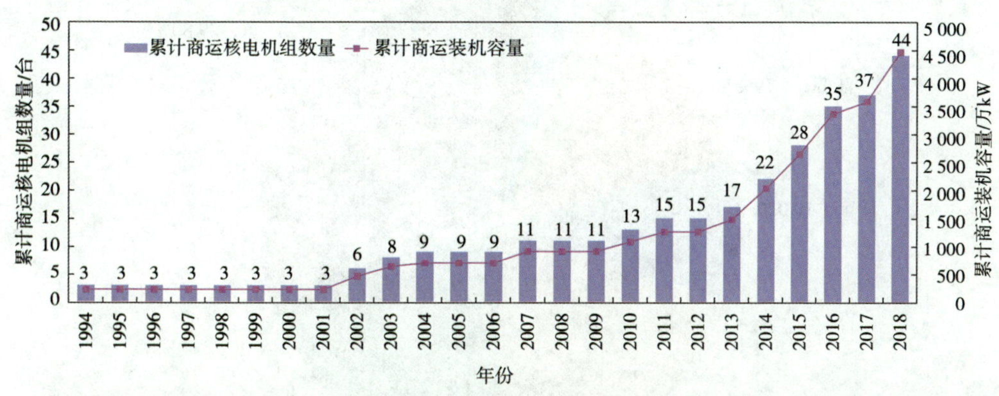

图 3-4　我国历年累计商运核电机组数量及装机容量情况

我国商运核电机组分布在沿海 8 个省、自治区，按照首台机组并网的时间排序分别是浙江省、广东省、江苏省、福建省、辽宁省、海南省、广西壮族自治区和山东省。随着海阳 1 号机组的投运，山东省成为我国新的核电成员省份。2018 年我国 8 个核电省、自治区的核电装机容量与机组数量情况如图 3-5 所示，2018 年 8 个核电省、自治区核电装机容量在全国核电装机容量中的占比情况如图 3-6 所示。

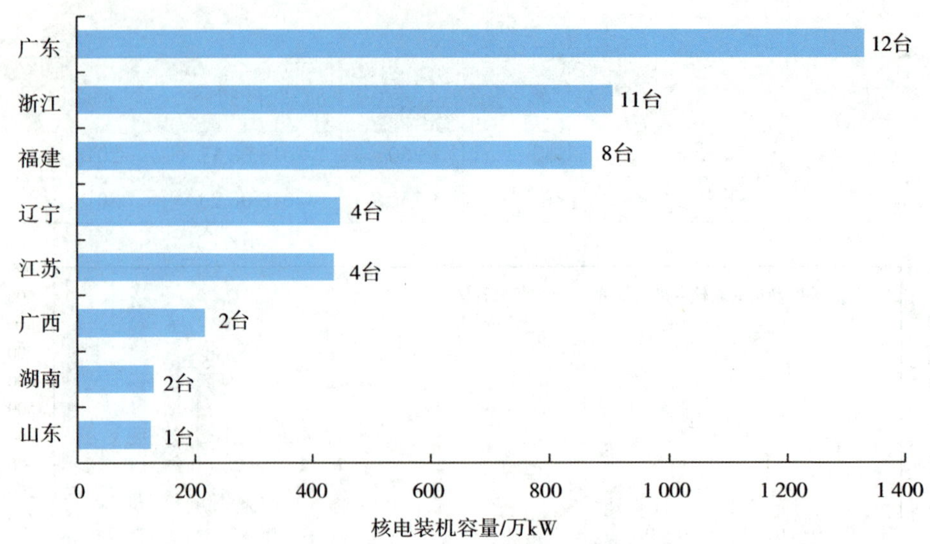

图 3-5 2018 年我国 8 个核电省、自治区核电装机容量与机组数量情况

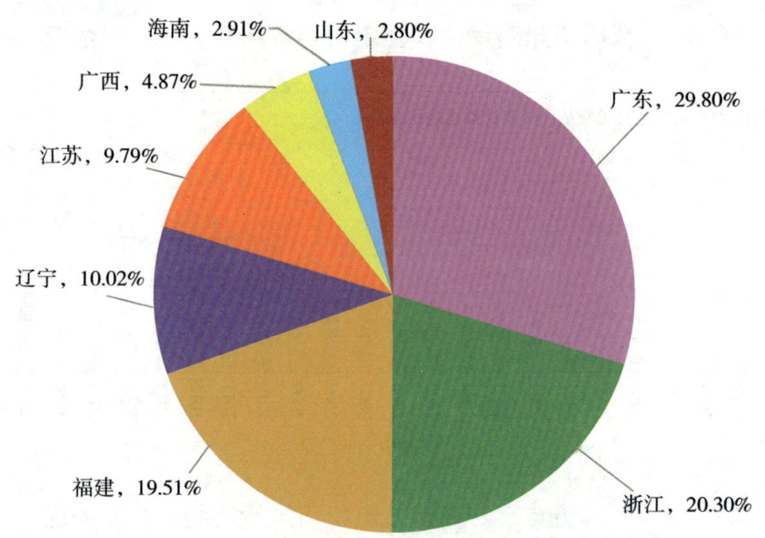

图 3-6 2018 年 8 个核电省、自治区核电装机容量在全国核电装机容量中的占比情况

2. 核电机组累积运行时间达到 311.31 堆 · 年

截至 2018 年 12 月 31 日，我国在运行 44 台核电机组，累计运行时间达到 311.31 堆 • 年。秦山核电基地（包括秦山一期、二期、三期和方家山核电站）的商运核电机组累计运行时间超过 160 堆 • 年。其余核电机组累计运行时间由长到

短依次是大亚湾核电基地（包括大亚湾和岭澳核电站）、田湾核电站、宁德核电站、红沿河核电站、阳江核电站、福清核电站、昌江核电站、防城港核电站、三门核电站、台山核电站和海阳核电站。我国各商运核电机组累计运行时间如图 3-7 所示。

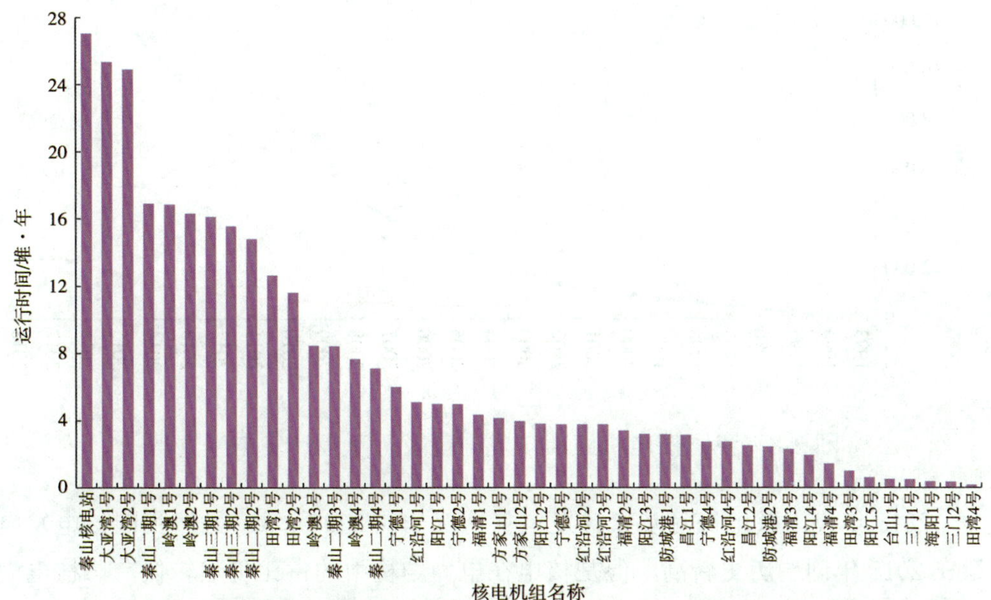

图 3-7　我国各商运核电机组累计运行时间（按照并网计算）

3. 全国核电发电量创历史新高

2018 年，核能发电量为 2 944 亿 kW·h，同比增长约为 18.96%，创造历史最高水平。2018 年，核能发电量约占全国总发电量 70 095.24 亿 kW·h 的 4.2%，与燃煤发电相比，核能发电相当于减少燃烧标准煤约 9 096.62 万 t，减少二氧化碳排放约 23 833.16 万 t、二氧化硫排放约 77.32 万 t、氮氧化物排放约 67.32 万 t，相当于植树造林约 1 025.15 万 km^2。自 1994 年我国首台核电机组投运至 2018 年年底，核能发电量已累计 19 674.75 亿 kW·h。与燃煤发电相比，核能发电相当于减少燃烧标准煤约 6.02 亿 t，减少二氧化碳排放 16.10 亿 t、二氧化硫排放约 512.78 万 t、氮氧化物排放约 446.42 万 t，相当于植树造林约 6 858 万 hm^2。我国核电机组历年发电量及历年累计发电量情况如图 3-8 所示。

自 2010 年我国核电机组规模化投运以来，核电发电量增加较快。2010—2018 年年底，我国共投运核电机组 33 台，总装机容量 3 551.1 万 kW，机组数量占总投运核电机组的 75.0%，装机容量占比为 79.54%。

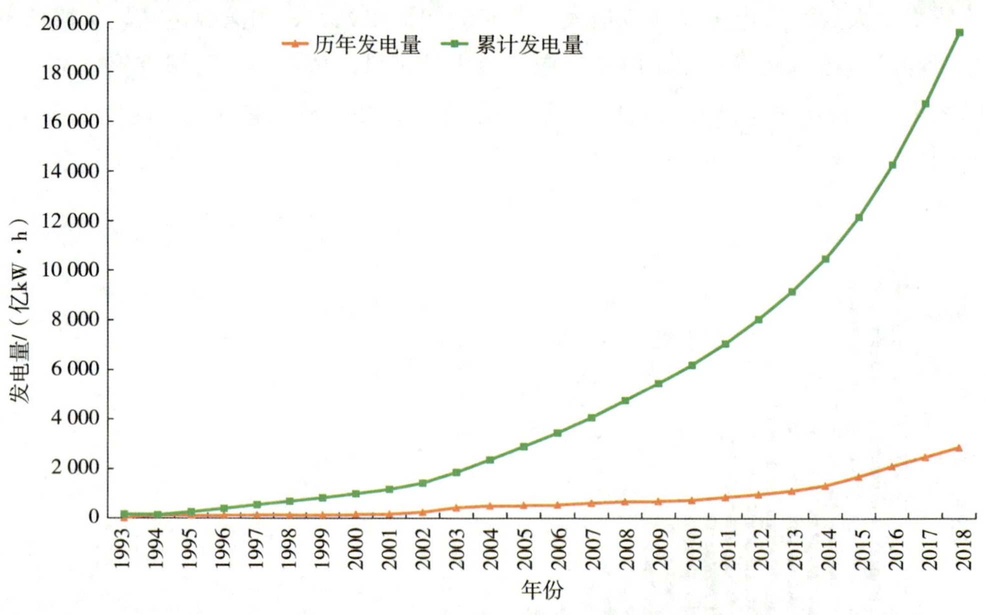

图 3-8　我国核电机组历年发电量及历年累计发电量情况

2018 年我国核电每月及累计发电量情况如图 3-9 所示。虽然我国核电发电量在 2018 年创造历史新高，但是核电在电力结构中的占比仍然较低，与核电大国以及世界电力结构中核电的占比相比，我国核电占比仍然存在较大差距。2018 年，我国各类电源发电量占比情况如图 3-10 所示，各类电源装机容量占比情况如图 3-11 所示。2000—2018 年我国电力结构情况如图 3-12 所示。

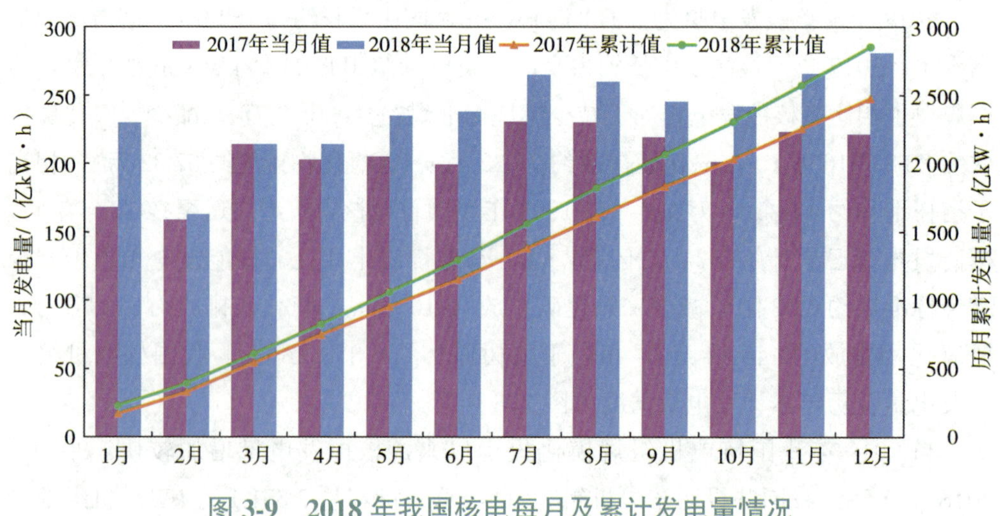

图 3-9　2018 年我国核电每月及累计发电量情况

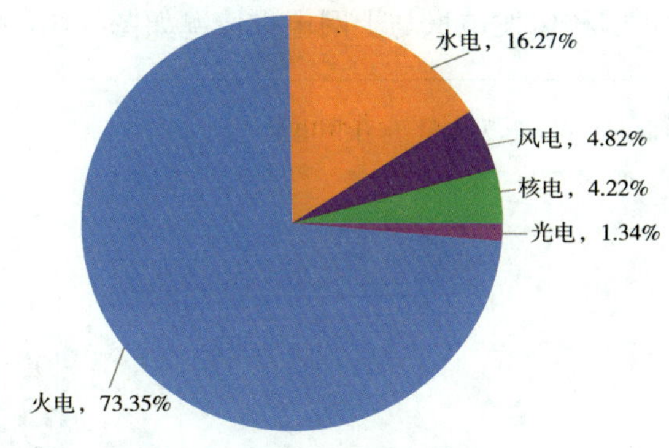

图 3-10　2018 年我国各类电源发电量占比情况

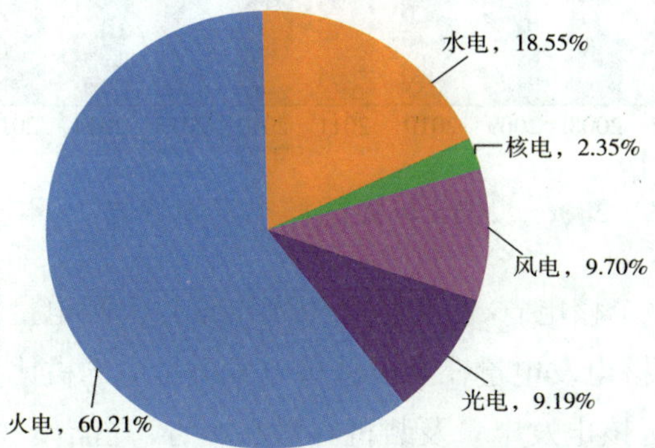

图 3-11　2018 年我国各类电源装机容量占比情况

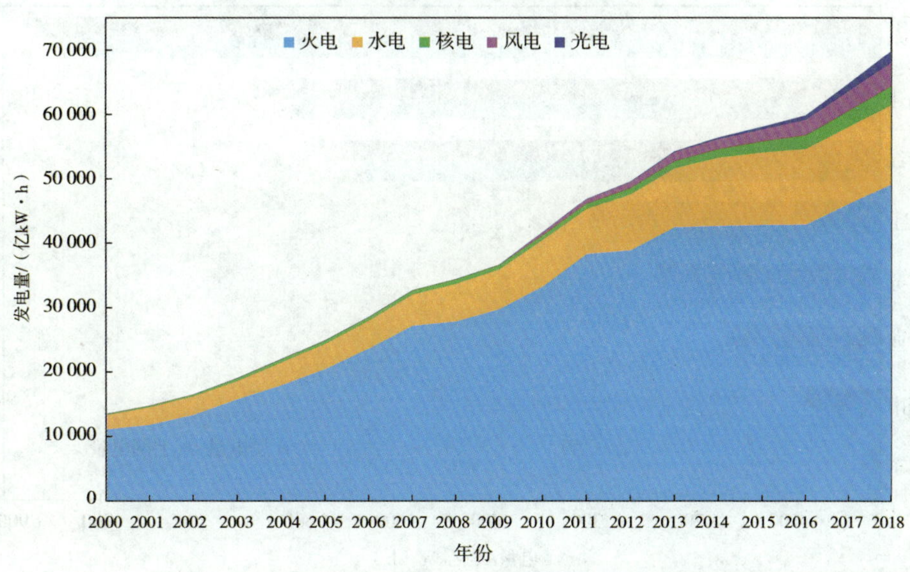

图 3-12　2000—2018 年我国电力结构情况

2006—2018 年我国核电发电量与上网电量情况如图 3-13 所示。

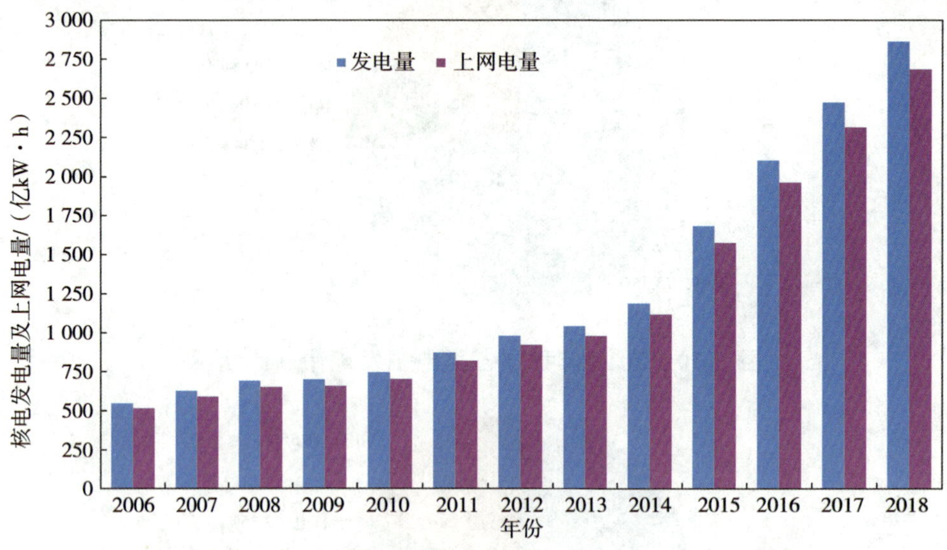

图 3-13　2006—2018 年我国核电发电量与上网电量情况

2018 年，我国 8 个核电省、自治区核电发电量与上网电量情况如图 3-14 所示，8 个核电省、自治区核电发电量在全国总核电发电量中的占比情况如图 3-15 所示，8 个核电省、自治区核电发电量及装机容量在本省、自治区总发电量及总装机容量的占比情况如图 3-16 所示。

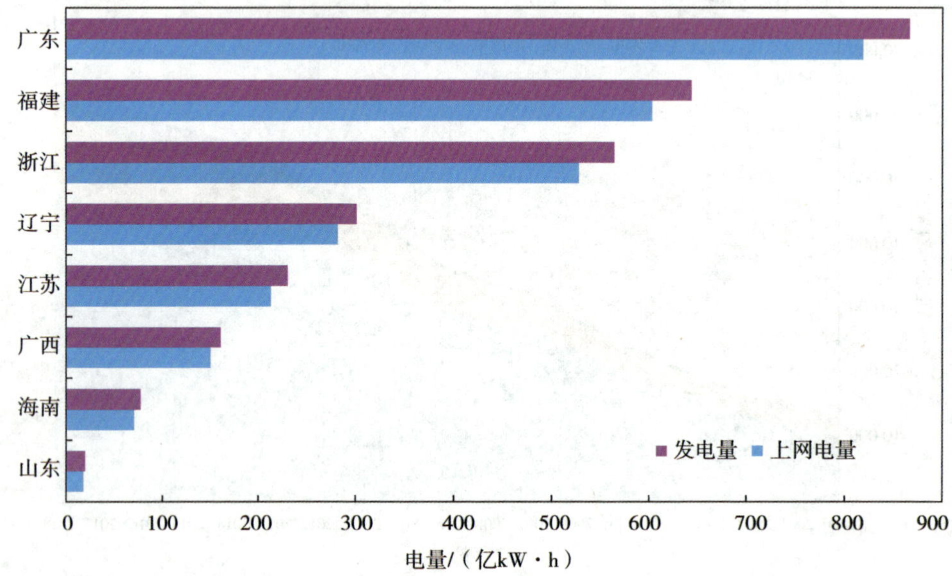

图 3-14　2018 年我国 8 个核电省、自治区核电发电量与上网电量情况

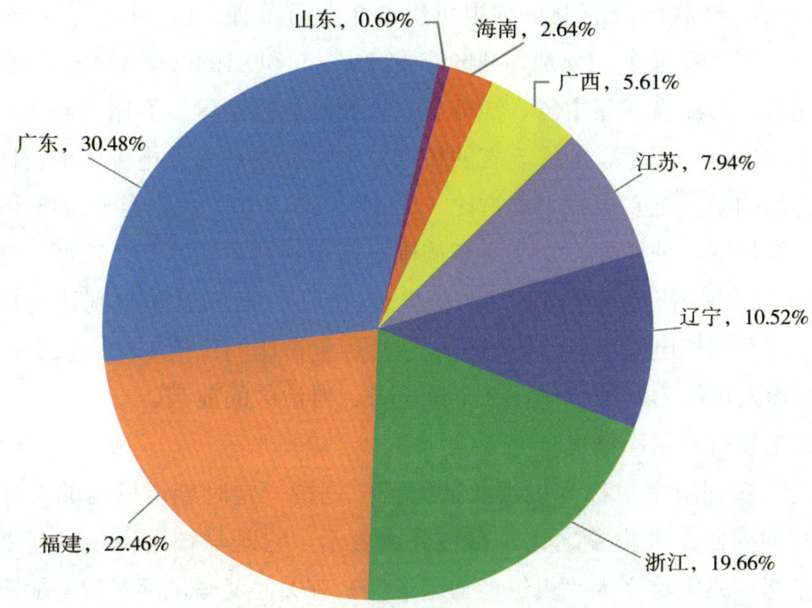

图 3-15 2018 年我国 8 个核电省、自治区核电发电量在全国总核电发电量中的占比情况

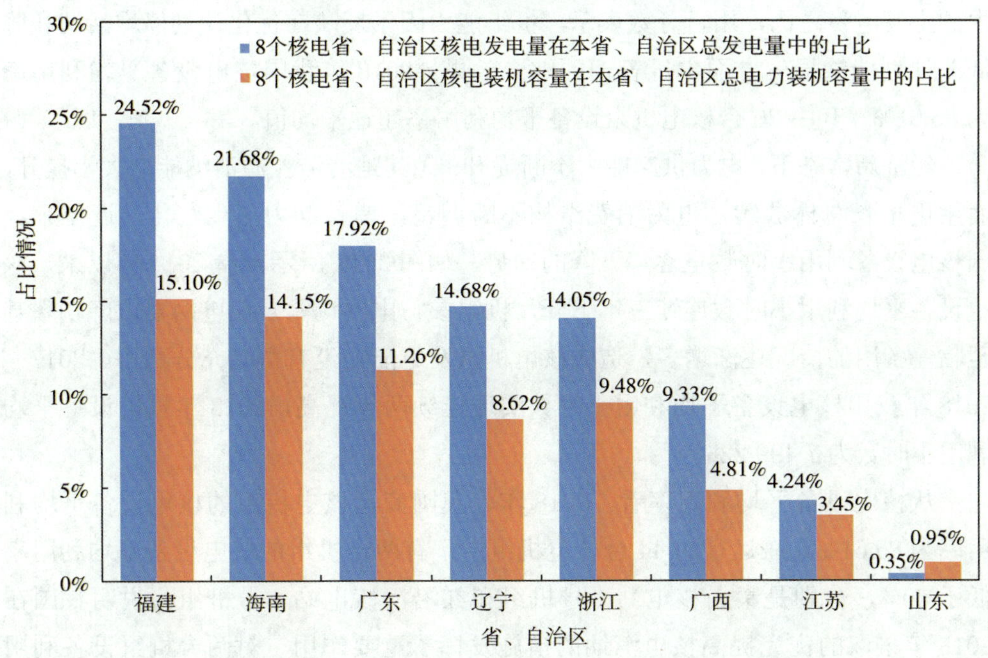

图 3-16 2018 年 8 个核电省、自治区核电发电量及装机容量在本省、自治区总发电量及总装机容量的占比情况

2018 年，在我国具有商运核电机组的 8 个沿海省、自治区中，广东省核电发电量与上网电量最多，分别为 866.36 亿 kW • h 和 819.62 亿 kW • h；其次，分别是福建省、浙江省、辽宁省、江苏省、广西壮族自治区、海南省和山东省。福建、海南、广东、辽宁、浙江 5 省的核电发电量在本省总发电量中的占比均超过全球电力结构中核电发电量平均占比（10.3%，2017 年），相当于西班牙、英国、美国、罗马尼亚、俄罗斯、加拿大和德国等国家核电占比水平。广西、辽宁、广东 3 个省（自治区）核电发电量占比与核电装机容量占比的比值分别达到 1.94、1.70 和 1.59，与全国核电发电量占比与核电装机容量占比的比值 1.80（4.22%/2.35%）相当，核电发电能力利用率排在 8 个核电省、自治区的前列。

4. 核电设备利用率情况

核电设备利用率也称为机组负荷因子，是指一定时期内机组的实际发电量与同一时期内额定发电量之比，用百分数表示，它既与核电设备可利用率（在 WANO 指标体系中称之为“机组能力因子”）有关，又与电网对核电输出电量的消纳状况有关。

核电设备可利用率（机组能力因子）是指一定时期内可用发电量与同一时期内额定发电量之比，用百分数表示，机组能力因子反映在优化计划停堆活动和降低非计划能量损失方面电厂管理的综合效果。2018 年我国核电设备平均利用率为 85.61%，其中 26 台核电机组设备平均利用率超过平均值。

经济新常态下，电力供应能力不断提升，尤其是清洁能源消纳能力大幅提升，而用电增长总体放缓，电力消费结构不断调整，增长动力逐步转化，近年来我国核电设备利用小时数呈逐年下降的趋势，如图 3-17 所示。自 2014 年以来，核电设备平均利用小时数连续三年下降，机组参与电网调峰、应电网要求降功率甚至临停备用的情况逐渐增多，造成核电机组发电能力没有得到充分利用。2017—2018 年我国核电设备平均利用小时数实现连续两年提高，2018 年核电设备平均利用小时数为 7 499.22h。

从核电设备平均利用率看，2018 年，我国商运核电机组的核电设备平均利用率为 85.61%。在运行的 44 台核电机组中，有两台机组的核电设备平均利用率低于 60%，分别是秦山核电站 1 号机组和红沿河核电站 4 号机组，说明我国在 2018 年采取的优先提高核电消纳的措施发挥了重要作用。对两台机组设备利用率低于 60% 的主要原因说明如下：

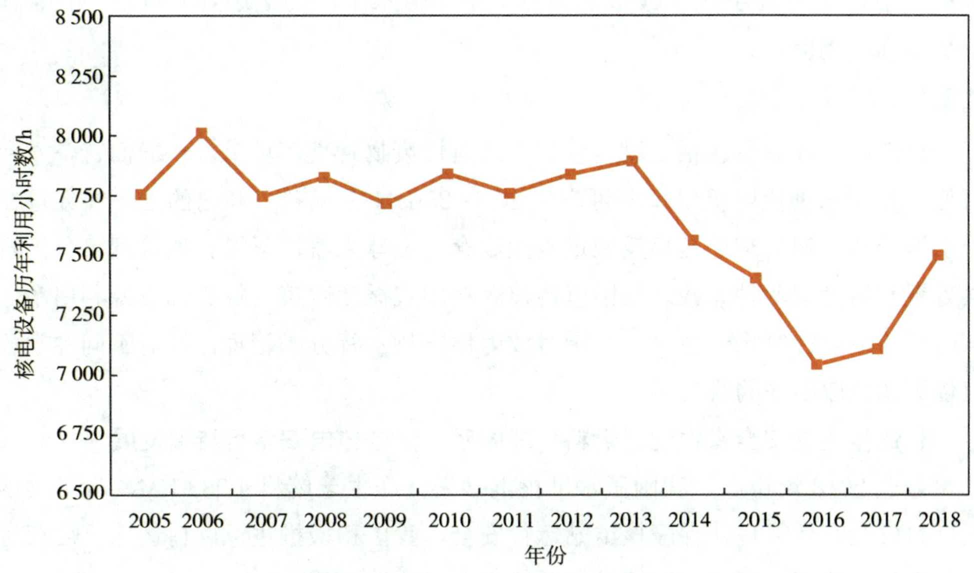

图 3-17　2005—2018 年我国核电设备平均利用小时情况

注：数据来源于中国电力企业联合会、中国核能行业协会。

秦山核电站 1 号机组于 2018 年 2 月底至 8 月中旬进行了第 18 次换料大修，9 月底至 10 月初应电网要求降功率运行。红沿河核电站 4 号机组于 2018 年 2 月中旬至 3 月初、3 月底至 6 月初处于季节性停运状态，1 月、2 月、3 月、6 月、12 月多次应电网要求降功率运行，8 月下旬至 10 月中旬进行了第 1 次换料大修。

5. 在运行核电机组保持安全稳定运行

2018 年，我国投入商运的 44 台核电机组继续保持安全稳定运行，取得良好业绩。44 台商运核电机组和 1 台已并网机组（海阳 2 号机组）共计发生 32 起 0 级运行事件，没有发生 1 级及以上运行事件（国际核事故分级表把核事故共分为 7 级，其中将对安全没有影响的事故定为 0 级；影响最大的事故定为 7 级；1 级到 3 级称为核事件；4 级到 7 级称为核事故），主要运行技术指标保持国际前列。各运行核电站未发生较大及以上安全生产事件、环境事件、辐射污染事件，未发生火灾爆炸事故，未发生职业病危害事故。各运行核电站放射性流出物的排放量远低于国家标准限值，环境空气吸收剂量率控制在当地本底辐射水平涨落范围内。环境监测表明，核电站对周围环境没有带来不良影响。

与世界核电运营者协会（WANO）规定的性能指标对照，在全球 400 余台运行机组中，我国运行机组 80% 的指标优于中值水平，70% 达到先进值，且整体安全指标逐年提升。

3.2.6 核燃料循环后段

核燃料循环后段包括乏燃料管理与放射性废物管理等环节。一般而言，一台百万千瓦压水堆核电机组每年可产生 20 ～ 25tHM 乏燃料，卸出的乏燃料经过在堆水池冷却几年后需要运离反应堆水池贮存。全球来看，乏燃料的管理可分为直接处置和后处理两种方式。我国坚持核燃料闭式循环政策，提高铀资源利用率，同时减少放射性废物产生量。我国对放射性废物实行分类管理，针对不同种类放射性废物采取不同的管理手段。

1. 逐步建立安全有效的乏燃料管理体系，促进核电安全可持续发展

截至 2018 年年底，我国压水堆核电站累计产生乏燃料 4 989tHM。为了实现乏燃料安全有效管理，保障核电站运行安全，我国积极推进乏燃料运输、贮存等环节的能力建设，不断完善核燃料循环“大动脉”体系。

（1）不断完善乏燃料贮存体系　按照乏燃料是否离开反应堆，乏燃料贮存方式分为在堆贮存和离堆贮存。在堆贮存方面，我国早期建设的大亚湾、田湾等核电机组，在堆水池可以满足 10 年换料贮存需求，近期即将满容，正积极稳妥推进外运工作。近年来新建的核电机组在堆乏燃料水池基本可以贮存 20 年换料产生的乏燃料，大大提升了乏燃料在堆贮存能力。乏燃料离堆贮存按照技术路线可以分为干法贮存和湿法贮存。目前，我国压水堆乏燃料离堆贮存主要采取湿法贮存，截至 2018 年年底，我国已具备湿法贮存能力 1 300tHM，正在建设湿法贮存能力 1 200tHM。为了缓解部分核电机组乏燃料贮存压力，加强技术和能力储备，我国也正在建设干法贮存能力。我国唯一的商业重水堆核电站秦山三期，其乏燃料贮存采取干法贮存，现有的干法贮存设施可以满足该核电站全寿命周期运行产生的乏燃料贮存需求。我国在运行、在建设和拟建设的乏燃料离堆贮存能力情况如表 3-7 所示。

表 3-7　我国乏燃料离堆贮存能力情况

贮存设施	贮存方式	贮存能力 /tHM	备注
中试厂水池	水法	500	已满
中试厂水池	水法	800	运行
200tHM 示范厂水池	水法	1 200	在建设

（续）

贮存设施	贮存方式	贮存能力 /tHM	备注
大亚湾核电站	干法	400	在建设
田湾核电站	干法	150	在建设
秦山二期核电站	干法		正在开展前期工作

（2）继续推进乏燃料运输体系建设　为了适应今后大规模乏燃料运输的要求，我国正在组织有关企业推进公路－海运－铁路联合的乏燃料运输体系建设。2018年，国家确定了联运主通道，明确了红沿河核电站核电码头作为海铁中转码头，各核电站码头作为节点码头；正在成立由专业船运公司与核工业企业合资合作的乏燃料运输专业船公司，已经基本完成乏燃料运输专用船舶的设计工作，基本具备船舶加工制造条件。为满足2020年以后乏燃料大规模运输需要，进一步提升运输容器能力，中核集团签订了10台乏燃料运输容器的采购合同，其中7台为进口容器，3台为国产容器；中广核集团签订了7台高燃耗乏燃料运输容器的采购合同，其中1台于2018年完成进口并获得国家核安全局容器使用许可证，2台于2019年3月完成进口，剩余4台在2019年年底完成全部进口。

国内乏燃料容器自主研发方面，由中核集团最新研发成功的具有自主知识产权的装备已获得国家核安全局容器设计许可证和容器制造许可证，相关制造工作已经开始。由中广核集团自主研发的高燃耗乏燃料金属运输容器已经完成比例容器的制造和验证试验，并同步开展核安全审评工作。

继续通过公路运输完成紧迫的核电站乏燃料运输任务。2017—2018年，将大亚湾核电站5个容器共计130组乏燃料运输到后处理中试厂贮存，缓解了大亚湾核电站乏燃料贮存压力，保障了核电站安全稳定运行。

（3）有序推进乏燃料后处理能力发展　目前，我国在后处理产能方面制定了三步走计划：一是建设每年60tHM规模后处理中试厂，已完成；二是要完成每年200tHM规模后处理示范工厂的建设，工程正在建设中；三是实现每年800tHM的工业规模后处理能力，前期工作正在推进中。

（4）乏燃料后处理工艺技术研发取得重要进展　我国于20世纪70年代开始动力堆乏燃料后处理技术研究。目前，我国自主开发的无盐试剂先进二循环

Purex 流程（APOR 流程）已完成工艺流程研发，铀和钚的回收率和分离净化系数等主要参数达到了预期指标。自主研发了三烷基氧膦（TRPO）高放射性废液萃取流程，并针对生产堆后处理高放射性废液进行分离热试验，实现 160h 连续运行，下一步将开展动力堆燃料后处理高放射性废液分离研究。进入 21 世纪以来，我国干法后处理技术的研究得到较快发展，针对快堆乏燃料、ADS 嬗变靶和熔盐堆燃料干法后处理开展了相关的前期研究。目前，中国原子能科学研究院已初步建立每批次千克级铀的电解精炼研究装置，金属电解精炼流程已经过百克量级冷铀实验验证。中国高能物理所和中国原子能科学研究院分别开展了氯化铝熔解 - 铝合金化和氟化物熔解 - 电解分离法研究。上海应用物理研究所提出钍基熔盐堆（TMSR）燃料处理流程，采用在线 - 离线结合、干法 - 水法互补原则进行技术攻关，建立了高温氟化反应实验装置，确定了梯度冷凝的产物收集和铀氟化挥发过程中红外在线分析监测。

2. 坚持分类管理，放射性废物处理处置能力不断提升

2018 年 1 月 1 日起施行的《放射性废物分类》将放射性废物分为极短寿命放射性废物、极低水平放射性废物、低水平放射性废物、中水平放射性废物和高水平放射性废物 5 类。其中，极短寿命放射性废物和极低水平放射性废物的处置方式分别为贮存衰变后解控、填埋处置；低、中、高水平放射性废物的处置方式分别为近地表处置、中等深度处置和深地质处置。

（1）低水平放射性废物的处理处置技术和能力不断提升　核电站正常运行产生一定量的低中水平放射性废物。目前，我国已经成功掌握了低放射性废液沥青固化技术、中放射性废液水泥固化技术、中放射性废液水力压裂处理技术、中放射性废液水泥固化大体积浇注处理技术、可燃固体废物焚烧技术和中低放射性固体废物近地表处置技术等，绝大部分技术已经实现工程化应用。近年来，各核电站加强废物最小化管理，通过采取源头控制、合理分类收集和改进处理工艺等措施，取得了良好效果。我国低放射性废物采取近地表处置，目前我国建设运营着 3 座低放射性废物处置场，分别是西北处置场、广东北龙处置场和四川飞凤山处置场。2018 年，西北处置场共接收废物 1.72 万 m^3，完成处置 1.7 万多 m^3，并正在计划扩容；飞凤山处置场共接收处置废物 1.17 万 m^3。我国低中放射性废物处置场情况见表 3-8（数据截至 2018 年年底）。

表 3-8 我国低中放射性废物处置场情况

项目	西北处置场	广东北龙处置场	四川飞凤山处置场
持证单位	中核清原环境技术工程有限责任公司	广东大亚湾核电环保有限公司	中核清原环境技术工程有限责任公司
规划设计容量 /m^3	200 000	80 000	180 000
已建成容量 /m^3	20 000	8 800	40 000
已接受废物总量 /m^3	12 000	3 000	
已接受废物活度	4.53E+13Bq	3.48E+13Bq	

近年来，我国针对核电站低放射性废物处置能力不足的问题，要求新建核电项目要配套建设低放射性废物处置设施，这一政策有力地推动了处置设施的建设。

（2）中放射性废物采取中等深度处置　中放射性废物中含有相当数量的长寿命核素，特别是发射 α 粒子的放射性核素，不能依靠监护措施确保废物的处置安全，需要采取比近地表处置级别更高的包容和隔离措施，处置深度通常为地下几十到几百米，即采取中等深度处置。按照这一要求，相关工作正在推进之中。

（3）高放射性废液玻璃固化实现重大突破　后处理产生的高放射性废液放射性强、释热率高，目前成熟的高放射性废液处理工艺是玻璃固化。自 20 世纪 50 年代以来，国际上针对玻璃固化开发了罐式法、回转炉煅烧 + 感应炉熔融两步法、焦耳加热陶瓷熔炉法和冷坩埚法 4 种工艺。我国在高放射性废液处理上采取引进技术和自主创新并行的方式。引进技术方面，821 厂的高放射性废液玻璃固化采用德国引进的电熔炉技术，正在建设工程处理装置；自主创新方面，中国原子能科学研究院加快自主研制冷坩埚玻璃固化实验装置的步伐，2017 年 12 月，在进行了 24h 联动试验后，成功产出相关产品，这意味着我国已经初步掌握这种新型玻璃固化技术，为今后工程应用奠定了基础。

（4）高放射性废物处置取得阶段性成果　在高放射性废物处置方面，我国从 1985 年启动处置库选址工作，开展了华南、华东、西南、甘肃（北山）、内蒙古和新疆 6 大预选区的综合比选。2006 年，国防科工委、科技部和国家环保总局联合发布《高放废物地质处置研究开发规划指南》，提出了“处置库选址、地下实验室研究和处置库建设”的“三步走”研发战略，明确了深地质处置研究开发的主要技术路线和发展方向。2011 年，环保部颁布了《高水平放射性废物地质处置设施选址导则》，为高放射性废物处置库选址提供了技术指导。同年，我国确定甘肃北山为我国高放射性废物处置首选预选区。目前，我国在甘肃北山已完成近 40 个深钻孔的勘察和现场试验工作，系统获得了场址地质、水文地质、地球化学和工程地质资料，建立了高放射性废物处置地学信息库系统。

经过近 30 年的科研工作，在法规建设、选址与场址评价、地质处置物理化学、处置工程和安全评价等方面均取得了不同程度的进展。

在工程屏障方面，筛选出内蒙古高庙子矿床作为我国高放射性废物处置缓冲材料首选矿床，研发了国际先进的缓冲材料长期性能试验技术体系和缓冲材料长期性能数值模拟方法，自主研发了国际先进的缓冲材料大型试验台架系统，使我国缓冲材料研究进入工程化应用研究阶段，获得了低碳素钢、钛及钛钼合金等材料在模拟条件下的腐蚀行为特征。

在工程技术方面，以北山坑探设施为平台，初步掌握了在北山预选区浅部岩层进行光面爆破、超前探测和注浆支护等技术方法，建立了地下实验室建设过程安全技术体系。确定北山预选区新场为地下实验室场址，制定了地下实验室现场试验总体规划，提出了地下实验室建设设计方案，完成了工程建设方案建议书的编制。2018 年，高放射性废物地质处置地下实验室项目申报审批取得积极进展。

在处置化学方面，初步建立了模拟研究试验装置及分析方法，研究了放射性核素镎、钚、锝在特定条件下的某些物理化学行为。在安全评价方面，开展了国外安全评价方法和技术调研。

总体看，我国高放射性废物地质处置工作虽取得了一定进展，但仍处于起步阶段。高放射性废物处置地下实验室工程进展缓慢，虽然我国地下实验室前期研究工作已经启动，但地下实验室工程尚未立项。

3.3 发展政策

3.3.1 《核电安全规划（2011—2020 年）》与《核电中长期发展规划（2011—2020 年）》（摘要）

2012 年 10 月 24 日，国务院常务会议讨论通过《核电安全规划（2011—2020 年）》和《核电中长期发展规划（2011—2020 年）》。会议对当前和今后一个时期的核电建设做出部署：

（1）合理把握建设节奏　“十二五”初期每年安排 3 ～ 4 台机组开工建设，“十二五”末逐步过渡到 6 台机组；2016—2020 年，根据综合性支撑条件和安全保障要素情况，适当增加年度开工数量。到 2015 年，运行核电机组装机容量达到 4 000 万 kW，在建设核电机组装机容量 1 800 万 kW；到 2020 年，运行核电机组装机容量达到 5 800 万 kW，在建设核电机组装机容量 3 000 万 kW 左右。

（2）科学布局核电项目　“十二五”期间，优先安排沿海厂址；在深入开展风险分析评价后，再考虑内陆核电建设问题。

（3）提高技术准入门槛　新建核电机组必须符合三代安全标准，具备更完善的严重事故预防和缓解措施，设计每堆年发生严重堆芯损坏事件的概率要低于 10^{-5}，发生大量放射性释放事件的概率要低于 10^{-6}，“十三五”及以后建设的核电机组，力争实现从设计上实际消除大量放射性释放的可能性。

3.3.2 《核电“十三五”发展规划及 2030 年战略》（摘要）

到 2020 年，全面完成 2012 年规划确定的各项任务，在役和在建设核电机组装机容量达到 8 800 万 kW，成为世界第二核电装机大国。确保现役机组安全稳定运行，满足电力消费增长和能源结构调整需求。初步形成完善的装备制造、燃料供给和人才队伍等配套保障体系，初步建立核能科技创新体系，进一步提升自主创新能力。在国际核电市场形成较强竞争力，与国际先进核能技术研发保持同步水平。

到 2030 年，全面实现跨越式发展和建设核电强国的目标。我国的核电建设和安全运行达到国际领先地位。进一步提高核电比重，在役装机容量达到 1.5 亿 kW、在建设核电机组装机容量 5 000 万 kW，成为世界第一核电装机大国。核电装备制造业完成转型升级，成为世界核电装备制造第一大国，并在国际市场占据重要份额。建立完善的科技研发体系、先进标准体系和先进装备体系，成为核电自主创新强国，引领全球核电技术和产业发展。

（1）建设规模　“十三五”期间每年安排 6 ～ 8 台机组开工建设，到 2020 年，在役和在建设核电机组装机容量达到 8 800 万 kW，发电量比例达到 5% 左右，占一次能源消费的 3%；2021 年后，每年开工 8 ～ 10 台机组，到 2030 年，在役核电机组装机容量达到 1.5 亿 kW，在建设核电机组装机容量 5 000 万 kW 左右，发电量比例达到 8% ～ 10%，占一次能源消费的 7%。

（2）安全水平　运行安全始终保持国际先进水平，确保不发生 3 级及以上事件（事故）；运行、在建设核电机组安全性能得到持续提高，新开工核电机组主要安全指标达到国际最先进标准，核岛工程质量优良率 100%；安全监管逐步迈入世界先进行列，具备独立、完整的安全分析评价、校核计算和实验验证能力；

应急响应能力有较大提升，建成专业配套、协同紧密的技术支撑体系和布局合理、运转高效的救援网络。

（3）科技创新　2020年前后，自主品牌CAP1400、“华龙一号”、高温气冷堆等示范工程实现并网发电，多功能小型堆、浮动堆和商业快堆技术研发取得突破。到2030年，建立政产学研用有机结合的核电科技创新体系，形成先进的核电标准体系，引领国际先进核能技术研发，大型压水堆技术达到国际领先水平，熔盐堆、行波堆、聚变堆等技术研发取得重要进展。

（4）装备制造　“十三五”期间，全面掌握三代核电主设备制造关键技术，形成每年8～10套三代核电设备自主化和稳定的成套设备供应能力，设备制造不再成为制约我国核电发展的因素。到2030年，全面实现关键设备、部件和材料的自主研发、设计、生产，掌握核心技术，拥有自主知识产权，技术上不再受制于人；培育出具有世界影响力的核岛主设备设计和制造集成供应商，建立起满足规模化发展需要的核电配套工业体系；在国际核电装备市场占领重要的市场份额，打造“中国创造”品牌。

（5）燃料体系　“十三五”期间，自主品牌高性能燃料取得重大突破，并实现工业化应用；开工建设大型商用后处理厂，2030年前建成投产，实现闭式核燃料循环。

（6）人才培养　不断完善各类各层次人才培养体系建设，构建多元化人才培养模式，健全企业人才培养体系和培训能力建设，造就一支技术水平高、安全意识强、经验丰富和国际化的人才队伍，满足核电安全高效发展需要；统筹社会优质资源，建立一批人才培训基地，到2020年和2030年，全国分别建成10个和30个核电人才培养基地；畅通人才引进“绿色通道”，引进国际高端人才。

3.3.3　《电力发展“十三五”规划（2016—2020年）》（摘要）

2016年11月7日，国家发展改革委、国家能源局召开新闻发布会，对外正式发布《电力发展“十三五”规划（2016—2020年）》。核电相关政策要点如下：

安全发展核电，推进沿海核电建设。坚持安全发展核电的原则，加大自主核电示范工程建设力度，着力打造核心竞争力，加快推进沿海核电项目建设。建成三门、海阳AP1000自主化依托项目，建设福建福清、广西防城港“华龙一号”示范工程。开工建设CAP1400示范工程等一批新的沿海核电工程。深入开展内陆核电研究论证和前期准备工作。认真做好核电站址资源保护工作。“十三五”期间，全国核电投产约3 000万kW、开工3 000万kW以上，2020年装机容量达到 5 800 万 kW。

优化电网结构，提高系统安全水平。海南电网重点结合昌江核电及联网Ⅱ回工程的建设，进一步优化现有 220kV 电网结构，提高电网抗灾能力。

加大公关力度，强化自主创新。在清洁高效发电技术方面，发展智能发电技术，开展发电过程智能化检测、控制技术研究与智能仪表控制系统装备研发，攻关高效燃煤发电机组、大型风力发电机组、重型燃气机组和核电机组等领域先进运行控制技术与示范应用。在电力领域其他自主创新方面，提高大型先进压水堆核电技术自主化程度，推动高温气冷堆技术优化升级，开展小型智能堆、商用快堆、熔盐堆等先进核能技术研发。

落实“一带一路”倡议，加强电力国际合作。积极开展对外业务。拓展电力装备出口，积极推进高效清洁火电、水电、核电和输变电等大型成套设备出口。

健全法律法规和标准体系。修订颁布《电力法》，完善《电网调度管理条例》《电力供应与使用条例》和《电力设施保护条例》等及其配套管理办法，出台《核电管理条例》，建立规范政府行为和市场行为的电力法制体系。

健全产业政策。在放开上网电价之前，研究完善燃煤、天然气、水力和核电等上网电价机制，增强弹性，更好地反映市场供求关系。

3.3.4 《能源发展“十三五”规划》（摘要）

2016 年 12 月 26 日，国家发展改革委、国家能源局印发《能源发展“十三五”规划》（发改能源〔2016〕2744 号）。核能相关政策要点如下：

推进非化石能源可持续发展。统筹资源、环境和市场条件，超前布局、积极稳妥推进建设周期长、配套要求高的水电和核电项目，实现接续滚动发展。

安全高效发展核电，在采用我国和国际最新核安全标准、确保万无一失的前提下，在沿海地区开工建设一批先进三代压水堆核电项目。加快堆型整合步伐，稳妥解决堆型多、堆型杂的问题，逐步向自主三代主力堆型集中。积极开展内陆核电项目前期论证工作，加强厂址保护。深入实施核电重大科技专项，开工建设 CAP1400 示范工程，建成高温气冷堆示范工程。加快论证并推动大型商用乏燃料后处理厂建设。适时启动智能小型堆、商业快堆、60 万 kW 级高温气冷堆等自主创新示范项目，推进核能综合利用。实施核电专业人才队伍建设行动，加强核安全监督、核电操作人员及设计、建造、工程管理等关键岗位人才培养，完善专业人才梯队建设，建立多元化人才培养渠道。2020 年运行核电装机容量力争达到 5 800 万 kW，在建设核电装机容量达到 3 000 万 kW 以上。

推进重点技术与装备研发。坚持战略导向，以增强自主创新能力为着力点，围绕油气资源勘探开发、化石能源清洁高效转化、可再生能源高效开发利用、核能安全利用、智慧能源和先进高效节能等领域，应用推广一批技术成熟、市场有需求、经济合理的技术，示范试验一批有一定技术积累但工艺和市场有待验证的技术，集中攻关一批前景广阔的技术，加速科技创新成果转化应用。

实施科技创新示范工程。发挥我国能源市场空间大、工程实践机会多的优势，加大资金、政策扶持力度，重点在油气勘探开发、煤炭加工转化、高效清洁发电、新能源开发利用、智能电网、先进核电、大规模储能、柔性直流输电和制氢等领域，建设一批创新示范工程，推动先进产能建设，提高能源科技自主创新能力和装备制造国产化水平。

3.3.5 《能源技术革命创新行动计划（2016—2030 年）》（摘要）

2016 年 4 月 7 日，国家发展改革委、国家能源局印发《能源技术革命创新行动计划（2016—2030 年）》（发改能源〔2016〕513 号）。核能相关政策要点如下：

1. 先进核能技术创新

（1）战略方向

1）核能资源勘探开发利用。重点在深部铀资源勘探开发理论、新一代高效智能化地浸采铀，以及非常规铀资源（主要包括黑色岩系型及海水中的铀资源等）开发利用等方面开展研发与攻关。

2）先进核燃料元件。重点在自主先进压水堆核燃料元件示范及推广应用、更高安全性及可靠性和经济性的压水堆燃料元件自主开发、先进燃料技术体系完善，以及智能制造在核燃料设计制造领域应用等方面开展研发与攻关。

3）新一代反应堆。重点在快堆及先进模块化小型堆示范工程建设、先进核燃料循环系统构建、超高温气冷堆关键技术装备及配套用热工艺，以及新一代反应堆的基础理论和关键技术等方面开展研发与攻关。

4）聚变堆。重点在 ITER 的设计和建造、堆芯物理和聚变堆工程技术、聚变工程技术试验平台（FETP）自主设计建造，以及大型托卡马克聚变堆装置设计、建造和运行等方面开展研发与攻关。

（2）创新目标

1）2020 年目标。在核能资源勘探开发利用方面，创新深部铀成矿理论，实用性综合勘查深度达到 1 500m。实现埋深 800m 以内的可地浸砂岩铀资源经济开发利用，建成千吨级数字化、自动化的地浸采铀示范工程。黑色岩系型等低品位铀资源铀浸出率超过80%。获得先进的盐湖、海水提铀功能材料，完成提铀放大工艺优化设计及配套装置加工。在先进核燃料元件方面，实现自主先进核燃料元件的应用；事故容错燃料元件（ATF）、环形燃料元件初步具备辐照考验条件；研制MOX燃料示范快堆考验组件并完成辐照考验。在反应堆技术方面，突破自主第三代超大型压水堆关键技术；示范快堆开工建设；完成超高温气冷堆在950℃高温运行及核能制氢的可行性论证，建设高温气冷堆700℃工艺热示范工程；建成先进模块化小型堆示范工程（含海上核动力平台）。熔盐堆、行波堆、聚裂变混合堆等先进堆型关键材料及部分技术取得重要突破；等聚变堆离子体的参数和品质获得提高，为设计建造聚变工程技术试验平台（FETP）奠定基础。

2）2030年目标。在核能资源勘探开发利用方面，形成国际领先的深部铀成矿理论体系及技术体系；实现深度1 000m以内的可地浸砂岩智能化、绿色化经济开发利用；建成黑色岩系型等低品位铀资源综合回收示范工程，建成盐湖、海水连续提铀试验装置并获得技术经济评价参数。在先进核燃料元件方面，具备国际领先核燃料研发设计能力，事故容错燃料先导棒/先导组件实现商用堆辐照考验，初步实现环形元件在压水堆核电站商业运行；MOX组件批量化生产管理技术达到国际先进水平，快堆金属元件具备规模化应用条件。在反应堆技术方面，第三代压水堆技术全面处于国际领先水平，实现系列化发展；突破100kW级商用增殖快堆电站关键技术，实现商业后处理厂—MOX元件—商业快堆闭路循环；建设完成950℃超高温气冷堆及高温热应用商业化工程；先进模块化小型堆实现标准化、规模化建设；熔盐堆等先进堆型关键设备材料取得重大突破，具备建设示范工程条件。聚变工程技术试验平台（FETP）成功运行，掌握聚变堆芯燃烧等离子体的实验、运行和控制技术。

3）2050年展望。完全掌握铀资源成矿理论，深部铀资源、非常规铀资源开发具备规模化经济开采能力，能保障核能长久发展。核燃料自主设计能力进入世界先进水平，智能制造、柔性制造等先进技术广泛应用。四代核能系统全面实现“可持续性、安全性、经济性和核不扩散”的要求，核能在供热、化工、制氢和冶金等方面具备规模建设条件。建设100万kW级聚变原型电站，实现核聚变能源商用化应用。

（3）创新行动

1）深部铀成矿理论创新与一体化铀资源探测技术与装备。探索热液型铀多金属成矿带成矿体系、砂岩型铀矿超常富集机理及多能源矿产间作用关系、非常规铀资源富集模式与规律、纳米地学、铀成矿模拟试验，以及铀矿地质大数据规律等；研究大探深、高精度地面及井中地球物理勘查技术，以及高效钻进技术、纳米测试技术、基于互联网的综合分析评价技术、智能化预测技术；研制铀多金属勘查新型放射性仪器。

2）地浸采铀高效钻进与成井技术。研发专用地浸钻孔钻进设备，采铀工艺钻孔结构，基于随钻测斜、定向钻进的高效安全钻孔成井技术、地浸井场快速开拓和布置技术；研究复杂难浸铀资源地浸高效浸出技术；开展绿色、智能地浸采铀技术研究，建设数字化、绿色地浸矿场。

3）黑色岩系型、磷块岩型的低品位铀资源开发技术及盐湖、海水提铀技术。研发工艺矿物学特征，选矿试剂合成、矿物分选工艺和选矿技术，铀高效浸出工艺及浸出装置、分离方法、产品制备及工艺废水处理技术，进行工业试验示范；研发盐湖和海水提铀装置、实验室平台，突破高性能提铀材料及功能材料提铀性能，建立国家级开放性的海水提铀方法测试平台，研究海水提铀与海水淡化耦合技术、铀酰化学技术。

4）先进自主压水堆元件。推进自主先进锆合金包壳核燃料元件技术攻关和产业化应用。研发事故容错元件（ATF）高铀密度或掺杂燃料芯块，先进金属、新型复合的新型包壳材料；完善适用于 ATF 元件包壳堆内辐照考验及辐照后检查技术，研究燃料制备和性能评价关键技术。研究压水堆环形燃料堆芯和组件设计技术，开展环形燃料组件堆外热工水力等验证、小组件试验堆内辐照考验和先导组件商用堆内辐照考验。

5）快堆及燃料元件设计与工程化技术。完善快堆法规、标准体系，突破大型商用快堆的热工水力、非能动事故余热排出等关键技术，形成快堆电站自主化的软件及设计集成技术，实现设备自主化；突破快堆 MOX 组件芯块设计与成型工艺技术，高性能结构材料，组件制造工程化技术，掌握快堆 MOX 换料运行技术。突破大增殖比的（U、Pu）Zr 金属元件及添加 MA 的金属燃料关键技术。

6）超高温气冷堆关键技术及高温热工程应用技术。攻关 950℃超高温气冷堆关键技术，开展安全与事故分析、堆内构件材料及结构分析等。开发基于 HTR-PM 现有堆芯设计的气 - 气中间换热器，提供 700℃的工艺热生产煤气、油品和焦炭。

7）先进小型堆关键技术及工程化。针对陆上模块式小型堆，突破关键设备、模块化建造技术、运行技术及安全审查技术，完善法规标准。针对海上核动力平台，开展工程设计、设备制造、工厂化总体建造和海上运行调试技术研究，建设示范工程，完善法规标准。开展大功率空间核反应堆电源技术研究，突破设计、关键材料、装备和运行技术等。

8）钍基熔盐堆基础理论与关键技术。建立完善的研究平台体系，研究关键基础理论和关键工艺技术，突破熔盐制备技术、高温材料腐蚀机理及控制技术、回路技术、反应堆运行控制技术，探索钍－铀循环在线后处理技术，建成2MW钍基熔盐实验堆。

9）聚变物理研究。完善等离子体诊断、控制、加热和加料等手段，研究先进的托卡马克等离子体实验，实现高比压、高约束的等离子体实验运行，提升对聚变等离子体的认识水平和控制能力，设计建造聚变工程技术试验平台（FETP）。

2. 乏燃料后处理与高放射性废物安全处理处置技术创新

（1）战略方向

1）乏燃料后处理。重点在大型商用水法后处理厂建设、全分离的无盐试剂二循环流程研究、后处理流程经济性和环保性的提高，以及适用于快堆等的先进燃料循环的干法后处理等方面开展研发与攻关。

2）高放射性废物地质处置。重点在高放射性废物地质处置研发体系创新、高放射性废物处置地下实验室建设、地质处置及安全技术，以及高放射性废物地质处置理论和技术体系完善等方面开展研发与攻关。

3）高放射性废物处理。重点在高放射性废液处理、高放射性石墨处理、α废物处理，以及冷坩埚玻璃固化高放射性废物处理等方面开展研发与攻关。

4）放射性废物嬗变技术。重点在长寿命次锕系核素总量控制、次临界系统设计和关键设备研究、外中子源驱动次临界高效嬗变系统（含加速器驱动和聚变驱动）技术体系完善，以及降低高放射性废物安全处理（置）难度等方面开展研发与攻关。

（2）创新目标

1）2020年目标。在乏燃料后处理方面，掌握大型商用乏燃料后处理厂自主设计、建造及运行技术，突破动力堆乏燃料后处理工艺、设备等关键技术，建立动力堆高放射性废液分离工艺技术；针对快堆MOX乏燃料后处理，建立适用于我国乏燃料后处理中试厂的水法处理工艺流程，具备示范条件；推进乏燃料干法后处理技术研究，基础研究取得重要突破。在高放射性废物地质处置方面，建成高放射性废物处置地下实验室，掌握实验室现场试验关键技术体系；掌握场址评价方法，提出 3 ～ 5 个高放射性废物处置库候选场址，确定工程屏障选材，完成高放射性固化体多重介质多因素蚀变与核素迁移中间规模试验；提出废石墨、重水堆乏燃料等特殊废物的最终处置方案，完成可行性研究；掌握中等深度放射性废物处置技术。在放射性废物处理方面，突破高放射性废液煅烧、水冷鼓泡、出料和贵金属沉积等技术，研制出两步法冷坩埚玻璃固化科研样机（35L/h 高放射性废液）、石墨自蔓延处理中间装置、有机物超临界水无机化工程样机，以及废水螯合吸附等工程样机，放射性废物处理技术水平显著提高。在先进分离嬗变技术方面，完成实验规模的 MA 嬗变技术和分离工艺研究，掌握分离 - 嬗变关键技术，获得整个环节的数据和经验；建成较完善的外中子源驱动次临界嬗变系统技术研究平台体系，掌握加速器中子源、紧凑型聚变中子源系统以及次临界反应堆或包层的系统关键技术，确定外中子源驱动次临界系统的嬗变性能等运行参数。

2）2030 年目标。在乏燃料后处理方面，建成完善的先进水法后处理技术研发平台体系，基本建成我国首座 800t 大型商用乏燃料后处理厂；建立我国锕系元素分离一体化先进水法后处理流程，提出干法后处理技术的优选路线，建成具备公斤级熔盐电解分离铀、钚的实验装置。在高放射性废物地质处置方面，确定高放射性废物处置库推荐场址，完成处置库工程设计，掌握地质处置技术和安全评价技术，具备建库条件；建成中等深度处置库。在放射性废物处理方面，全面掌握高放射性废液冷坩埚玻璃固化技术、石墨自蔓延处理技术、有机污物超临界水无机化技术等。在先进分离嬗变技术方面，完成使用于 60 万 kW 快堆核电站的含 MA 混合氧化铀钚燃料（MOX）的设计、研制及随堆考验，确定外源驱动次临界系统技术路线，掌握具有自主产权的关键设备设计制造技术，建成外源次临界系统工程性实验装置。

3）2050 年展望。干法后处理实现工业化应用，逐步取代水法后处理，实现快堆嬗变、ADS 嬗变技术的应用推广，逐步实现核能系统中次锕系核素总量的有效控制；解决历史上遗留废物隐患，废物最小化达到世界领先水平；掌握高放射性废物地质处置工业化技术，建成高放射性废物处置库并运行。

（3）创新行动

1）先进乏燃料后处理工艺及关键技术设备。针对大型核燃料后处理厂，开展首端处理技术及新型无盐试剂二循环流程开发、工艺流程台架热试验及验证；建设后处理全流程数字模拟平台，研究脉冲萃取柱数字模拟与仿真技术，实现大型关键设备国产化；研发自动化控制技术、远程操作系统与设备、大型先进热室设计，以及先进干法首端技术及干法分离技术。

2）高放射性废物地质处置库技术。围绕地下实验室工程及现场试验，开展高放射性废物处置库选址研究，并形成完善的场址评价技术体系；重点研究以地下实验室为研发平台的地质处置工程（艺）技术和工程屏障、处置库概念设计、处置库开挖技术，以及废物罐的运输、就位及回取技术和验证；研究处置库的核素释放和迁移、安全评价和安全全过程系统分析，掌握概率安全评价技术；开展处置库屏障系统安全特性演化试验和评价。

3）先进废物处理技术。研究放射性石墨废物自蔓延处理技术；突破冷坩埚玻璃固化技术、有机污物超临界水处理技术，以及高放射性卤渣热等静压陶瓷固化技术；研究废水螯合吸附技术。

4）快堆嬗变技术。完成中国实验快堆（CEFR）中单个次锕系核素小样件的辐照，主要包括 CEFR 嬗变靶件的设计和研制、嬗变靶件的辐照考验和辐照后检验、辐照后芯块的化学分析与分离工艺研究等；完成示范快堆（CFR600）中嬗变组件的辐照和后处理，主要包括含次锕系元素的 MOX 燃料制造技术研究，批量使用含 MA 燃料的快堆堆芯设计、安全评价和随堆考验，批量使用含 MA 燃料的反应堆安全运行技术，以及辐照后含 MA 燃料的后处理技术研究等。

3. 氢能与燃料技术创新

大规模制氢技术。研究基于可再生能源和先进核能的低成本制氢技术，重点突破太阳能光解制氢和热分解制氢等关键技术，建设示范系统；突破高温碘 - 硫循环分解水制氢及高温电化学制氢，完成商业化高温核能分解水制氢方案设计；研发新一代煤催化气化制氢和甲烷重整 / 部分氧化制氢技术。

3.4 国内核能市场空间预测

3.4.1 各机构对我国核电市场预测

1. 中国工程院

据中国工程院《中国能源中长期发展战略（2030、2050）》预测：

2030 年，我国核电总装机容量将达到 2 亿 kW，核电成为电力工业的支柱之一，核发电量占总发电量的比重达到 15%，核电装机容量占电力总装机容量的 10%。

2050 年，我国核电总装机容量将达到 4 亿 kW，核电成为电力工业的主流之一，核发电量占总发电量的比重达到 24%，核电装机容量占电力总装机容量的 16%。

2. 中国石油经济技术研究院

据中国石油经济技术研究院发布的《2050 年世界与中国能源展望（2019 年

版）》基准情景预测：

中国能源需求结构呈非化石、油气、煤炭三足鼎立态势。2035 年和 2050 年，非化石能源占比分别升至 28% 和 37.8%，煤炭占一次能源需求的比例分别降至 40.5% 和 30.7%，油气占比在 2035 年后基本保持在 31.5% 左右。太阳能、风能等其他可再生能源占一次能源需求的比例由 2015 年的 2.1% 升至 2030 年的 12.9% 和 2050 年的 20.8%。核电需求量将由 2015 年的 0.4 亿吨标油当量，增加至 2030 年的 2 亿吨标油当量和 2050 年的 3 亿吨标油当量，占一次能源需求的比例由 2015 年的 1.3% 升至 2030 年的 3.8% 和 2050 年的 7.2%。

中国发电结构将更加多元、清洁、低碳。2025 年前，煤电还将有所增长，但之后缓慢下降，其发电量占比在 2030 年后将低于 50%。非化石能源发电占比将不断提升，2050 年达 58% 左右。核电发电量将由 2015 年的 0.2 万亿 kW · h 升至 2030 年的 0.7 万亿 kW · h 和 2050 年的 1.4 万亿 kW · h，占电力供应的比例将由 2015 年的 2.9% 升至 2030 年的 6.8% 和 2050 年的 11.0%。

清洁能源发电将在 2035 年前满足增量，2035 年后替代存量。随着可再生能源竞争力增强，天然气发电技术提升，以及核电安全更有保障，清洁能源发电将基本满足 2035 年前发电增量的需求。2035 年后，随着可再生能源技术经济水平进一步提升以及稳定性大幅增强，清洁能源将替代部分存量煤电。

3.4.2 燃料需求预测

1. 天然铀

到 2035 年，我国核电装机容量将达到 1.5 亿～ 1.8 亿 kW；当年我国天然铀需求达 3.0 万～ 3.6 万 tU。2018—2035 年 18 年累计需要天然铀 34.3 万～ 39.4 万 tU。

到 2050 年，在运核电机组装机容量将达到 2.7 亿～ 3.0 亿 kW，在建设核电机组装机容量达到 4 000 万 kW 左右，当年相应的天然铀需求也将达到 5.4 万～ 6.0 万 tU；2018 － 2050 年 33 年累计需要天然铀 98.5 万～ 112.6 万 tU。

2. 铀转化、铀浓缩、压水堆元件

到 2030 年，铀转化、铀浓缩、压水堆元件的需求分别达到 25 100tU、17 000tSWU 和 2 800tU；到 2035 年，铀转化、铀浓缩、压水堆元件的需求分别达到 34 000tU、23 000tSWU 和 3 800tU。

第 4 章

全球核电市场预测

4.1 国际原子能机构（IAEA）预测结果

IAEA 于 2017 年发布了《能源、电力和核电预测：目前—2050 年》报告，对核电市场未来发展趋势分地区做了预测，其判断如下：

1. 全球

从现在到 2050 年，世界核电总产量将继续增长。在最高预测中，到 2030 年，核电产量将比 2016 年的 2 476 TW・h 增长 73%，在接下来的 20 年将进一步增长 64%。到 2050 年，预计将是 2016 年产量的 2.8 倍。在最低预测中，尽管核电产量以目前的水平基本平稳变化，直到 2040 年，但是此后会反弹，到 2030 年核电产量将增长 8%，到 2050 年将增加约 24%。核电在全球电力产量中所占的份额将从 2016 年的 10.57% 左右降低到 2030 年的 7.76%，到 2050 年将下降至 5.99%。但是，在最高预测中，其份额将在 2030 年增长至 12.40%，到 2050 年增长至 13.70%。全球电力总产量和核电产量预测见表 4-1。全球核电发电能力预测见表 4-2。全球核电产量预测见表 4-3。

表 4-1　全球电力总产量和核电产量

电力产量	2016 年	2030 年		2040 年		2050 年	
		最低	最高	最低	最高	最低	最高
总产量 /（TW・h）	23 426	34 579		42 335		51 388	
核电产量 /（TW・h）	2 476	2 684	4 290	2 634	5 688	3 079	7 042
总量占比（%）	10.57	7.76	12.40	6.22	13.44	5.99	13.70

表 4-2　全球核电发电能力预测　　（单位：GW）

地区	2016 年	2030 年		2040 年		2050 年	
		最低	最高	最低	最高	最低	最高
北美	113.4	87	116	40	106	44	105
拉丁美洲和加勒比	5.1	8	10	7	17	8	25
北欧、西欧和南欧	112.9	61	103	50	97	39	120
东欧	50.1	50	70	63	104	76	110

（续）

地区	2016 年	2030 年		2040 年		2050 年	
		最低	最高	最低	最高	最低	最高
非洲	1.9	2	3	3	10	7	18
西亚	0.4	5	9	7	21	11	31
南亚	8.2	21	34	33	68	52	105
中亚和东亚	99.3	111	207	128	288	142	344
东南亚				1	6	3	14
大洋洲							2
全球总计	391.3	345	552	332	717	382	874

表 4-3 全球核电产量预测 （单位：TW·h）

地区	2016 年	2030 年		2040 年		2050 年	
		最低	最高	最低	最高	最低	最高
北美	901	691	926	318	848	354	847
拉丁美洲和加勒比	33	61	76	55	133	65	202
北欧、西欧和南欧	742	482	817	403	778	313	969
东欧	337	397	553	500	829	614	883
非洲	15	14	21	23	79	56	147
西亚	2	41	71	58	169	92	253
南亚	46	163	271	266	541	418	846
中亚和东亚	400	835	1 555	1 003	2 264	1 143	2 770
东南亚	0	0	0	8	47	24	109
大洋洲	0	0	0	0	0	0	16
全球总计	2 476	2 684	4 290	2 634	5 688	3 079	7 042

2. 北美地区

预计北美地区的电力总产量将从 2016 年的 4 796TW·h 增加到 2030 年的 5 224 TW·h，14 年将增长约 9%，到 2050 年将达到 5 896 TW·h。在最低预测和最高预测中，预计核电的贡献率都会发生重大变化。在最低预测中，预计核电产量将从 2016 年的 901 TW·h 降至 2030 年的 691 TW·h，到 2050 年为 354 TW·h。核电在电力总产量中的份额将会从 2016 年的 18.78% 下降到 2030 年的 13.23%，到 2050 年仅为 6%。在最高预测中，预计核电产量首先将会增长约 2.3%，从 2016 年的 901 TW·h 上升至 2030 年的 926 TW·h，然后在

2050 年降至 847 TW・h。核电在电力总产量中的比例同样会下降，从 2016 年的 18.78% 下降到 2030 年的 17.73%，到 2050 年下降到 14.37%。北美地区电力总产量和核电产量预测见表 4-4。

表 4-4　北美地区电力总产量和核电产量预测

电力产量	2016 年	2030 年		2040 年		2050 年	
		最低	最高	最低	最高	最低	最高
总产量 /（TW・h）	4 796	5 224		5 408		5 896	
核电产量 /（TW・h）	901	691	926	318	848	354	847
核电产量占比（%）	18.78	13.23	17.73	5.88	15.68	6.00	14.37

3. 拉丁美洲和加勒比地区

2016—2050 年，拉丁美洲和加勒比地区的电力总产量预计每年增长约 2.4%。在最低预测和最高预测中，核电产量都会增长，但在未来几十年中，其作用仍然很小。在最低预测中，未来 14 年核电产量将增长 45%，在 2030 年达到 61TW・h，此后将开始下降，然后在 2050 年恢复至 65 TW・h。核电在电力总产量中的比例将增加到 2.81%，然后在 2050 年下降到 1.82%。在最高预测中，预计将会每年增长 6.1%，直到 2030 年，然后每年增长 5.5%，直到 2050 年。因此，核电在电力总产量中的份额将从 2016 年的 2.09% 上升至 2030 年的 3.52%，在 2050 年达到 5.65%。拉丁美洲和加勒比地区电力总产量和核电产量预测见表 4-5。

表 4-5　拉丁美洲和加勒比地区电力总产量和核电产量预测

电力产量	2016 年	2030 年		2040 年		2050 年	
		最低	最高	最低	最高	最低	最高
总产量 /（TW・h）	1 582	2 171		2 809		3 576	
核电产量 /（TW・h）	33	61	76	55	133	65	202
核电产量占比（%）	2.09	2.81	3.50	1.96	4.73	1.82	5.65

4. 北欧、西欧和南欧地区

北欧、西欧和南欧合并区域的电力总产量预计将从 2016 年的 2 979 TW・h 上升至 2030 年的 3 252 TW・h，14 年增长约 9.2%，到 2050，将继续增长约 17.1%，达到 3 809 TW・h。在最低预测中，核电产量将从 2016 年的 742 TW・h

降至 2030 年的 482 TW・h，到 2050 年将降至 313 TW・h。因此，核电在电力总产量中的份额将从2016年的24.91%降至2030年的14.82%，到2050年降至8.22%。在最高预测中，到 2030 年，核电产量预计将增长约 10.10%，到 2050 年将进一步增长 18.60%。核电在电力总产量中的份额将基本维持在 25% 左右。北欧、西欧和南欧合并区域电力总产量和核电产量预测见表 4-6。

表 4-6　北欧、西欧和南欧合并区域电力总产量和核电产量预测

电力产量	2016 年	2030 年		2040 年		2050 年	
		最低	最高	最低	最高	最低	最高
总产量 /（TW・h）	2 979	3 252		3 445		3 809	
核电产量 /（TW・h）	742	482	817	403	778	313	969
核电产量占比（%）	24.91	14.82	25.12	11.70	22.58	8.22	25.44

5. 东欧地区

东欧地区的电力总产量预计在 21 世纪中叶翻番，年增长率为 2.2%。在最低预测和最高预测中，核电产量都将继续增长，但是速度有所不同。在最低预测中，预计核电产量将从 2016 年的 337 TW・h 小幅上升至 2030 年的 397 TW・h，然后以相对较快的速度增长，到 2050 年达到 614 TW・h。但是，核电产量在电力总产量中的份额将从 2016 年的 21.14% 降至 2030 年的 17.84%，到 2050 年为 18.16%。在最高预测中，预计核电产量将以更快的速度增长，到 2030 年增长 64.09%，2030 年至 2050 年再增长 59.67%。核电产量在电力总产量中的份额将从 2016 年的 21.14% 上升到 2030 年的 24.85%，到 2050 年达到 26.12%。东欧地区电力总产量和核电产量预测见表 4-7。

表 4-7　东欧地区电力总产量和核电产量预测

电力产量	2016 年	2030 年		2040 年		2050 年	
		最低	最高	最低	最高	最低	最高
总产量 /（TW・h）	1 594	2 225		2 778		3 381	
核电产量 /（TW・h）	337	397	553	500	829	614	883
核电产量占比（%）	21.14	17.84	24.85	18.00	29.84	18.16	26.12

6. 非洲地区

预计到 2030 年，非洲地区的电力总产量将翻一番，然后以更快的速度进一步增长，在 2050 年达到 3 699 TW・h。预计核电产量将会与核电发电能力趋势

保持一致。在最低预测中，预计到2030年核电产量将保持为2016年的水平，到2050年将达到56TW·h。核电在电力总产量中的比例将从2016年的1.95%降至2030年的0.96%，然后在2050年增加到1.51%。在最高预测中，预计核电产量首先将会增长约40%，从2016年的15 TW·h上升到2030年的21 TW·h，然后快速增长，到2050年达到147 TW·h。因此，核电产量在电力总产量中的份额将从2016年的1.95%下降到2030年的1.44%，然后在2050年上升到3.97%。非洲地区电力总产量和核电产量预测见表4-8。

表4-8 非洲地区电力总产量和核电产量预测

电力产量	2016年	2030年		2040年		2050年	
		最低	最高	最低	最高	最低	最高
总产量/（TW·h）	770	1 454		2 319		3 699	
核电产量/（TW·h）	15	14	21	23	79	56	147
核电产量占比（%）	1.95	0.96	1.44	0.99	3.41	1.51	3.97

7. 西亚地区

预计西亚地区的电力总产量将从2016年的1 109 TW·h上升至2030年的1 479 TW·h，增幅约为33.36%，到2050年达到2 281 TW·h，增幅约为54.23%。虽然该地区的唯一核电反应堆在2016年仅发电2 TW·h，但是，在最低预测和最高预测中，核电产量都将大幅增长。在最低预测中，预计2030年核电产量将增至41 TW·h，2050年将达到92 TW·h。核电产量在电力总产量中的比例将从2016年的0.18%上升至2030年的2.77%，到2050年上升至约4.03%。在最高预测中，预计核电产增长较快，到2030年达到71 TW·h，到2050年达到253 TW·h。核电产量在电力总产量中的份额将在2030年上升到4.80%，在2050年上升到11.09%。西亚地区电力总产量和核电产量预测见表4-9。

表4-9 西亚地区电力总产量和核电产量预测

电力产量	2016年	2030年		2040年		2050年	
		最低	最高	最低	最高	最低	最高
总产量/（TW·h）	1 109	1 479		1 773		2 281	
核电产量/（TW·h）	2	41	71	58	169	92	253
核电产量占比（%）	0.18	2.77	4.80	3.27	9.53	4.03	11.09

8. 南亚地区

预计南亚地区的电力总产量在未来14年将会翻一番，然后在其后的20年持续增长，直到2050年，再次翻番。核电产量预计会更快速地增长。在最低预测中，未来14年核电产量预计将增长2.54倍，在其后20年再增加1.56倍。因此，核电在电力总产量中的比例将从2016年的2.56%上升至2030年的4.16%，到2050年将达到5.20%。在最高预测中，预计核电产量将大幅增长，未来14年将增长近4.89倍，其后20年将再增长2.12倍。核电在电力总产量中的比例将从2016年的2.56%上升至2030年的6.91%，到2050年将上升到10.52%。南亚地区电力总产量和核电产量预测见表4-10。

表4-10　南亚地区电力总产量和核电产量预测

电力产量	2016年	2030年		2040年		2050年	
		最低	最高	最低	最高	最低	最高
总产量/（TW·h）	1 797	3 921		5 754		8 044	
核电产量/（TW·h）	46	163	271	266	541	418	846
核电产量占比（%）	2.56	4.16	6.91	4.62	9.40	5.20	10.52

9. 中亚和东亚地区

为了满足中亚和东亚地区快速增长的电力需求，到2030年电力总产量将增长69.13%，到2050年将进一步增长34.37%。在最低预测和最高预测中，核电的贡献率都将会发生重大变化。在最低预测中，预计核电产量将从2016年的400 TW·h上升至2030年的835 TW·h，到2050年将达到1 143 TW·h。核电在电力总产量中的比例将从2016年的5.26%上升到2030年的6.49%，到2050年将达到6.61%。在最高预测中，未来14年核电产量将会增加2.89倍，从2016年的400 TW·h上升至2030年的1 555 TW·h，然后再增加78.14%，到2050年达到2 770 TW·h。核电在电力总产量中的比例从2016年的5.26%上升到2030年的12.09%，到2050年将达到16.03%。中亚和东亚合并区域电力总产量和核电产量预测见表4-11。

表 4-11　中亚和东亚合并区域电力总产量和核电产量预测

电力产量	2016 年	2030 年		2040 年		2050 年	
		最低	最高	最低	最高	最低	最高
总产量 /（TW·h）	7 604	12 861		15 418		17 281	
核电产量 /（TW·h）	400	835	1 555	1 003	2 264	1 143	2 770
核电产量占比（%）	5.26	6.49	12.09	6.50	14.68	6.61	16.03

10. 东南亚地区

预计该地区核电不会做出重大贡献。只有在 2030 年之后，核电才会出现在东南亚地区的电力构成之中。在最低预测中，到 2050 年，核电在电力总产量中的贡献预计只有 0.82%；而在最高预测中，到 2050 年，核电将占电力总产量的 3.72%。东南亚地区电力总产量和核电产量预测见表 4-12。

表 4-12　东南亚地区电力总产量和核电产量预测

电力产量	2016 年	2030 年		2040 年		2050 年	
		最低	最高	最低	最高	最低	最高
总产量 /（TW·h）	904	1 642		2 210		2 928	
核电产量 /（TW·h）	0	0	0	8	47	24	109
核电产量占比（%）	0	0	0	0.36	2.13	0.82	3.72

11. 大洋洲地区

在最低预测中，核电不会进入大洋洲地区的电力构成。在最高预测中，预计核电将在 21 世纪中叶成为电力生产系统的组成部分，到 2050 年核电产量达到 16TW·h，占该地区电力总产量的 3.25% 左右。大洋洲地区电力总产量和核电产量预测见表 4-13。

表 4-13　大洋洲地区电力总产量和核电产量预测

电力产量	2016 年	2030 年		2040 年		2050 年	
		最低	最高	最低	最高	最低	最高
总产量 /（TW·h）	289	350		421		493	
核电产量 /（TW·h）	0	0	0	0	0	0	16
核电产量占比（%）	0	0	0	0	0	0	3.25

4.2　铀咨询公司（UxC）预测结果

UxC 于 2018 年发布了《核能展望》报告，对核电容量未来发展趋势分地区做了预测。其判断如下：

1. 全球基本判断

预计到2020年全球核电国家、核电机组数量、核电容量将分别增长为32个国家、444台核电机组、393 GW；到2025年则是32个国家、432台核电机组、395 GW；到2030年，预计是34个国家拥有462台核电机组，约432 GW；到2035年，预计是34个国家拥有462台核电机组，约455 GW；到2040年，预计是38个国家拥有472台核电机组，约485 GW。具体数据见表4-14。

表4-14　2015年和预计2025年、2030年和2040年全球核电情况

2015年			2025年			2030年			2040年		
国家/个	核电机组数量/台	总容量/GW	国家/个	核电机组数量/台	总容量/GW	国家/个	核电机组数量/台	总容量/GW	国家/个	核电机组数量/台	总容量/GW
31	439	379	32	432	395	34	462	432	38	472	485
总容量比2015年增长（%）			4			14			28		

UxC预计2015—2040年核电容量如图4-1所示。2015年和预计2020年、2030年和2040年的各地区核能所占百分比如图4-2所示。

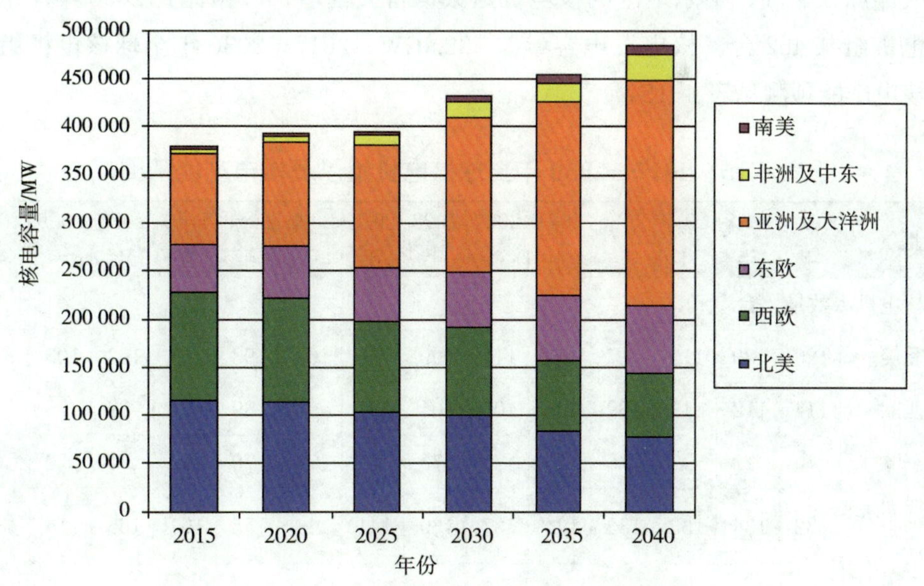

图4-1　UxC预计2015—2040年核电容量

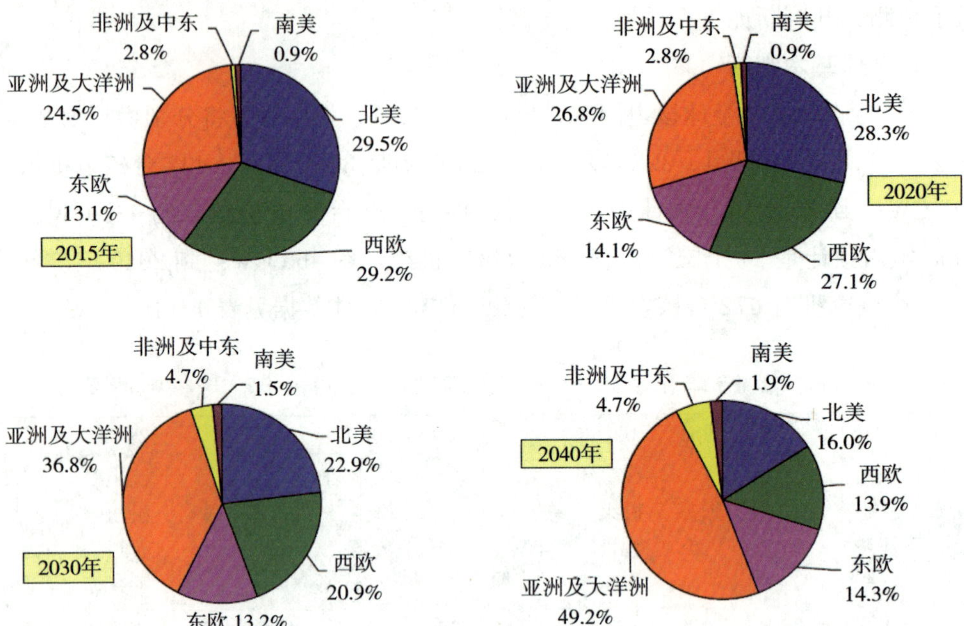

图 4-2　2015 年和预计 2020 年、2030 年以及 2040 年的各地区核能所占百分比

2. 全球核电机组详细预测（到 2030 年）

2017 年到 2030 年期间，北美和西欧地区将不断减少核电机组数量，而亚洲及大洋洲、非洲、中东地区的核电机组数量将大幅增长，预计到 2030 年，全球核电机组共 462 台，核电发电容量共 432.4GW。2017—2030 年全球核电机组以及核电产能预测见表 4-15。

表 4-15　2017—2030 年全球核电机组以及核电产能预测

地区	2017 年	2018 年	2019 年	2020 年	2021 年	2022 年	2023 年	2024 年	2025 年	2026 年	2027 年	2028 年	2029 年	2030 年
核电机组数量 / 台														
北美	120	120	119	117	114	111	109	109	104	103	103	103	103	100
西欧	114	112	113	109	108	105	101	97	92	89	91	89	85	85
东欧	70	72	72	76	76	72	73	74	73	70	73	72	72	73
亚洲和大洋洲	132	134	133	132	134	137	139	141	148	155	161	168	175	181

（续）

地区	2017年	2018年	2019年	2020年	2021年	2022年	2023年	2024年	2025年	2026年	2027年	2028年	2029年	2030年
非洲和中东	3	3	3	5	6	7	7	7	9	9	11	12	13	14
南美	5	5	5	5	6	6	6	6	6	6	7	7	8	9
总计	444	446	445	444	445	438	435	434	432	432	446	451	456	462
核电产能 /GW														
北美	115.1	115.1	114.5	113.0	110.5	107.5	106.8	106.8	103.7	102.5	102.5	102.5	102.5	100.4
西欧	111.0	109.3	110.9	108.1	107.2	103.2	98.1	96.4	93.6	91.8	94.5	93.7	91.2	91.2
东欧	51.5	53.7	54.3	55.9	56.1	55.2	56.3	57.5	56.6	54.2	57.0	56.0	56.4	57.1
亚洲和大洋洲	104.4	107.5	110.3	107.4	110.1	114.1	116.5	119.1	126.9	134.4	139.4	147.1	155.2	161.6
非洲和中东	2.7	2.7	2.7	5.4	6.7	8.1	8.1	8.1	10.2	10.2	12.4	13.5	14.6	15.7
南美	3.5	3.5	3.5	3.5	3.6	3.6	3.6	3.6	4.5	4.5	5.2	5.2	5.4	6.4
总计	388.2	391.8	396.2	393.3	394.2	391.7	389.4	391.5	395.5	397.6	411.0	418.0	425.3	432.4

3. 全球反应堆详细预测（2030—2040 年）

2030—2040 年，每个地区都会发生重大变化。西欧地区在这 10 年中将减少 29 台核电机组，降幅世界第一；同时，北美地区在这 10 年中也将大幅减少 28 台核电机组；而亚洲和大洋洲地区将增加 54 台核电机组，增长速度世界第一，2040 年时将占世界核电总量的近 50%，共 235 台核电机组，约 233.8GW；非洲和中东地区将贡献 11 台核电机组的增长指标。综上所述，全球在这 10 年核电机组堆净增长为 10 台核电机组，全球核电产能在 2030—2040 年期间将增长约 12%。2030—2040 年全球核电机组以及核电产能预测见表 4-16。

表 4-16　2030—2040 年全球核电机组以及核电产能预测

地区	2030年	2031年	2032年	2033年	2034年	2035年	2036年	2037年	2038年	2039年	2040年	2030—2040年数量变化
核电机组数量 / 台												
北美	100	97	96	94	90	80	80	73	72	70	72	-28

（续）

地区	2030年	2031年	2032年	2033年	2034年	2035年	2036年	2037年	2038年	2039年	2040年	2030—2040年数量变化
西欧	85	76	74	70	68	63	60	60	59	58	56	-29
东欧	73	73	75	77	76	77	74	72	70	72	73	0
亚洲和大洋洲	181	188	194	202	209	213	215	217	225	230	235	54
非洲和中东	14	14	15	17	19	19	21	21	24	25	25	11
南美	9	9	9	9	10	10	9	9	9	11	11	2
总计	462	457	463	469	472	462	459	452	459	466	472	10
核电产能 /GW												
北美	100.4	98.5	97.7	95.8	93.0	84.4	84.6	77.8	77.6	75.7	77.7	-22.7
西欧	91.2	84.5	83.0	79.5	78.5	73.8	71.0	71.0	70.0	69.3	67.5	-23.7
东欧	57.1	57.8	60.5	63.0	63.5	66.3	65.7	66.3	65.6	68.0	69.2	12.1
亚洲和大洋洲	161.6	169.2	176.8	187.2	195.5	201.8	205.8	210.3	220.8	227.0	233.8	72.2
非洲和中东	15.7	15.7	16.9	19.2	20.8	20.8	23.2	23.2	26.4	27.5	27.5	11.8
南美	6.4	6.4	6.4	6.4	7.5	7.5	6.9	6.9	6.9	9.0	9.0	2.6
总计	432.4	432.1	441.3	451.1	458.8	454.6	457.2	455.5	467.3	476.5	484.7	52.3

第 5 章

世界核电技术创新趋势

根据IAEA数据统计，截至2018年年底全球大约有70种先进堆型的概念设计，其中先进压水堆和快堆是发展的主流方向。世界各核电大国都在进行技术研发，美、俄处于世界领先地位。世界先进堆型的概念设计和各国研发情况如图5-1和图5-2所示。

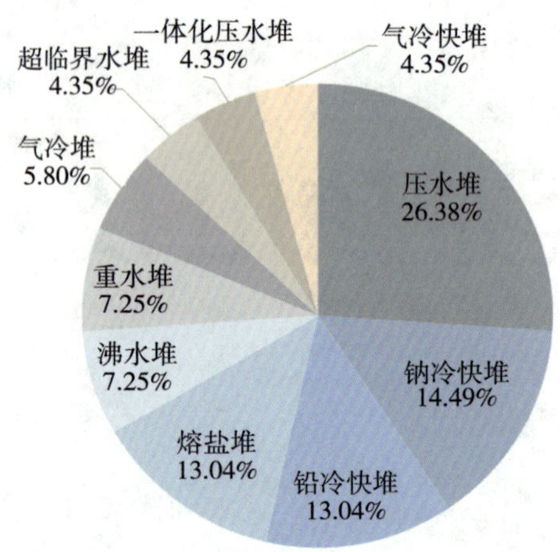

图5-1 先进堆型中各类堆型的占比情况

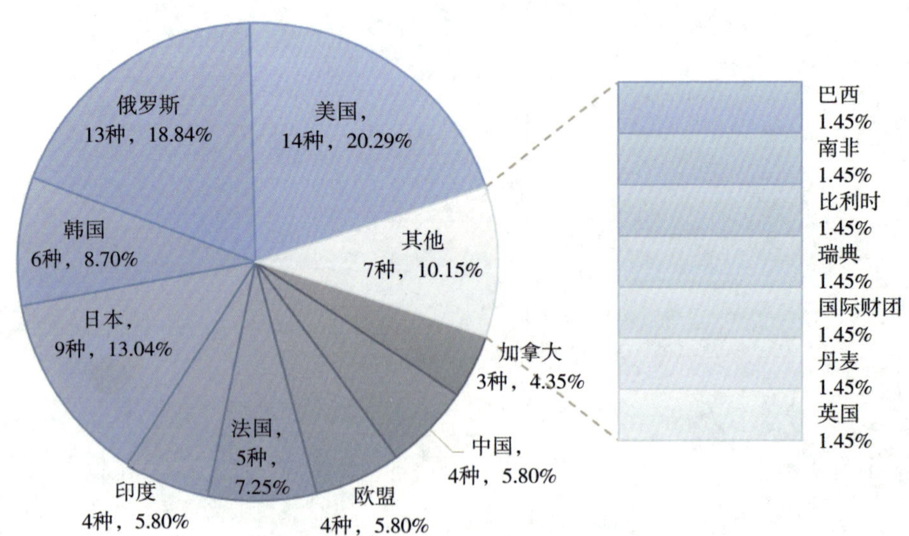

图5-2 各国先进堆型的数量和占比情况

5.1 大型压水堆

大型先进压水堆具有功率大、热转化效率高、燃耗高和安全性高等优点，成为近期核电发展的主力堆型，但是多数首堆存在拖期超概、建设成本高、经济性未充分体现等不足。大型先进压水堆在国内外市场具有较大的市场空间，各核电大国都在持续改进和优化，将是未来相当长的一段时间内核电发展的主流堆型。发展大型、技术先进、经济性好的压水堆核电机组是我国核电发展的一个重要方向。

5.1.1 世界概况

按照美国核电用户要求文件（URD）和欧洲核电用户要求文件（EUR）的要求，从 20 世纪 90 年代起，美国、俄罗斯、欧洲、韩国、日本等国外主要核电国家或地区发展了第三代核电技术，如 AP1000、EPR、VVER-1000/1200、APR1400、ABWR 和 ESBWR 等。在重水堆技术方面，加拿大还发展了加强型重水堆技术 EC6（Enhanced Candu-6）。

福岛核事故后，第三代压水堆核电技术成为世界新建核电机组的主力。从目前在建和投运的机组来看，第三代压水堆技术是当前世界核电发展的趋势，我国在建的机组也以第三代压水堆核电技术为主。全球大型先进水冷堆（压水堆、沸水堆、重水堆）已经部署（在运、在建）、已经完成研发设计等待部署和正在研发的情况如图 5-3 所示。

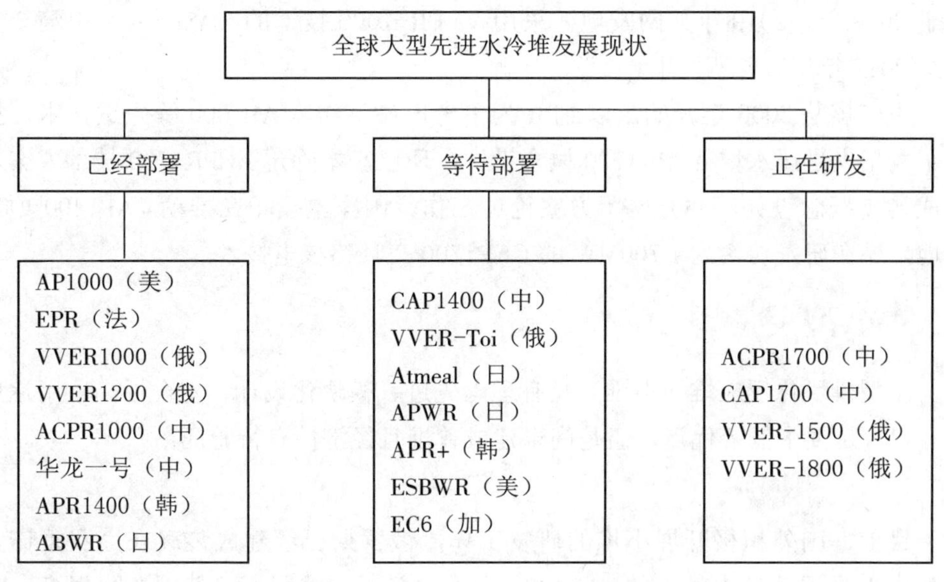

图 5-3 全球先进水冷堆发展现状

第三代压水堆核电技术已经实现商业推广，是近中期大规模部署的主力机型。美国 V.C. Summer 和 Vogtle 两座核电站采用 AP1000 技术建造 4 台机组，还批准 Levy Country 和 William Lee 核电站建造 4 台 AP1000 机组，目前已中止建设 V.C. Summer 核电站，取消建设 William Lee 核电站。芬兰奥尔基洛托和法国弗拉芒维尔正在各建 1 台 EPR 机组，其中奥尔基洛托机组进入冷试阶段。英国欣克利角 C 项目计划建造 2 台 EPR 机组。俄罗斯发展 VVER-1000（AES-91/92）和 VVER-1200（AES-2006）先进压水堆，包括很多子型号，采用 AES-92 的库丹库拉姆 1 号、2 号机组已经投运，采用 VVER-1200 技术的新沃罗涅日 6 号机组于 2016 年 8 月并网发电；还研发了更大功率的 VVER-Toi（AES-2010）技术，也对 VVER-1500 和 VVER-1800 进行概念设计或研发。韩国首台 APR1400 机组已投入商运，还有 3 台正在建设，出口到阿联酋的 4 台机组 2018 年后依次投入运行；韩国还研发了用于出口的电功率为 1 500MW 的三代加 APR+ 技术，2014 年获得韩国核安全与安保委员会颁发的设计合格证。采用我国“华龙一号”技术的巴基斯坦卡拉奇 2 号、3 号机组建设情况良好，阿根廷、英国也计划建设“华龙一号”机组。

5.1.2 中国概况

“华龙一号”已完成技术融合，正在福清和防城港各建造 2 台机组，其中福清 5 号机组完成穹顶吊装工作，进入设备安装阶段。采用 AP1000 技术的三门 1 号和海阳 1 号机组于 2018 年并网发电。采用 EPR 技术的台山 1 号、2 号机组分别于 2018 年、2019 年并网发电。采用 VVER-1000 技术的（ASE-91）田湾 3 号机组 2017 年年底并网发电。

中广核从 2008 年开始，以 EPR 为参考电站，结合 AP1000 等先进技术，推出了大型先进压水堆 ACPR1700 概念设计，现已基本确定 ACPR1700 技术方案，完成初步概念设计，并开展了方案论证工作。国家电投正在推动 CAP1400 项目落地，还在研发功率为 1 700MW 的 CAP1700 三环路核电技术。

5.2 小型反应堆

小型模块化反应堆（小堆）具有理念先进、模块化设计、安全性高、用途广泛和对厂址要求低等优点，但是尚未建成首堆且经济性有待验证。

5.2.1 世界概况

目前，国外积极开展小堆的研发工作，俄罗斯已经建成装载在“罗蒙诺索夫院士”号浮动核电站上的 KLT-40S 小堆。美国、俄罗斯、韩国、阿根廷、法国及英国等相继提出了小堆技术方案和研发计划。目前在建的小堆有阿根廷的 CAREM 和 BREST-OD-300，其他近期可能部署的小堆有美国巴威公司的 mPower、纽斯凯尔电力公司的 NuScale 小堆和韩国的 SMART 等。车载可移动模块化小型反应堆如图 5-4 所示。

美国于 2010 年将小堆列入联邦资助名单，启动小堆取证计划，计划到 2018 年前 2～3 种小堆获得 NRC 的设计认证，2020 年前获得 NRC 颁发的建造运行许可证，2030 年建成 20 座小堆。2012 年，美国能源部宣布投资 4.5 亿美元研发小型模块化反应堆。2013 年 3 月，美国能源部向巴威公司投资 1.5 亿美元用于研发 mPower 小堆。2013 年年底，美国能源部向纽斯凯尔电力公司投资 2.26 亿美元用于小型堆研发和许可证申请。2017 年，美国能源部资助霍尔台克公司 50 万美元，用于 SMR-160 小堆的研发。

图 5-4　车载可移动模块化小型反应堆

俄罗斯“罗蒙诺索夫院士”号浮动核电站装载 2 台 KLT-40S 小堆，正在进行测试。俄罗斯 2013 年计划建设 SVBR-100 铅铋冷却快堆，但还没有开工；已完成 BREST-300 铅冷快堆设计工作，并已开展前期准备工作。

韩国完成了供电、海水淡化、区域和工业供热的多用途小堆 SMART 方案设计。法国完成了水下 Flexblue 小堆方案设计。2012 年，阿根廷开工建造的功率为 27MW 的 CAREM 小堆，采用一体化模块式布置，可用作研究堆或海水淡化。英国希望在小堆研发中发挥主导作用，在开发本国技术的同时，也引进国外技术，计划在 2030 年建成首座小堆，2035 年装机容量达到 7GW。

5.2.2　中国概况

中核集团 ACP100 完成方案设计，通过 IAEA 的安全设计审查，完成首堆厂址初选工作，2019 年 7 月宣布启动“玲珑一号”（ACP100）示范工程，同时开发海上浮动堆。英国、加拿大、巴基斯坦、伊朗和沙特等国明确表达了引进ACP100的意愿，美国纽斯凯尔电力公司也表达了合作意愿。

中广核完成了ACPR100陆上小堆和ACPR50S海上小堆的设计方案，ACPR50S已经采购主设备。国家电投已完成CAP150/200小堆概念设计。

陆上小堆方面，我国还有多家单位在推进低温供热堆的研发应用。其中，清华大学研发的NHR200-Ⅱ型低温供热堆技术，采用一体化设计，为双层承压壳结构，具有自稳压、全功率自然循环和水力驱动控制棒等特点，安全性高、放射性隔离措施完善，目前中广核正在与清华大学推广该技术的工程应用。中核集团正在推进“燕龙”低温供热堆研发，该技术为游泳池式，反应堆工作在常压深水池内，与加压反应堆相比，系统和设备大大简化，具有“零”堆熔、“零”排放、无需厂外应急、易退役的技术特点。国家电投自主研发的200MW微压闭式回路供热堆HAPPY200采用了闭式回路，地下布置，用大容积水池作为常设安全设施，构成了无时限非能动安全系统。

2016年，IAEA在《Advance in Small Modular Reactor Technology Developments》报告中，对各种小堆的发展路线进行了规划，如图5-5所示。

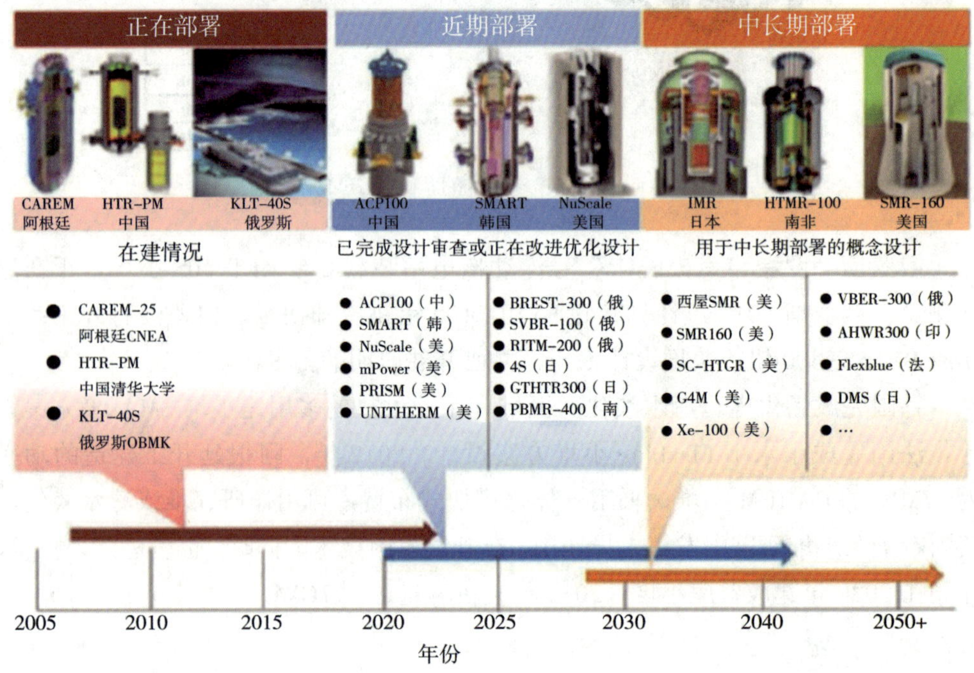

图5-5 小型模块化反应堆发展路线图（IAEA）

5.3 快堆

钠冷快堆具有铀资源利用率高、燃料增殖、嬗变长寿命核素、较好的经济性和安全性等优点，同时也存在容易发生钠火反应和腐蚀结构材料等缺点。

5.3.1 世界概况

俄罗斯、法国、美国、日本、印度、韩国等国研究的钠冷快堆有一定的代表性。俄罗斯建成并运行过 5 座钠冷快堆，分别是 BR-5/10、BOR-60、BN-350、BN-600 和 BN-800，已完成 BN-1200 初步设计，计划于 2030 年前建成 3 座 BN-1200 钠冷快堆。

美国从 20 世纪 40 年代开始研究钠冷快堆，先后建成并运行 7 座快堆，还有 2 座原型或示范快堆中止建设。当前美国快堆研究主要包括：全球核能伙伴计划（GNEP）中的 600MW 先进焚烧快堆 ABR，通用公司的 138MW 模块式快堆 PRISM。

法国设计并建设成 3 座钠冷快堆，分别为狂想曲实验快堆（Rapsodie）、原型凤凰堆（Phenix）及超凤凰堆（Super-Phenix），是世界上第一个运行过大型快堆的国家。2006 年，法国启动 600MW 的先进工业示范钠冷快堆 ASTRID 的预研究及设计工作，计划于 2019 年完成初步设计，2025 年达到首次临界。2011 年，法国投资 10 亿欧元用于未来核计划，其中 6.52 亿欧元用于 ASRID 项目。

日本建成 2 座快堆，分别是常阳实验快堆（Joyo）和文殊原型快堆（Monju）。目前，日本已决定正式关闭文殊快堆。日本原子能研究所（JAEA）正在研发日本钠冷快堆 JSFR，有 750MW 和 1 500MW 两种型号。2006 年启动“快堆循环技术开发项目（FaCT）”，计划于 2025 年建成钠冷示范快堆，2050 年建成商用快堆，未来利用快堆代替轻水堆发电。

印度开展钍铀循环快堆技术研究。1974 年开工建设实验快堆 FBTR，1984 年建成，1985 年临界，1997 年并网发电。2004 年开工建设原型快堆 PFBR，目前还在建设中。印度计划在 PFBR 的基础上，再建设 6 个商业快堆 CFBR（6×500MW，MOX 燃料）。

韩国于 1997—2001 年完成 KALIMER-150 概念设计，2002—2006 年完成 KALIMER-600 概念设计，2008 年提出先进钠冷快堆的长期发展计划。2011 年，韩美两国计划未来 10 年分三个阶段合作研究钠冷快堆，2028 年建成钠冷快堆示范电厂。

5.3.2 中国概况

我国已建成中国实验钠冷快堆（CEFR），形成较为系统的技术研究体系，具备建设示范快堆的基础。中核集团从 2011 年开始研发示范快堆 CFR600，确定总体技术方案，在霞浦已开展部分土建工程，已进行主设备招标工作。

5.4 高温气冷堆

高温气冷堆（HTR）具有放射性小、热效率高、出口温度高和易于防扩散等优点，同时也存在功率密度低、堆芯脆弱和后处理难度大等缺点。

5.4.1 世界概况

美国是高温气冷堆技术基础最强的国家之一。20 世纪 60 年代开始相关研究，建造了早期的实验堆和原型堆。80 年代初，提出模块化高温气冷堆的概念，通用原子能公司完成模块式高温气冷堆的概念设计。2005 年，美国批准了“下一代核电站（NGNP）”项目，目标是 2021 年前建成高温气冷堆核能热 / 电（或氢）联产，目前调整为工业供热和发电，产氢留待下一步实现，NGNP 项目的堆芯出口温度降到 750 ～ 850℃。目前进行关键技术攻关研究。

2014 年，日本发布战略能源发展规划，推动高温气冷堆技术发展，促进核能制氢等工业应用，提出未来 10 年高温气冷堆发展方向。日本已建成热功率为 30MWt 的高温气冷试验堆 HTTR，计划到 2020 年实现 HTTR 氦气透平发电，2023 年耦合 HTTR、氦气透平和高温制氢技术实现发电和制氢联产。日本提出 300MW 的高温气冷堆商业示范电站 GTHTR300/GTHTR300C 概念，用于发电和制氢，计划于 2030 年完成设计，2040 年前投入运行。

2000 年，欧盟启动 HTR-TN 计划，各国合作研发高温气冷堆。2011 年，在欧盟可持续核能技术平台（SNETP）的项目框架下，启动了核能热电联产项目（NC2I）。欧盟和美国共同启动 GEMINI 项目，在设计、许可证申请、示范工程建设等方面实现通力合作。

2006 年，韩国原子能研究院（KAERI）启动核能制氢项目。2008 年，启动核能制氢研发计划以及“核能制氢研发演示项目（NHDD）”长期计划，目标是设计并建造核能制氢系统，演示其安全性和可靠性，计划于 2022 年完成建设，2026 年完成原型演示。

南非对球床模块式高温气冷堆 PBMR 进行系统的研究，由于缺乏资金，现已推迟工程建设工作。

5.4.2 中国概况

我国高温气冷堆研究工作主要由清华大学承担，始于20世纪70年代，在“863”计划支持下建成10MW高温气冷实验堆HTR-10。在HTR-10的基础上，设计模块式高温气冷堆核电站示范工程HTR-PM。2012年12月，华能集团、中核建和清华大学开始建设HTR-PM，目前已经完成主设备安装工作，预计2020年建成发电。准备启动部署60万kW商用核电机组，目前正在开展选址工作。

配套设施方面，中核集团北方核燃料元件有限公司已经建成年产10万个球形燃料元件的中试生产线，年产30万个燃料元件的生产线进入调试阶段。

5.5 聚变堆

聚变堆具有燃料丰富、产能多、污染少和不产生放射性废物等优点，但是也存在技术难关多、对材料要求高、资金投入大和实现研究目标的时间不确定等不足。

核聚变是未来的理想能源，由于技术难度和经费投入大，国际上通过合作和技术共享进行聚变堆的研究。受控核聚变包括磁约束核聚变和惯性约束核聚变。

5.5.1 世界概况

在磁约束核聚变方面，托卡马克成为主要研究途径，国外相继建成并成功运行大型托卡马克装置，包括欧盟的JET、美国的TFTR、日本的JT-60U等。由中国、美国、欧盟、俄罗斯、日本和韩国共建的国际热核实验堆（ITER）已完成概念和工程设计，正在建设。国际上对于磁约束核聚变的研究处于实验设施建设阶段，建立了一些实验装置，以实现高脉冲模发电。2013年，欧洲聚变发展协会（EFDA）对欧洲磁约束核聚变的发展路线图进行了预测，如图5-6所示。

惯性约束核聚变（ICF）研究属于大科学工程范畴，国际上能够全面开展ICF研究的国家屈指可数，美国和法国有国家层面的研究计划，俄罗斯、日本、英国和德国等有规模不同的研究机构从事ICF研究。美国于2009年建成国家点火装置（NIF），开展了一系列靶物理和点火物理实验，取得重要成果。对惯性约束核聚变的研究以美国为主，已建立实验室点火装置，开展高温、高密度极端物理等基础前沿科学问题研究，将是未来惯性约束核聚变研究的主要方向。

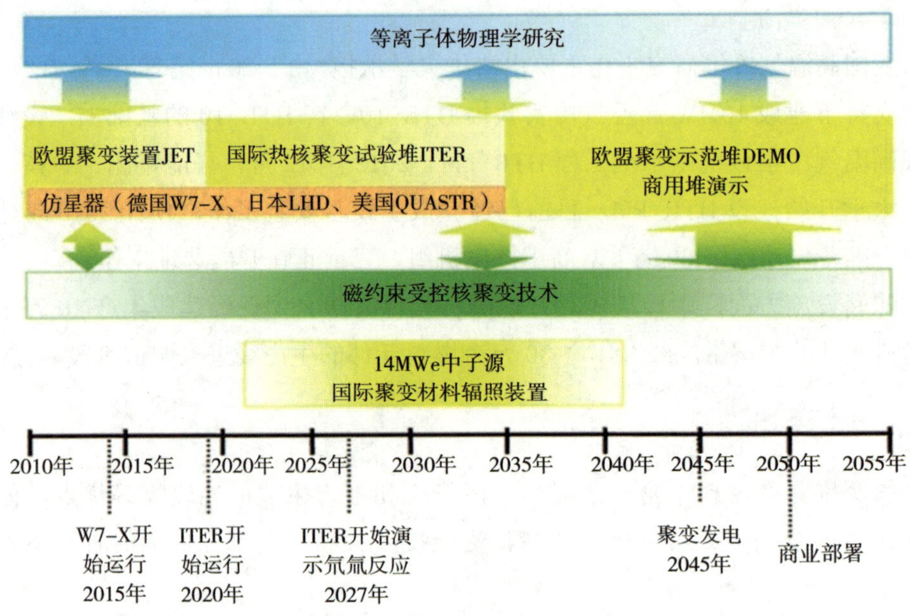

图 5-6 欧洲聚变发展协会预测的磁约束核聚变发展路线图

5.5.2 中国概况

我国紧跟国际步伐，在受控核聚变方面开展全面的研究。2008 年以来，在核能开发科学基金支持下，核聚变科学和工程成果显著。在磁约束核聚变方面，建成 HL-2A（中国环流器 2 号）和 EAST（东方超环）实验装置，成功实现高约束模（H-模）放电，标志着我国在 H- 模物理机制研究和运行方面跻身国际前沿。此外，完成 HL-2M（中国环流器 2 号改进型）设计，建成后将大幅提高等离子体参数。

在惯性约束核聚变方面，先后研制神光 I 、神光 II / 神光 II 升级、神光 III 原型 / 神光 III 以及星光系列激光装置，形成了较完整的激光聚变研究体系。同时，还研制了“聚龙一号”装置，开展了 Z 箍缩惯性约束核聚变物理研究。目前，我国激光聚变研究正在向实现聚变点火和攻克高能高密度科技难题的目标稳步推进。我国在磁约束核聚变和惯性约束核聚变方面建立了一些实验装置，正在开展基础问题和关键技术攻关研究。

5.6 其他反应堆

5.6.1 铅冷快堆

铅铋冷却快堆是第四代核能系统六种堆型之一，近年来有较为明显的加速发展趋势。铅冷快堆冷却剂性能好，运行压力低，但是对结构材料腐蚀和磨蚀作用严重，冷却剂的不透明性也增加了检修的难度。

1. 世界概况

铅铋快堆是苏联20世纪50年代提出的，建成了8艘阿尔法级核潜艇和2台陆地试验装置，积累了80多堆·年的运行经验。目前，俄罗斯正在建设使用铅铋快堆的885M型核潜艇。俄罗斯发布了SVBR-75/100技术，计划2019年建成SVBR-100示范堆，但是现在还没有开工建设。俄罗斯还研发了BREST-300/700铅冷快堆，2014年9月完成BREST-300的方案设计，目前正在托木斯克西伯利亚化学联合体内开展建设BREST-300实验堆的前期准备工作。

国外开展的其他铅冷快堆项目有美国的SSTAR、欧盟的ELSY、日本的LSPR和瑞典的SEALER项目等。研究方向为系统整合与评估、燃料开发、铅铋合金冷却技术与材料、系统与部件设计等，建造了多个试验台架，如美国LANL的DELTA、德国FZK的THESYS、法国CEA的STELLA和日本三井船舶工程的MES-LOOP2001等。

2. 中国概况

中国原子能科学研究院有较好的液态金属冷却堆研究基础，如钠冷快堆、启明星和ADS嬗变系统的工程经验，建立了铅铋快堆嬗变专用核数据库。面向应用，提出了基于“深海空间站”的5兆瓦级“中国潜龙”等型号开发计划。

中国核动力研究设计院自2011年开始研究50兆瓦级一体化铅铋合金冷却快堆核动力装置，2017年上半年建成铅铋合金热工和材料性能试验台架。面向应用，提出了50兆瓦级一体化舰船核动力装置多用途堆等型号的开发计划。

此外，中科院、中广核、国家电投都在开展铅铋快堆相关研究。中科院实施先导科技专项“未来先进核裂变能-ADS嬗变系统”，已经进入建堆阶段。中科院核能安全技术研究所一直在宣传集装箱大小可移动的铅冷快堆核电宝。中广核与中科院兰州近代物理研究所合作，提出在惠州建设10MW铅铋快堆示范工程。国家电投完成BB堆（“Breed & Burn”嬗变铅铋快堆）概念设计。

5.6.2 超临界水冷堆

超临界水冷堆（SCWR）具有热效率高、经济性好、系统简化和技术继承性好等优点，也存在对结构材料要求高、汽轮机等设备受放射性影响等缺点。

1. 世界概况

美国、欧盟、加拿大、日本、韩国、俄罗斯等9个国家和地区开展了SCWR研究，提出了热 / 快中子谱 SCWR、混合中子谱 SCWR、球床 SCWR 和重水 SCWR 等概念设计，预计 2020 年完成性能研究，2025 年完成试验验证，2030 年前后实现商业应用。

美国 20 世纪五六十年代开始研究 SCWR，用于飞机推进动力；60 年代初，开展 1 000MW 超临界直接循环 SCOTT-R 的研究、设计和部分试验；90 年代末，进行 SCWR 的预概念设计、材料、流动传热及辐照化学等基础科学问题研究。2003 年，启动 SCWR 研究计划。美国在核能研究计划（NERI）的框架下，提供大额经费，研究先进核能和核能制氢，但是没有明确的 SCWR 研究计划。

2000—2002 年，欧盟在第 5 框架计划下启动欧洲高性能轻水堆（HPLWR）第一阶段的研究工作，由德国卡尔斯鲁厄研究中心（FZK）牵头，欧洲 7 个研究机构参与，开展预概念设计和可行性研究。2006 年，在第 6 框架计划下，FZK 联合欧洲 8 个国家（捷克、芬兰、法国、德国、匈牙利、荷兰、瑞典和瑞士）的 10 个研究机构开展第二阶段研究工作，主要研究 HPLWR 关键科学问题和进行技术可行性论证。2010 年，HPLWR 第二阶段已经完成，编制了最终评估报告，确定了热中子谱 HPLWR 概念设计，提出了发展规划和工业发展战略。欧盟正在开展 SCWR 核燃料辐照回路设计，已在捷克 LVR-15 研究堆上建造。

日本最早提出现代 SCWR 的概念。东京大学在 1989 年提出 SCWR 概念。1994—1995 年，东京电力公司联合三菱重工、日立和东芝，对东京大学的 SCWR 进行可行性研究，认为其在技术上是可行的，经济性取决于冷却剂出口温度。2000 年，日本启动“SCWR 实用化相关技术研究”的第一个五年计划项目。2002 年，启动了“辐射场下超临界压力水的水化学基础研发计划”项目。2004 年，启动了“超临界水冷堆材料研发”的第二阶段项目。目前，日本有两大团队研究超临界水冷堆，一个由日本东京大学牵头，开展快中子谱 SCWR 研究；另一个由东芝公司牵头，开展热中子谱 SCWR 研究。日本已经完成热中子谱 SCWR 概念设计，正在进行工业应用研究。日本的 SCWR 采用压力容器堆芯结构，中子能谱为热中子，以轻水为慢化剂和冷却剂，热功率为 2 740MWt，电功率为 1 217MW，循环热效率为 44.4%，堆芯运行压力为 25MPa，进出口温度分别为 280℃和 530℃，总质量流量为 1 342kg/s，燃料最大线功率为 39kW/s。

加拿大的 SCWR 研究由加拿大原子能有限公司牵头，研究压力管式紧凑型 CANDU 超临界水冷堆，分为两个阶段。第一阶段是预概念和相关基础科学研究，2011 年 3 月完成；第二阶段是概念设计研究，2015 年完成。

韩国的 SCWR 由韩国原子能研究所牵头研究。韩国以加入 GIF SCWR 国际工作组、跟踪国际动态的方式，开展 SCWR 关键技术研究。2007 年 3 月，启动为期 3 年的 SCWR 可行性研究，为 SCWR 的开发提供基本原理、方法和策略等。

俄罗斯有 4 家单位共同研发和设计 SCWR，科研工作主要由俄罗斯物理和动力工程研究院承担，在 VVER 的基础上研究压力容器式快中子谱超临界水冷堆 VVER-SCP。在工程建设方面，提出了试验堆 - 原型堆 - 商用堆的“三步走”规划。

2. 中国概况

中国核动力研究设计院自 2003 年开始跟踪研究 SCWR，2006 年全面启动研究工作，2009 年承担国防科工局 SCWR 研发项目（第一阶段 2010—2014 年）。2010 年，牵头开展 SCWR 技术协作；2014 年，完成 SCWR 第一阶段研究工作，提出超临界水冷堆总体技术路线，完成中国百万千瓦超临界水冷堆 CSR1000 的总体设计方案和材料选型方案，同时完成关键技术基础研究，初步构建了设计与试验研究平台体系。我国的 SCWR 技术路线分为 5 个阶段，一直持续到 2025 年。其中，2014—2017 年为第二阶段，实施科学技术研发；2017—2021 年为第三阶段，实施工程技术研发；2019—2023 年为第四阶段，设计建造实验堆；2022—2025 年为第五阶段，实施百万千瓦级 SCWR 标准设计研究。

5.6.3 熔盐堆

熔盐堆具有堆芯结构简单、使用钍元素做燃料、不停堆换料等优点，同时也存在回路放射性强、结构材料腐蚀严重、后处理复杂等缺点。

近年来世界关于熔盐堆的研究日渐增加，形成两种主要的概念堆型——液态燃料熔盐堆（MSR-LF）和固态燃料熔盐堆（MSR-SF，也称氟盐冷却高温堆 FHR）。

1. 世界概况

熔盐堆源自美国空军核动力飞机。1947 年，美国橡树岭国家实验室（ORNL）

提出熔盐堆概念。1954 年，ORNL 建成熔盐实验堆 ARE，功率为 2.5MWt。1965 年，ORNL 建成 8MWt 的液态燃料熔盐实验堆（MSRE），满功率运行了近 5 年，是迄今为止唯一一个液态燃料反应堆。1970 年，ORNL 提出单回路 2 250MWt 熔盐增殖堆（MSBR）的概念设计。2001 年，ORNL、桑迪亚国家实验室（SNL）和加州伯克利大学（UCB）提出先进高温反应堆（AHTR）概念，使用包覆颗粒燃料和氟盐冷却剂，已完成了棱柱燃料、棒状燃料、球床燃料和板状燃料 4 种具体设计。2009 年，UCB 提出 900MWt 的 FHR 的概念设计。2011 年，美国能源部启动基于 FHR 的球床先进高温堆（PB-AHTR）的概念设计，已经从初步设计向工程设计过渡。此外，美国 Martingale 公司 2015 年公布了 ThorCon 热中子熔盐堆概念设计，以 MSRE 为基础，电功率为 250MW，建造周期 4 年。

在法国主导下，欧盟和俄罗斯参与研究快中子谱熔盐堆（MSFR）。MSFR 是法国国家科学研究中心（CNRS）2004 年提出的，采用 233U 和超铀元素为启堆燃料，热功率为 3 000MWt，电功率为 1 350MW。法国、欧盟和俄罗斯为了解决 MSFR 堆芯、后处理和废物处理等方面的问题，启动了“熔盐锕系元素再循环与嬗变堆”（MOSART）、“熔盐中次锕系元素的回收”（MARS）、“液体燃料快堆系统可行性评估”“熔盐和熔盐堆技术（EVOL）（MOST）”和“液态盐创新应用评估（ALISIA）”等专项研究项目。捷克 LR-0 反应堆将用于验证 MSFR 的中子模型。

日本富士公司的 FUJI-MSR 是一个 100MW 的准增殖熔盐堆概念设计，源于美国 MSBR，由日本、美国、俄罗斯联合开发，计划建造钍－铀增殖堆。

印度正在研究液态燃料钍基熔盐堆，韩国已启动固态燃料熔盐堆基础研究。

2. 中国概况

20 世纪 70 年代初，我国选择钍基熔盐堆作为民用核能研究的起点。1971 年建成零功率熔盐堆。2011 年，中科院将钍基熔盐堆核能系统（TMSR）列入战略先导科技专项，制定了 20 年分三步走的发展规划，分别建成 2MW 的液态燃料实验堆，10MW 固态燃料实验堆和 100MW 钍基熔盐示范堆。目前，中科院完成了 2MW 液态燃料熔盐实验堆和 10MW 固态燃料熔盐实验堆的概念设计，开始进行 10MW 固态燃料熔盐实验堆的工程设计。

2018 年 3 月，甘肃省住房和城乡建设厅官网公布了《关于钍基熔盐堆核能系统实验平台项目规划选址的公示》和《关于钍基熔盐堆核能系统实验平台配套项目规划选址的公示》。中科院上海应用物理研究所向甘肃省住建厅报送了钍基熔盐堆核能系统实验平台项目及配套项目，拟选址于武威市民勤县红砂岗工业集聚区，主要建设钍基熔盐堆的主体装置厂房、辅助工艺系统等，以及钍基熔盐堆配套项目。中科院上海应用物理研究所是TMSR项目落地民勤的执行单位。甘肃省是核能产业和清洁能源产业大省，钍基熔盐堆所需的钍、盐等关键原材料均有良好基础，且民勤三面被沙漠包围、降水稀少、光照充足的地理条件也非常适合钍基熔盐堆核能系统落地。

5.6.4 气冷快堆

气冷快堆（GFR）是一种高温氦气冷却的快中子反应堆，采用闭式燃料循环。GFR采用与钠冷快堆（SFR）同样的燃料循环工艺，而反应堆技术则与超高温气冷堆（VHTR）相同，因此，其发展路径尽可能依赖于为SFR和VHTR开发的技术。除了当前和未来为VHTR系统研发的技术之外，对GFR还要做一些专门的研发工作，主要是堆芯设计和安全措施。

1. 世界概况

2006年，欧洲原子能委员会、法国、日本和瑞士签署《气冷快堆系统安排》。起初，法国对气冷快堆研究非常活跃，在概念设计、安全评估和燃料研发等方面做了大量工作。2010年，法国将研究重点重新转向钠冷快堆，导致气冷快堆研究经费下降。2011年福岛核事故后，日本改变了发展气冷快堆的技术路线。瑞士也在削减研究经费，但程度稍微轻一些。

虽然国家层面削减了气冷快堆的研究经费，但是欧洲原子能委员会的一些科研机构没有中断研究。这些研究机构是GoFastR项目（欧洲原子能委员会第7个框架计划）的成员，受欧洲原子能委员会资助。GoFastR项目是欧洲原子能委员会支持气冷快堆研发工作的主要渠道。

ALLEGRO是法国提议的小型气冷实验快堆，热功率为75MWt，原名为ETDR。ALLEGRO有望成为唯一一座拟建的气冷实验堆。2010年，捷克、斯洛伐克和匈牙利共同签署了《谅解备忘录》，旨在相互支持其中一方投标获得ALLEGRO的主办权，同时确保另外两个合作伙伴向成功获得主办权的一方提供技术和行政支持。2012年，波兰加入该联盟。2013年，该联盟成为一个由斯洛伐克VUJE核电集团领导的法律实体。该联盟的4个国家成立了维斯格拉德4国（V4）研究中心，作为ALLEGRO的研发中心，称为V4G4中心。V4G4是当前世界研究气冷快堆最重要的机构。

2. 中国概况

清华大学曾对气冷快堆进行过尝试性的初步研究，对燃料组件的均匀化、燃耗程序的开发进行了初步学术研究，但没有开展更加深入的验证。之后，我国再没有开展过相关工作。在第四代核能系统中，气冷快堆是我国唯一没有深入研究的核能系统。

第6章

核电发展形势与挑战

核能作为我国现代能源体系的重要组成部分，在助力生态文明建设、推动可持续发展、确保国家能源安全、实现我国能源转型、提升经济发展质量效益、助力“中国制造 2025”、提升我国在全球能源治理中的话语权、兑现大国承诺等方面具有重要的作用与地位。当前，我国核能发展机遇与挑战并存。在机遇方面，我国经济和能源需求的增长态势持续向好；在安全性、经济性提升的基础上，核能发电的成本和效率优势相对于化石能源更为凸显；核能在构建我国现代能源体系中的作用和地位具有不可替代的优势。在挑战方面，我国核能发展依然面临着安全性、经济性、放射性废物管理和公众接受度等诸多挑战。

6.1 核电发展形势

6.1.1 能源低碳化需求

核能是构建我国现代能源体系的重要组成部分，在推进我国能源结构向绿色低碳、高质量发展中仍具有不可替代性。

核电是目前唯一可以大规模替代化石燃料的清洁高效低碳能源，也是现阶段最主要的低碳能源。核能发电本身不产生温室气体排放，一座百万千瓦电功率核电站每年发电量相当于减少二氧化碳排放 600 多万 t。2018 年我国商运核电机组累计发电量为 2 865.11 亿 kW・h，相当于减少燃烧标准煤 8 824.54 万 t，减少排放二氧化碳 23 120.29 万 t，减少排放二氧化硫 75.01 万 t，减少排放氮氧化物 65.30 万 t。

全球能源转型进程快于预期，清洁能源已经成为全球能源消费增长的主导力量。但目前我国清洁能源消费占比还不高，核电作为低碳清洁能源是未来新能源的重要组成部分。电能替代和清洁替代（简称“两个替代”）既是推动我国清洁、绿色发展，践行“绿水青山就是金山银山”理念的主要方式，也代表着全球能源发展的大趋势与治理新架构。以电代煤、以电代油，提高电能在终端能源消费中的比重，能从根本上解决化石能源污染和温室气体排放问题。以清洁能源替代化石能源，可实现能源结构从化石能源为主向清洁能源为主的转变，实现能源消费高效化、低碳化和清洁化，助推生态文明建设。

核电具有清洁低碳、能量密度大、换料周期长、高负荷因子和供给可靠性高等特点，在“两个替代”能源生产和消费革命转型中，具有不可比拟的优势。我国目前核电装机容量占比仅为2.36%，远低于全球12%的水平，核电未来提升空间巨大。

6.1.2 能源多样性需求

在能源多样性协调发展需求方面，核电规模化发展的基础更加完备，与风电、光伏等其他非化石能源将形成协调发展的局面。

时隔三年，我国正式开启新的常规核电项目审批。2019年1月30日，中核集团漳州核电一期项目1号、2号机组，以及中广核惠州太平岭核电一期项目1号、2号机组获得核准，均采用“华龙一号”融合方案。国家电投山东荣成核电项目获批（两台），采用CAP1400技术路线（国和一号）。至此，我国核电发展迈入年开工6～8台“规划节奏”。

中国电力企业联合会（简称中电联）2019年1月29日发布的《2018—2019年度全国电力供需形势分析预测报告》显示，我国发电装机绿色转型持续推进。全国新增发电装机容量1.2亿kW，新增非化石能源发电装机占新增总装机的73.0%，其中，核电装机容量4 466万kW。全国全口径发电量6.99万亿kW·h，同比增长8.4%。其中，非化石能源发电量2.16万亿kW·h，同比增长11.1%；占总发电量的比例为30.9%，比上年提高0.6个百分点。全国并网太阳能发电、风电、核电发电量分别为1 775亿、3 660亿、2 944亿kW·h，同比分别增长50.8%、20.2%和18.6%。2019年年底全国发电装机容量为20.1亿kW，同比增长5.5%左右。其中，水电3.6亿kW、并网风电2.1亿kW、并网太阳能发电2.0亿kW、核电5 000万kW。非化石能源发电装机容量合计8.2亿kW左右，占总装机容量的比例为41%左右。核电与其他非化石能源在提高我国清洁能源比重方面将形成互为补充、协同发展的局面。

6.1.3 电力增长需求

电力需求稳步增长，核电消纳将进一步得到缓解。

根据国家能源局数据，2019年，全社会用电量为72 255亿kW·h，同比增长4.5%。其中，一产、二产、三产和居民生活用电量分别同比增长4.5%、3.1%、9.5%和5.7%，三产用电继续保持较快增长。受新冠肺炎疫情影响，中电联初步预计 2020 年全社会用电量同比增长 2% ～ 3%。

2019 年，我国在运核电机组 47 台，装机容量为 4 875.116 万 kW（额定装机容量）；核电累计发电量为 3 481.31 亿 kW · h，同比增长 18.15%，约占全国累计发电量的 4.88%。2019 年，我国核电设备利用小时数为 7 346.22h，平均能力因子为 92.36%。核电平稳运行，利用率保持较高水平。在《清洁能源消纳行动计划（2018—2020 年）》中指出，2019 年核电基本实现安全保障性消纳，2020 年核电实现保障性消纳。此外，我国核电上网电价已经和燃煤火电标杆电价相当，低于天然气发电、风电、太阳能发电价格，经济优势明显。未来，核电在推动建立清洁能源消纳长效机制、促进清洁能源高质量发展、推动我国清洁能源结构调整等方面发挥的作用将愈加凸显。

6.1.4 核电的标准化建设

三代核电的标准化、规模化建设，将推动核电经济性持续提升。

2018 年，三代核电技术在我国密集落地。三门核电、海阳核电采用的美国 AP1000 核电技术，台山核电采用的法国 EPR 技术，均为三代核电技术。相比二代核电技术，第三代核电技术具有更高的安全性和先进性，但因新技术研发及工程示范的各种代价等原因，首批三代项目建设成本高，项目单位造价明显高于二代改进型核电。随着三代核电首批项目建成，系统设计、关键设备制造、施工建造、调试等各阶段的技术、工艺流程均得到验证和固化，后续三代核电的关键设备国产化、标准化具备了良好的基础；同时国内外 6 台“华龙一号”机组工程建设经验持续反馈，后续工程设计不断优化。近期批量化建设的三代核电项目造价可大幅降低，远期规模化建设后的三代核电项目在单位造价和上网电价上能够逐步接近二代改进型核电的水平。

6.1.5 核科技创新需求

核能的发展前景长期被看好，核科技创新始终是核大国追求的战略制高点，自主掌握核心技术对我国更为关键。

通过创新性的系统集成和工艺设计，核能可实现在发电、制热、制氢和海水淡化等多领域的最大化应用。美国、俄罗斯都在加大先进反应堆的研发，核能的发展前景被长期看好。如全球多个国家正在加快推广应用小堆技术，并将其列入本国核能发展战略。美国将小型反应堆作为其占领核能技术制高点的重要选择，计划到 2025 年左右实现小堆部署。与美、俄核强国相比，我国的核能科技创新能力总体还不强，部分核能技术、设备与零部件、材料还存在受制于人的短板。

习近平总书记指出："核心技术是国之重器，最关键最核心的技术要立足自主创新、自立自强。市场换不来核心技术，有钱也买不来核心技术，必须靠自己研发、自己发展"。核能技术政治敏感，核领域关键核心技术是要不来、买不来、讨不来的。世界核能技术在持续快速发展，我国虽然已迈入世界核电先进国家行列，但同美国、俄罗斯、英国和法国等老牌核电先进国家在核电技术研发、装备制造等方面还存在差距。正如国际原子能机构报告中所讲："就所有民用核能活动而言，可以认为法国和俄罗斯在当下全球领先。同时，中国在核电站建设方面正在取得重大突破，是未来的潜在领先国家之一。"科技创新在引领我国核能技术迈进世界前列进程中的重要性愈加凸显。

6.2 核电发展面临的主要挑战

6.2.1 安全性

随着核电的发展，国内核能行业始终致力于推进核能技术的不断创新，持续提高核电技术的安全性。我国正在建设的三代反应堆项目，除了采取改进型第二代反应堆采用的安全改进措施外，还增设了反应堆堆芯捕集器，或者设置防止反应堆压力容器融穿的系统，设置冷却熔化堆芯的安全壳内换料水箱，以及一系列备用电源。为缓解类似"911"恐怖袭击中坠机所造成的事故后果，设置双层安全壳，并配备相应的冷却系统。所有这些安全手段结合在一起，使反应堆高压熔融事故概率达到二代加机型的1/10，并保证事故发生时几乎所有的安全功能均基本可控。实施长期操作员干预策略减少了人因错误，大大减轻严重事故的放射性后果。"无需永久迁居、核电站周边地区无需紧急撤离、有限的人员庇护、无需长期的食品消费限制"的目标已实现。

但是，在核能发展中，安全始终是首要问题。核能对安全的要求远远高于其他能源产业，一旦出现核事故，不但核能发展将受到影响，而且会危及社会稳定乃至政局稳定。在西方国家，由于三里岛和切尔诺贝利核事故的发生，核能领域一度遭受冷遇，20多年的时间里核能的发展明显放缓，几乎没有启动新的核电项目，核电站技术人员也少有新鲜血液加入。在我国，核安全是国家安全的重要组成部分，是保障核能事业持续、稳定、健康发展的生命线。核电的安全性事关国家利益与安全、人民生命和财产，以及生态环境。由于核电规模的不断扩大，多种堆型和标准并存，新技术的开发应用对核电的安全性提出了更高、更严格的要求。必须要高度重视核电安全，统筹好核电安全与发展的关系，进一步完善核电法规标准体系，提高核安全基础科研能力，加强核安全监管，推进核安全文化建设，优化改进核电建设全过程安全管理与质量保证，持续提高核电站运行业绩水平，提升核事故应急准备与响应水平。

6.2.2 经济性

核电是一个长寿命周期行业，需要大量的前期投资，需要得到金融与信贷机构的充足资金支持，融资和成本问题是制约核电项目的重要因素。当前核电经济性面临种种挑战。首先，福岛核事故后全球对核电在役机组安全改进投入加大，对新建核电项目的安全标准提高，使得新建项目投资加大；其次，在建三代核电项目的一些首堆和首批工程因工程实施的复杂性、无现成经验可借鉴、设计变更频繁等原因使得建造工期延长，成本进一步增加；第三，在我国经济总体增速放缓、能源革命、电力市场改革不断推进的影响下，国内在运核电机组不同程度地面临降负荷运行，2014 年以来核电设备年利用小时数持续下滑，核发电量损失较大，核电参与电力市场交易，电价下行愈加显现。与此同时，在国家大力支持下，可再生能源近年来快速发展，发电成本持续下降，使得核电的经济竞争力面临挑战。

核能行业迫切需要通过改进优化设计、建安一体化、模块化制造、标准化与批量化建设等多手段，降低三代核电项目工程造价；优化营运管理，降低运维成本；同时要积极参与电力市场竞争，增强核电站运行灵活性，以适应电力体制改革的需要。

6.2.3 放射性废物管理

核电及核燃料循环设施产生的放射性废物因具有放射性而受到众多国家和公众的广泛关注。如何防止放射性废物释放进入环境，并可靠安全地处理处置，从而保护人类的健康与安全，成为核能发展必须应对的挑战之一。目前最切实可行的解决方案是将高放射性废物或乏燃料放在深地质处置库中长期贮存。国际上不少国家早已开展地下实验室研究工作和处置库建设，地质处置关键技术取得许多重要进展。但由于国际上尚无完整的工程应用实践与经验可供借鉴，部分公众对这个问题仍存在疑虑和担心。

随着我国核电的快速、规模发展，核电站及配套的核燃料循环产生的放射性废物将会越来越多，实现放射性废物的有效管理与最终安全处置是迫切需要考虑的关键问题。当前，我国核电站运行产生的乏燃料和放射性废物是全部受控的，从反应堆卸出的乏燃料被贮存在乏燃料水池中，且接受严格的管控。我国正在建设干法贮存设施，提高离堆贮存能力，建设完善公－海－铁联合的运输体系，已经初步掌握冷坩埚玻璃固化技术，为将来高放射性废液处理的工程化应用打下基础。我国采取闭式循环策略，通过乏燃料后处理，可以大大减少放射性废物量。我国正在加强技术攻关和专项投入，统筹安排推进乏燃料贮存、运输、后处理与高放射性废物地质处置等项目实施。通过未来几十年的持续努力，一定能够实现放射性废物的最终安全处置。

6.2.4 公众接受度

公众通常把潜在的灾难、不可控制和未知视为核能的直观特征，认为核辐射风险要高于其他能源行业的风险。三里岛核事故、切尔诺贝利核事故和福岛核事故更是引发了部分公众对核电站的担忧。公众对于风险信息的获取和可信度非常敏感。因为风险信息不完整，公众对风险的恐惧往往会上升，进而导致对提供的信息丧失信心。在福岛核事故中，铺天盖地的媒体报道将“氢爆炸”与“核爆炸”混为一谈，也致使公众恐慌加剧。

随着我国核电发展不断提速，核电的社会稳定风险及其应对工作越来越受到重视，国内公众对于涉核事件的敏感度正不断提升。公众是否支持核设施建设与运行，是否对核能利用有正确客观的认知，关系到我国核电发展的社会基础是否稳固。近年来，部分涉核项目存在公众沟通不足、宣传不到位、处理不当等原因，导致一些地区的部分公众对核能项目持反对态度，一些突发的社会事件使得个别涉核项目停建，影响了我国核能产业的布局和发展，对社会稳定造成不利影响，甚至会对核电发展的后续决策产生重要影响。为此，国家颁布《核安全法》，正在积极推进《原子能法》《核损害赔偿法》等立法工作，完善核领域防范和化解环境社会风险的相关政策制度，做到有法可依，保障公众的知情权、参与权和监督权；通过正确宣传、科学理性普及核科学知识，完善沟通方式，实现重大涉核项目信息公开，让公众了解核电，正确认识核电，支持核电建设与发展，合理解决核电项目中利益相关方的利益诉求，充分考虑当地经济社会发展和群众的长远利益，为核电发展营造良好的社会环境。

第 7 章

核能的技术路线

当前，新一轮能源技术革命正在孕育兴起，新的能源科技成果不断涌现，正在并将持续改变世界能源格局。三代核电技术逐渐成为新建机组主流技术，第四代核电技术、模块化小型堆技术也正在快速取得突破。我国采取压水堆 - 快堆 - 聚变堆三步走战略，在 2035 年前，自主三代压水堆技术将是国内新建核电站的主力堆型，“华龙一号”、CAP1400 将在国内规模化发展。随着快堆、高温堆示范工程建设的顺利推进，以及其他先进核能系统与核燃料循环技术与能力的进步，到 2035 年后，我国核能的生产方式将向压水堆与包括快堆在内的先进核能系统匹配发展的方向转变。预计 2050 年，聚变示范堆的开发有望取得实质性进展。因此，面向未来，核能技术将迭代创新，应用日益多样，安全性不断提升，综合经济和社会效益进一步放大。

7.1　先进核能技术

7.1.1　战略方向

1. 核能资源勘探开发利用

重点研究深部铀资源勘探开发理论技术，高效、智能化新一代地浸采铀技术，非常规铀资源（主要包括黑色岩系型、磷块岩型、盐湖和海水中的铀资源等）开发利用技术，并适时建设示范工程。

2. 先进核燃料元件

加快自主先进压水堆核燃料元件示范及推广应用，自主开发新一代具有更高安全性、经济性的压水堆燃料元件。完善先进燃料研发、制造和应用体系，加快智能制造在核燃料设计制造领域的应用。

3. 新一代反应堆关键技术

加快建设快堆、先进模块化小型堆示范工程，构建先进核燃料循环系统；突破超高温气冷堆的关键技术装备及配套用热工艺；创新熔盐堆、行波堆、空间堆和聚裂变混合堆等基础理论，突破关键技术。

4. 聚变堆

开展关键技术装备攻关，自主设计建造聚变工程技术试验平台（FETP），适时建造核聚变堆示范工程。

7.1.2　创新目标

1. 2025 年目标

1）核能资源勘探开发利用技术。创新深部铀成矿理论，实用性综合勘查深度达到 1 500m。实现埋深 800m 以内的可地浸砂岩铀资源经济开发利用，建成千吨级数字化示范工程。黑色岩系型等低品位铀资源浸出率＞80%。获得先进的盐湖、海水提铀功能材料，完成提铀放大工艺优化设计及配套装置加工。

2）核燃料技术。实现自主先进核燃料元件的应用；事故容错燃料元件、环形燃料元件初步具备辐照考验条件；研制出 MOX 燃料示范快堆考验组件并完成辐照考验。

3）反应堆技术。示范快堆建成实现并网发电；完成超高温气冷堆在 950℃高温运行及核能制氢的可行性论证，建设高温气冷堆 700℃工艺热示范工程；完成先进模块化小型堆示范工程（包括海上核动力平台）建设。熔盐堆、聚裂变混合堆等先进堆型关键材料及部分技术取得重要突破；提高聚变堆等离子体的参数和品质，设计建造聚变工程技术试验平台（FETP）。

2. 2030 年目标

1）核能资源勘探开发利用技术。形成国际领先的深部铀成矿理论及技术体系；实现深度 1 000m 以内的可地浸砂岩智能化、绿色化经济开发利用；建成黑色岩系型等低品位铀资源综合回收示范工程，完成盐湖、海水连续提铀试验装置并获得技术经济评估参数。

2）核燃料技术。具备国际领先的核燃料研发设计能力，事故容错燃料先导棒/先导组件完成商用堆辐照考验，初步实现环形元件在压水堆核电站商业运行；MOX 组件批量化生产运行管理技术达到国际先进水平，快堆金属元件具备规模化应用条件。

3）反应堆技术。第三代压水堆技术处于国际领先水平，实现系列化发展；突破百万千瓦级商用增殖快堆电站关键技术；建设完成 950℃超高温气冷堆及高温热应用商业化工程；先进模块化小型堆技术实现规模化应用；熔盐堆等先进堆型关键设备材料取得重大突破，具备建设示范工程的条件；掌握聚变堆芯燃烧等离子体的试验、运行和控制技术，开展聚变示范堆（DEMO）的设计。

3. 2050 年展望

完全掌握成矿理论，深部铀资源、非常规铀资源开发具备规模化经济开采能力，保障核能的长久发展。核燃料自主设计能力进入世界先进水平，智能制造、柔性制造等先进技术广泛应用。四代核能系统全面实现“可持续性、安全性、经济性和核不扩散”的要求，核能在供热、化工、制氢和冶金等方面具备规模建设条件。建设百万千瓦量级聚变原型电站，实现核聚变能源商用化应用。

我国先进核能技术发展路线图如图 7-1 所示。

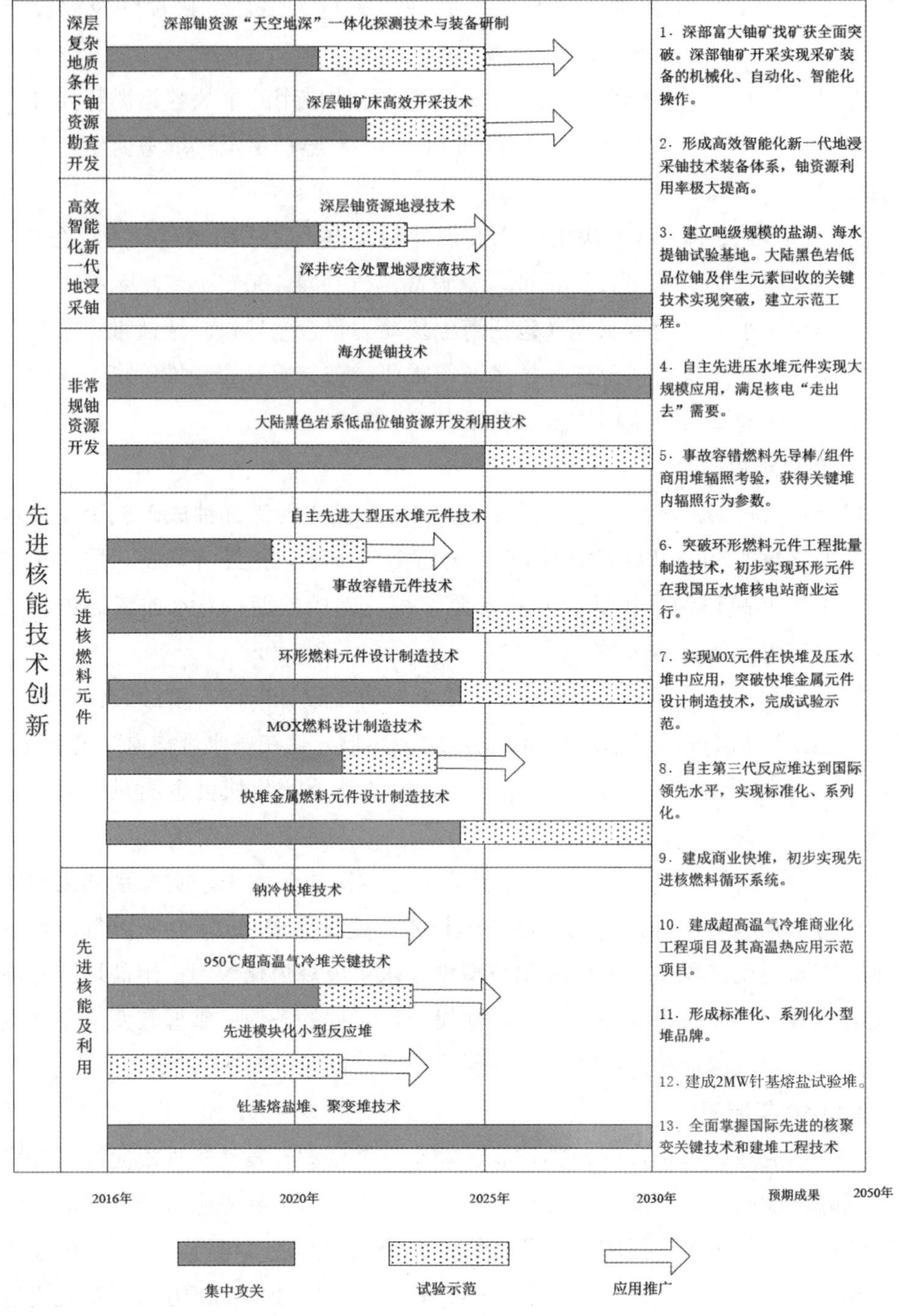

图 7-1　我国先进核能技术发展路线图

7.1.3 研发的重点方向

1. 深部铀成矿理论创新与一体化铀资源探测技术装备

探索热液型铀多金属成矿带成矿体系、砂岩型铀矿超常富集机理及多能源矿产间作用关系、非常规铀资源富集模式与规律、纳米地学、铀成矿模拟试验、铀矿地质大数据规律等；研究大探深、高精度地面及井中地球物理勘查技术，高效钻进技术，纳米测试技术，基于互联网的综合分析评价技术，智能化预测技术；研制铀多金属勘查新型放射性仪器。

2. 地浸采铀高效钻进与成井技术

研发专用地浸钻孔钻进设备，采铀工艺钻孔结构，基于随钻测斜、定向钻进的高效安全钻孔成井技术、地浸井场快速开拓和布置技术；研究复杂难浸铀资源地浸高效浸出技术；开展绿色、智能地浸采铀技术研究，建设数字化绿色地浸矿场。

3. 黑色岩系型、磷块岩型的低品位铀资源开发技术及盐湖、海水提铀技术

针对非常规铀矿资源，研发工艺矿物学特征，选矿试剂合成、矿物分选工艺和选矿技术，铀高效浸出工艺及浸出装置、分离方法、产品制备及工艺废水处理技术，进行工业试验示范。研发盐湖和海水提铀装置、实验室平台，突破高性能提铀材料及功能材料提铀性能，建立国家级开放性的海水提铀方法测试平台，开展海水提铀与海水淡化耦合技术、铀酰化学技术等研究。

4. 先进自主压水堆元件

推进自主先进锆合金包壳核燃料元件技术攻关和产业化应用。研发事故容错元件（ATF）高铀密度或掺杂燃料芯块，先进金属、新型复合的新型包壳材料，完善适用于 ATF 耐事故燃料包壳堆内辐照考验及辐照后检查技术，研究燃料制备和性能评价关键技术。研究压水堆环形燃料堆芯和组件设计技术，开展环形燃料组件堆外热工水力等验证、小组件试验堆内辐照考验和先导组件商用堆内辐照考验。

5. 快堆及燃料元件设计与工程化技术

完善快堆的法规标准体系，突破大型商用快堆的热工水力、非能动事故余热排出等关键技术，形成快堆电站自主化的软件及设计集成技术，实现设备自主化。突破快堆 MOX 组件芯块设计与成型工艺技术、高性能结构材料、组件制造工程化技术，掌握快堆 MOX 换料运行技术。突破大增殖比的（U、Pu）Zr 金属元件及添加 MA 的金属燃料关键技术。

6. 超高温气冷堆关键技术及高温热工程应用技术

攻关 950℃超高温气冷堆关键技术，开展安全与事故分析、堆内构件材料及结构分析等。开发基于 HTR-PM 现有堆芯设计的气－气中间换热器，提供 700℃的工艺热生产煤气、油品和焦炭。

7. 先进小型堆关键技术及工程化

针对陆上模块式小型堆，突破关键设备、模块化建造技术、运行技术及安全审查技术，完善小型堆法规标准。针对海上核动力平台，开展工程设计、设备制造、工厂化总体建造和海上运行调试技术研究，开工建设示范工程。开展大功率空间核反应堆电源技术研究，突破设计、关键材料、装备和运行技术等。

8. 钍基熔盐堆的基础理论与关键技术

建立完善的研究平台体系，开展关键基础理论和关键工艺技术研究，突破熔盐制备技术、高温材料腐蚀机理及控制技术、回路技术、反应堆运行控制技术，探索钍－铀循环在线后处理技术，建成 2MW 钍基熔盐试验堆。

9. 聚变物理研究

完善等离子体诊断、控制、加热和加料等手段，研究先进托卡马克等离子体实验，实现高比压、高约束的等离子体实验运行，提升对聚变等离子体的认识水平和控制能力，设计建造聚变工程技术试验平台（FETP）。

7.2 乏燃料后处理与高放射性废物安全处置技术

7.2.1 战略方向

1. 先进乏燃料后处理技术

以大型商用水法后处理厂的建设为目标，突破关键工程技术研究及关键设备验证；开展全分离的无盐试剂二循环流程研究，提高后处理流程的经济性和环保性；突破适用于快堆等先进燃料循环的干法后处理技术。

2. 先进高放射性废物地质处置技术

创新高放射性废物地质处置研发体系；研究高放射性废物处置地下实验室建设相关技术，在此基础上，研究地质处置及安全技术；建立完善的高放射性废物地质处置理论、技术体系。

3. 先进高放射性废物处理技术

研究高放射性废液、高放射性石墨、α 废物等处理技术，研发具有自主知识产权的冷坩埚玻璃固化等放射性废物处理技术。

4. 先进放射性废物嬗变技术

研究长寿命次锕系核素总量控制；研究次临界系统设计和关键设备技术，完善外中子源驱动次临界高效嬗变系统（含加速器驱动和聚变驱动）研发、制造和工程应用体系，降低高放射性废物安全处理（置）的难度。

7.2.2 创新目标

1. 2025 年目标

1）先进乏燃料后处理技术。掌握大型乏燃料后处理厂自主设计、建造及运行技术，突破大型乏燃料后处理工艺、设备等关键技术；推进乏燃料干法后处理技术研究，基础研究取得重要突破。

2）先进高放射性废物地质处置技术。基本建成高放射性废物处置地下实验室，掌握实验室现场试验关键技术及评价体系，提出 3 ～ 5 个高放射性废物处置库候选场址，确定工程屏障选材，完成高放射性固化体多重介质多因素蚀变与核素迁移中间规模试验；提出废石墨、重水堆乏燃料等特殊废物的最终处置方案，完成可行性研究；掌握中等深度放射性废物处置技术。

3）先进放射性废物处理技术。突破高放射性废液煅烧、水冷鼓泡、出料和贵金属沉积等技术，研制出两步法冷坩埚玻璃固化科研样机（35L/h 高放射性废液）、石墨自蔓延处理中间装置、有机物超临界水无机化工程样机、废水螯合吸附等工程样机，放射性废物处理技术水平显著提高。

4）先进分离嬗变技术。掌握分离 - 嬗变关键技术，获得整个环节的数据和经验；基本掌握加速器中子源、紧凑型聚变中子源系统以及次临界反应堆或包层的系统关键技术，确定外中子源驱动次临界系统的嬗变性能等运行参数。

2. 2030 年目标

1）先进乏燃料后处理技术。建成完善的先进水法后处理技术研发平台体系，适时启动我国首座 800t 大型商用乏燃料后处理厂；建立我国锕系元素分离一体化先进水法后处理流程；提出干法后处理技术的优选路线，建成具备千克级熔盐电解分离铀、钚的实验装置。

2）先进高放射性废物地质处置技术。确定高放射性废物处置库推荐场址，完成处置库工程设计，掌握地质处置技术和安全评价技术，具备建库条件；建成中等深度处置库。

3）先进放射性废物处理技术。全面掌握高放射性废液冷坩埚玻璃固化技术、石墨自蔓延处理技术、有机污物超临界水无机化技术、卤渣热等静压技术、废水螯合吸附技术，放射性废物处理技术进入先进国家行列。

4）先进分离嬗变技术。完成使用于60万kW快堆核电站的含MA混合氧化铀钚燃料（MOX）的设计、研制及随堆考验，确定外源驱动次临界系统技术路线，掌握具有自主产权的关键设备设计制造技术，建成外源次临界系统工程性实验装置。

3. 2050年展望

干法后处理实现工业化应用，逐步取代水法后处理，实现快堆嬗变、ADS嬗变技术的应用推广，逐步实现核能系统中次锕系核素总量的有效控制。解决历史上遗留废物隐患，废物最小化达到世界领先水平。掌握高放射性废物地质处置工业化技术，建成高放射性废物处置库并运行。

我国乏燃料与放射性废物管理技术路线图如图7-2所示。

7.2.3 研发的重点方向

1. 先进乏燃料后处理工艺及关键技术设备

针对大型核燃料后处理厂，开展首端处理技术及新型无盐试剂二循环流程开发、工艺流程台架热试验及验证；建设后处理全流程数字模拟平台，研究脉冲萃取柱数字模拟与仿真技术、大型关键设备国产化；研发自动化控制技术、远程操作系统与设备、大型先进热室设计、先进干法首端技术及干法分离技术。

2. 高放射性废物地质处置库技术

围绕地下实验室工程及现场试验，开展高放射性废物处置库选址研究，并形成完善的场址评价技术体系；重点研究以地下实验室为研发平台的地质处置工程（艺）技术和工程屏障、处置库概念设计、处置库开挖技术，以及废物罐的运输、就位及回取技术和验证；研究处置库的核素释放和迁移、安全评价和安全全过程系统分析，掌握概率安全评价技术；开展处置库屏障系统安全特性演化试验和评价。

3. 先进废物处理技术

研究放射性石墨废物自蔓延处理技术；突破冷坩埚玻璃固化技术、有机污物超临界水处理技术和高放射性卤渣热等静压陶瓷固化技术，研究废水螯合吸附技术。

4. 快堆嬗变技术

完成实验快堆中单个次锕系核素小样件的辐照，主要包括CEFR嬗变靶件的设计和研制、嬗变靶件的辐照考验和辐照后检验、辐照后芯块的化学分析与分离工艺研究等。完成示范快堆（CFR600）中嬗变组件的辐照和后处理，主要包括含次锕系元素的MOX燃料制造技术研究，批量使用含MA燃料的快堆堆芯设计、安全评价和随堆考验，批量使用含MA燃料的反应堆安全运行技术，以及辐照后含MA燃料的后处理技术研究等。

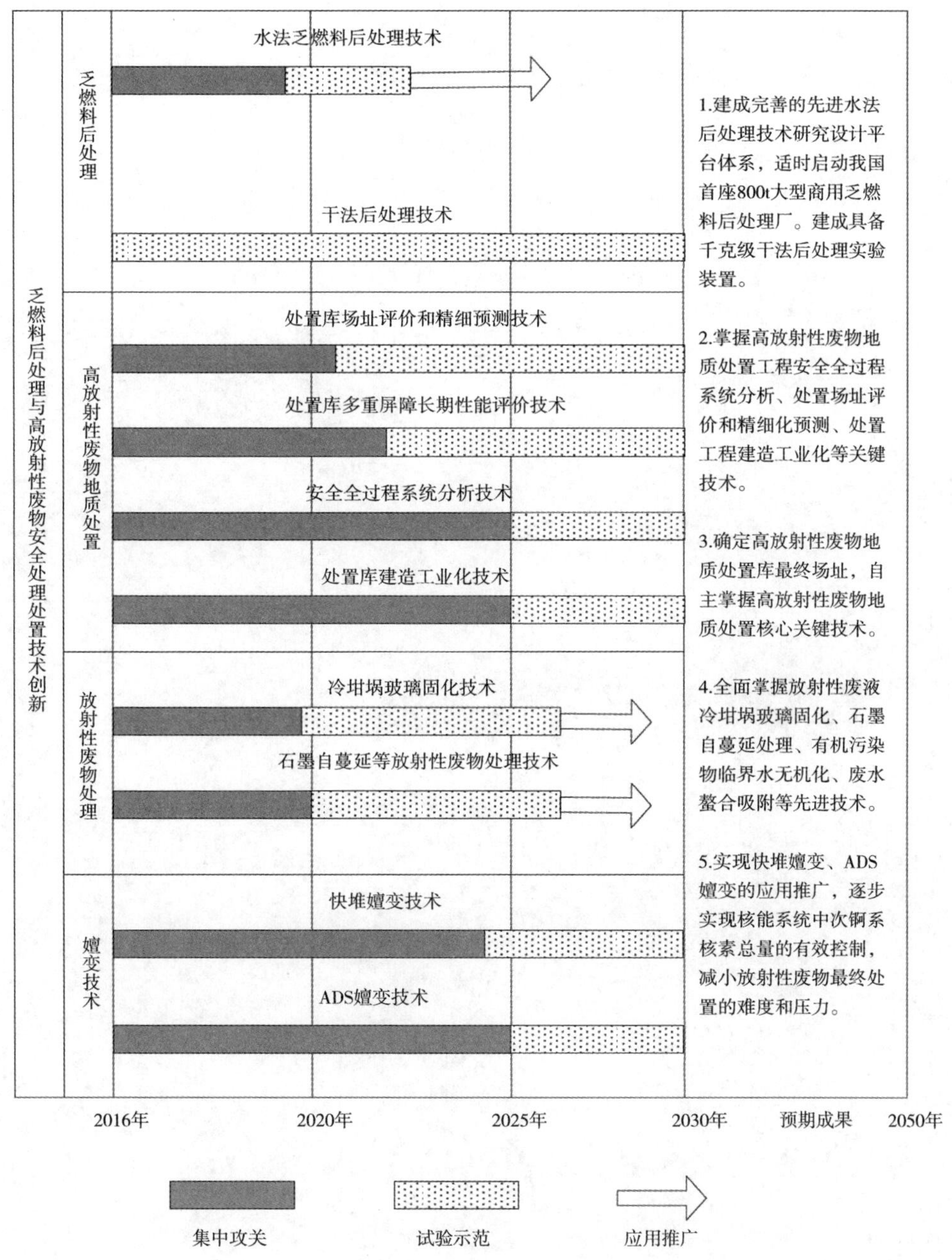

图 7-2　我国乏燃料与放射性废物管理技术路线图

第 8 章 政策建议

实现能源结构的多元化和低碳化是全球各国能源安全的战略选择，也是我国新时代能源供给侧结构性改革的重要内容。发展核电不仅可以为调整我国不均衡不充分发展的能源结构提供重要支撑，也是加强我国生态文明建设、大规模减少污染排放、实现环境治理的现实可行的选择，还可以为我国在全球气候变化治理的国际博弈中争取主动权和话语权。预计到2030年，核电将提供全社会用电量的10%左右，发挥更加显著的环境和社会效益。多用途小型核电反应堆以及第四代核能系统将拓展核电应用范围，使得核电实现城市供热、工艺供热、海水淡化和小规模供电成为可能。此外，受控核聚变一旦实现商业化应用，将成为人类社会的终极能源解决方案，这一目标在全世界科学家的联合攻关下，正在一天天成为现实。国家以及相关企业需要从不同方面发力，促进我国核能安全、经济可持续发展。

1. 尽快完善相关法律

考虑到我国核电产业辐射面广、技术与安全要求高、开发和建设周期长，不仅涉及核燃料、装备制造等相关工业体系，还涉及军民两个方面，必须依法推进、科学决策、正确导向。要加强涉核法律法规体系的顶层设计，完善核电的法制体系建设。要积极推进《原子能法》《核电管理条例》和《乏燃料管理条例》等法律法规的制定及协调工作，为核电安全高效发展提供法律保障，健全核电相关领域的市场准入和执业资质制度。

加强放射性废物管理立法，进一步明确各种类型放射性废物的处置职责，并建立问责机制促进责任落实。明确放射性废物处置顶层规划编制和修订的责任主体和程序，建立规划的审查机制，提出规划实施的保障措施和制度。

2. 完善天然铀保障能力体系

铀资源保障供应坚持“立足国内，开发国外”方针，总体策略是“国内多探，国外多采”，建立两个“三位一体”的天然铀供应保障体系（以下简称两个体系）。天然铀资源保障体系，即国内资源开发、海外资源开发、国际铀产品贸易；天然铀产品储备体系，即国家储备、企业集团储备与核电厂储备。建立两个体系，国内已具备一定的基础和条件，两个体系互为支撑、相互结合，将成为保障天然铀稳定、安全、可靠供应的重要手段和平台。

一是加大国内铀资源勘查开发力度。国内铀矿勘查布局以北方砂岩型铀矿为主攻目标，兼顾南方重点硬岩型铀矿，继续实施铀矿资源大基地战略和“摸清家底”工程，扩大铀资源探明储量，加快千吨级可地浸砂岩型铀矿生产基地建设。二是进一步扩大铀资源领域开放。构建利益共享、风险共担、多元投资、开放合作的铀矿开发体制，创新铀矿矿业权流转机制，允许按规定实行矿业权的有偿使用和流转。三是支持天然铀海外开发。鼓励有能力的企业“走出去”，利用多种方式参与国外铀资源开发，掌控更多的海外经济可采铀资源。制定海外天然铀开发管理办法，加大财政、金融、税收多领域的配套支持政策。四是加大天然铀的储备力度。建立国家、企业集团、核电厂三级天然铀储备体系，从发展战略的角度，研究明确天然铀储备体系各储备端规划目标与储备库布局、运作体制、管理办法、监督检查及资源保障等措施。

3. 统筹推进我国核燃料产业的发展

当前，我国处于核燃料产业科技爬坡过坎关键期，科技攻关与产业规模效应初步显现。要加快发展与先进核电技术配套的核燃料循环技术，大幅度提高铀资源利用率，继续支持自主品牌高性能压水堆元件的研发以及大规模替代，积极开展事故容错燃料（ATF）、铀钚氧化物混合（MOX）燃料等燃料技术的攻关，到 2030 年，使我国核燃料技术达到世界先进水平，为建设核电强国奠定基础。核燃料产业目前仍处于由大到强的发展阶段；产业能力正处于向经济规模过渡期，我国核燃料产业经济性仍然是制约产业“走出去”的关键问题。在这一关键时期，给予我国核燃料产业在转型发展上的战略耐性和必要的包容，制定引导、支持和必要的保护性产业政策，并构建新时期核电与核燃料产业命运共同体，是十分重要的。发展壮大国内核燃料产业要站在国家全局的高度，政府部门应坚持核燃料立足国内供应的产业政策，并进一步提出具体的实施政策，如使用国内燃料的鼓励政策、进口燃料的限制政策等；核电与核燃料企业间应针对中短期到中长期的不同预期，形成相互理解和相互支持的供应架构，充分体现利益共同体的信任与担当。

4. 确保核电建设规模的稳定性

核电产业属于高科技战略性产业，其产业链条长，涉及大型核级装备加工制造、专业化工程设计、建造经验及人才队伍建设、完整的核燃料循环科技产业体系，并且各个环节相互配套，才能实现核能安全可持续发展。核电是整个产业体系的龙头，核电的平稳建设对于相关配套产业的健康发展、技术升级换代、人才队伍的保持和提升具有重要意义，忽走忽停、忽快忽慢的核电建设节奏将打乱整个产业发展的健康生态环境。在目前大力发展绿色能源，减少碳排放的大背景下，核电投资应该在保证安全性的前提下保持合理的增长速度，不断提高核电在电力供应中的比重。坚持每年开工建设 6 ～ 8 台核电机组，保证相对稳定的建设规模和建设节奏。到 2030 年，我国核电规模要努力达到 1.2 亿～ 1.5 亿 kW，年发电量占比达到 8% ～ 10%。

5. 促进我国核电标准化体系的完善

目前我国核电技术处于多种机型、多种标准并存的局面，自主核电标准体系的建立、应用和推广不足，标准基础研究欠缺。国际上，核电领域普遍使用 ISO、IEC 以及美国、法国的标准，我国核电标准的国际认可度和影响力还有待提升。为了促进自主标准体系的建立，可以在政府及行业协会的组织下，通过加强与其他堆型技术和标准的对比，借鉴国际先进技术和经验，针对“华龙一号”等核电机型技术创新特点，结合示范工程的建设以及反馈的经验，建立一套体现我国核电技术发展水平的标准体系，保证自主标准的通用性和适用性。

6. 推动核能产业链走出去

经过 30 多年的建设和发展，我国已初步具备核电强国的基本特征，在设备制造能力、土建安装施工、运营管理、人员培训、资金和人力资源等方面具有相对优势，这些是我国核电参与国际竞争的重要基础。此外，自主三代核电技术“华龙一号”是具有完全自主知识产权的核电技术，其各项技术指标符合美国、欧洲三代技术标准，设备国产化率超过 85%，已经实现国内首堆开工以及国外开工；在引进美国西屋公司 AP1000 技术基础上消化吸收再创新而形成的 CAP1400 技术，其示范工程目前也已经开工建设。这两项技术为进一步推进实施核电走出去战略奠定了坚实的基础。

当前阶段“走出去”应该根据自身的比较优势，在全球范围内优化合作配置产业链和生产经营环节，优先选择与我国契合度高、合作愿望强烈、合作条件和基础良好的国家进行合作，实现互利共赢。要结合目标国的实际情况，积极探索多种合作形式，将技术、管理、标准和资本“打包”，进行产业链战略联盟合作、就地建设产业合作、建设合作（PPP 等多种方式）、人才培养合作等，同时带动装备制造、土建安装调试、运行管理等产业链走出去。对于国际市场规则还需要展开深入研究，增强风险控制意识和能力，对目标国家的特色和需求、产业状况和布局、基础设施建设情况、法律规则和秩序等进行全面了解和深入分析。

7. 推动乏燃料后管理体系能力建设

目前，国际上商业乏燃料后处理技术已有几十年的成功运行经验，我国在动力堆乏燃料后处理技术方面与国际水平相当，但是尚未建成大型后处理厂，缺乏大型后处理厂的设计、建造、调试和运营经验。相应的外围制造技术、仪表控制与选型、废物运输能力分散，未能有效地形成合力。

要根据未来乏燃料后处理需求，划分前沿技术、基础技术、应用技术和通用技术，提出当前需要布局的技术领域。理清技术的轻重缓急，合理分配人才物力。集中力量解决当前紧迫关键技术，持续推动未来先进技术研发。同时要避免盲目推进前沿不成熟技术，造成风险和投资浪费。处理好产学研中间衔接关系，平衡和明确各利益相关者的权益与责任，积极调动各方积极性，实现关键设备技术的突破。在保护好信息安全与知识产权的基础上，与后处理研究相关科研单位及核信息收集部门共享资源与信息，有助于互通有无，促进技术发展。积极推进后处理创新能力体系建设，加紧培养、提升和扩大后处理科研设计、项目管理等人员队伍，制定强有力的培养后处理高层次人才的培养计划与政策措施。

8. 完善放射性废物管理组织体系建设，促进放射性废物管理能力提升

在国务院核工业行业主管部门内新设立了司级部门，专门负责全国放射性废物处置前与处置工作的顶层设计、总体布局和统筹协调等工作，组织实施放射性废物处置的研发、选址、建设、运营和关闭等各阶段工作。落实省级地方政府放射性废物处置责任，省级政府应根据国家低放射性废物处置场所选址规划，提供处置场建设用地。

我国已经积累了大量不适宜近地表处置的中放射性废物，未来后处理厂等设施还将产生大量中放射性废物，需要制定全国中等深度处置总体战略与发展规划，明确中等深度处置工作的组织体系、经费投入、处置需求、空间布局、总体思路、时间进程图及保障措施等重要内容，有序地推进中等深度处置库建设。

在高放射性废物管理方面，要加快突破高放射性废液玻璃固化技术，推进地下实验室建设，进一步完善厂址与核素迁移理论以及实现验证，突破工程建设相关技术。要积极开展对外合作，汲取国外安全目标评价、工程建设等优秀经验，加快我国处置库设施研究、建设进程。

9. 促进公众更好地认识核能，形成良好的核能发展氛围

公众对核能的认识及接受程度关系到我国核工业是否顺利发展，关系到我国是否能抢占高科技制高点。要积极推动全方位、多层次的科普宣传和教育体系的形成。政府部门、核电企业、行业学会（协会）、媒体和教育部门要积极行动起来，建立立体式的核能宣传科普体系。正确引导舆论导向，加强对核能发展战略以及核能对于促进经济社会发展的重要意义的宣传。要发挥网络新媒体作用，去除核电的神秘性，展示核电的亲和性。发挥专业权威人士的作用，解答公众普遍关注的问题，同时要注重宣传的通俗化、贴近性，让公众听得懂，注重科普与文化结合、与日常生活结合。科普宣传要持续覆盖项目的选址、立项和建设全过程，破解公众的非理性焦虑。要加强核电舆情监控，针对特定事件、特定区域和人群完善应对处理机制，及时释疑，防止错误言论的扩散。社会组织和第三方专业机构要积极开展核科普与提升公众接受度的理论方法研究，为更好地开展核科普、取得更好的效果提供基础支持。

针对核电项目，要给予被征地一定范围内的公众合理的补偿金，对征地拆迁、移民安置等补偿就高不就低，保障群众受益最大。从当地经济发展和群众的长远利益考虑，研究建立长期利益分享机制，使当地群众切实分享到核设施建设和运行的收益。高度重视项目所在地周边社区的发展和居民生活问题，在社区基础设施、民生工程、就业和医保等领域，涉核项目企业多出力，加强核电企业对周边区域公众的利益反哺，如设立专项预算资金，用于当地的一些公益活动等。核电企业要创新核电发展思路，研究与周边公众建立互惠机制，落实补偿机制，探索经营性厂址保护模式，为当地经济和就业提供支持。政府提供更加完善的公共服务，通过对社区公共事务的参与、社会责任的履行、社区发展的嵌入，进一步将矛盾对立方转变为利益攸关方，努力实现共建共享，实现融合发展。

附 录

附录A　核安全与放射性污染防治“十三五”规划及2025年远景目标

〔环境保护部（国家核安全局）　国家发展和改革委员会　财政部
国家能源局　国家国防科技工业局　2017年3月23日发布〕

发展核能对优化能源结构、保障能源安全、促进污染减排和应对气候变化具有重要作用，核安全是我国核能与核技术利用事业发展的生命线。党中央、国务院高度重视核安全与放射性污染防治工作，党的十八大以来，以习近平同志为核心的党中央提出理性、协调、并进的中国核安全观，并将核安全纳入国家总体安全体系，写入《国家安全法》，进一步明确了核安全与放射性污染防治工作的战略定位和重大任务。“十二五”期间，我国核安全与放射性污染防治工作取得明显进展，核能与核技术利用事业保持良好的安全业绩。“十三五”时期我国核电仍将进一步发展，放射源和射线装置数量将进一步增加，核安全保障任务更加繁重。为落实国家安全战略，全面统筹“十三五”时期核安全与放射性污染防治工作，依据《国民经济和社会发展第十三个五年规划纲要》以及相关文件制定本规划。

一、现状与形势

（一）核安全与放射性污染防治取得积极成效

“十二五”期间，我国核设施与核技术利用装置安全水平进一步提高，辐射环境安全风险可控，全国辐射环境水平保持在天然本底水平，未发生放射性污染环境事件，基本形成综合配套的事故防御、污染治理、科技创新、应急响应和安全监管能力，核安全、环境安全和公众健康得到有效保障。

核设施安全水平进一步提高。汲取国际核事故经验教训，开展综合安全大检查，实施安全改进行动，核电安全达到国际先进水平。运行核电机组安全性能指标位于国际同类机组前列，在建机组质量受控，新建核电机组设计指标满足国际最新核安全标准，具备完善的严重事故预防和缓解措施。研究堆处于安全运行或停堆状态，核燃料循环设施保持良好安全记录。

放射性污染防治取得阶段性进展。完成一批早期核设施退役任务，重点核设施退役工作取得阶段性成果。历史遗留放射性废物治理取得成效。建成一座中低放固体废物处置场，形成西北、西南、华南区域处置格局。完成一批铀矿冶设施的退役任务，基本完成重点地区铀地质勘探设施的退役和治理任务。

放射源辐射事故发生率持续降低。开展综合检查专项行动，落实改进要求，加强对核技术利用单位和活动的辐射安全管理，放射性同位素和射线装置全部落实许可证管理要求，放射源辐射事故年发生率下降到历史最低水平，由“十一五”时期的平均每万枚源 2.5 起下降至 2 起以内，未发生特别重大辐射事故，各类废旧放射源及时得到收贮，确保了公众和环境安全。

核安全保障体系不断健全。《核安全法》列入十二届全国人大常委会五年立法规划，出台《放射性废物安全管理条例》，发布一批核安全法规文件。核安全管理机构和人员队伍进一步扩充，核安全监管水平不断提高。开工建设国家核与辐射安全监管技术研发基地。核与辐射安全现场检查和执法技术装备进一步完善，基本建成全国辐射环境监测网络。建成 21 个重大科技创新平台，开展 200 余项核安全相关技术研究并取得重点突破。应急体系进一步完善，修订《国家核应急预案》，实施国家核应急联合演习，开展核应急能力建设，形成统一调度的核事故应急工程抢险力量，成功应对日本福岛核事故，完成南京放射源丢失事故等核与辐射事件和事故应急工作。

（二）核安全与放射性污染防治面临的新挑战和新机遇

核安全与放射性污染防治面临新挑战。按照核电中长期发展规划，到“十三五”末，我国在运行核电装机容量将达到 5 800 万 kW，在建设机组达到 3 000 万 kW 以上，机组总数达到世界第二，对人才培养、核电设备制造和安全监管能力提出更高要求，新机型核电机组将投入运行，放射源、射线装置数量将不断增加，核技术利用活动更加广泛，保障核安全的任务更加繁重。早期核设施 和历史遗留放射性废物风险不容忽视，乏燃料集中贮存设施不足。周边核安全形势将更加复杂，对我国核与辐射监测、应急保障能力提出更大挑战。

核安全与放射性污染防治面临新机遇。党中央、国务院高度重视核安全与放射性污染防治工作，顶层设计更加完善，体制机制更加顺畅，将为开展“十三五”核安全与放射性污染防治工作提供前所未有的引领和指导。五大发展理念牢固树立，生态文明建设和改革加快推进，将释放巨大政策红利，有力推进“十三五”核安全与放射性污染防治工作。“一带一路”及核电“走出去”战略不断深入，核安全国际交流合作日趋频繁、领域更加广阔，将为“十三五”工作提供强大的外部动力。

二、指导思想、基本原则和目标

（一）指导思想

全面贯彻党的十八大和十八届三中、四中、五中、六中全会精神，以邓小平理论、“三个代表”重要思想、科学发展观为指导，深入贯彻习近平总书记系列重要讲话精神和治国理政新理念新思想新战略，认真落实党中央、国务院决策部署，统筹推进“五位一体”总体布局和协调推进“四个全面”战略布局，牢固树立和贯彻落实创新、协调、绿色、开放、共享的发展理念，坚持理性、协调、并进的核安全观，坚持安全第一、质量第一的根本方针，以风险防控为核心，以依法治核为根本，以核安全文化为引领，以改革创新为驱动，以能力建设为支撑，落实安全主体责任，持续提升安全水平，不断推进放射性污染防治，保障我国核能与核技术利用事业安全高效发展。

（二）基本原则

依法治核，严格监管。健全核安全法治体系，完善法律法规，严格依法监管。坚持审评从严、许可从严、监督从严、执法从严，实现源头严防、过程严管、违法严惩。

预防为主，纵深防御。强化技术和管理手段，保障核设施各种防御措施的有效性和多道屏障的完整性，有效预防核事故，并在一旦发生事故时减轻其后果，确保不会对公众和环境造成不可接受的影响。

标本兼治，持续改进。新老并重，统筹解决早期核设施退役和历史遗留放射性废物治理问题，按照最新标准建造各类核设施，提高设施固有安全水平，从源头减少废物产生。充分汲取国际国内经验教训，持续开展评估和改进行动，不断提高安全绩效。

改革创新，内外兼顾。深化管理体制改革和行政许可改革，提高核安全治理的有效性，促进核安全科技创新，夯实科技支撑。确保国内核电安全，强化核安全国际合作，支撑核电技术输出，推进核电“走出去”战略实施。

公开透明，文化引领。坚持“中央督导、地方主导、企业作为、公众参与”，落实责任，完善机制，强化公众沟通，依法保障公众的知情权和参与权。坚持以核安全文化建设促安全水平提升，推动核行业从业者将中国核安全观作为工作的基本价值观。

（三）规划目标

2020 年目标：运行和在建核设施安全水平明显提高，核电安全保持国际先进水平，放射源辐射事故发生率进一步降低，早期核设施退役及放射性污染治理取得明显成效，不发生放射性污染环境的核事故，辐射环境质量保持良好，核应急能力得到增强，核安全监管水平大幅提升，核安全、环境安全和公众健康得到有效保障。

在核设施安全水平提高方面，运行核电厂安全业绩持续提升；在建机组质量受控，重大建造事件得到妥善处理；新建核电机组保持国际先进水平，从设计上实际消除大量放射性物质释放。研究堆、核燃料循环设施安全风险进一步得到消除，应对自然灾害的能力不断增强，运行安全得到有效保障，环境影响进一步降低，核燃料循环设施避免发生临界事故。

在核技术利用装置安全水平提高方面，高风险移动放射源在线跟踪监控能力基本形成，废旧放射源实现安全收贮。放射源辐射事故年发生率进一步降低，避免发生重特大放射源辐射事故。

在放射性污染防治水平提高方面，早期核设施退役取得明显成效，基本消除历史遗留中低放废物安全风险，形成与我国核工业发展相适应的放射性废物处理处置能力。基本完成 2010 年前停的铀矿山的退役治理和环境恢复工作，全面完成重点地区历史遗留铀地质勘探设施的环境治理。

在安全保卫方面，核设施抵御新威胁的能力进一步提升，核电厂抵御网络安全威胁能力明显增强，核安保机制进一步完善，有效应对突发事件。

在应急响应方面，基本建成适应我国核能事业发展的国家核应急体系，形成复杂条件下重特大核与辐射事故应急响应能力。

在安全监管方面，核安全监管体系进一步完善，建成国家核与辐射安全监管技术研发基地，具备较强的校核计算和试验验证能力。全面建成全国辐射环境监测体系，中央和地方辐射环境监测能力明显提升。

2025 年远景目标：

核电厂安全保持国际先进水平，其他核设施安全达到国际先进水平，放射源辐射事故发生率保持在较低水平，早期核设施退役取得重大进展，放射性废物及时得到安全处理处置，辐射环境质量持续保持良好。核与辐射安全监管体系和监管能力实现现代化。核安全、环境安全和公众健康继续得到有效保障。

三、重点任务

（一）持续改进，保持核电厂高安全水平

提高运行核电厂安全业绩。开展日本福岛核事故后安全改进措施有效性评估，持续推进核电厂安全改进，提升应对极端自然灾害等外部事件的防御能力。强化对日本福岛核事故后安全改进所配置的应急设备的运行和维护，确保应急情况下可用；采取转换连接等各种措施，提高各核电集团间移动式应急设备接口的匹配性。加强核电厂老化与寿命管理。对部分核电机组依法开展运行许可证延续申请的安全评价。加强演练，开展同行评议，提高严重事故管理指南质量，提升严重事故应对能力。制定《维修规则政策声明》，提高维修活动有效性。加强核电厂辐射防护管理，降低人员受照剂量。建立核电厂人因管理体系，完善操纵人员等重要岗位人员定期心理健康测评制度。逐步完善概率安全分析基础数据，推动行业概率安全分析技术交流，选择具备条件的核电厂，在技术规格书修订和在役检查等方面开展概率安全分析试点应用。

确保在建核电厂质量和安全。进一步落实营运单位对工程建造质量的管理责任，加强对核电工程总承包单位及各级分包单位的管理，强化对重要安全设备监造、大宗物件和大宗材料的供货质量监督检查，加强对常规工业安全的监督管理。完善建造事件报告制度和处理程序，妥善处理核电厂建造事件。开展AP1000、“华龙一号”、EPR、高温气冷堆等新机型调试和首堆试验，重点做好非能动系统调试与验证，提高调试质量。加强新机型的调试经验反馈和共享，建立快速经验反馈机制。

保持新建核电厂高安全水平。科学开展核电厂选址，做好厂址特性的安全评价，保护已选核电厂址，必要时开展厂址复核。汲取日本福岛核事故经验教训，修订《核动力厂设计安全规定》，将安全改进项纳入新建机组标准设计，提高机组设计安全水平。新建核电机组实现从设计上实际消除大量放射性物质释放。

（二）强化管控，降低研究堆、核燃料循环设施风险

提升研究堆安全水平。完善研究堆安全管理要求，推进研究堆分类管理，完善研究堆厂址安全评价、设计、运行、长期停堆和定期安全审查等方面的安全规定。编制小型模块式动力堆、熔盐堆、高温堆、浮式反应堆、加速器驱动次临界洁净核能系统法规体系和安全审评原则。开展研究堆安全改进，对长期停运研究堆重新启堆前开展全面评估检查和安全改进，确保满足运行要求。对49-2反应堆、高通量工程试验堆、岷江试验堆、脉冲堆等研究堆开展定期安全审查，根据审查

结论实施安全改进。跟踪老化效应，对研究堆老化的系统和设备进行安全改进或升级。强化研究堆运行事件信息共享。

提高核燃料循环设施安全水平。参照地震区划调整，对早期建造的核燃料循环设施继续开展安全鉴定、评估和加固。开展核燃料循环设施物项安全分级研究，深入开展核燃料循环设施事故分析，完善对临界、火灾、爆炸、泄漏等风险的预防、监控和缓解措施，增加核燃料循环设施化工事故消防等应急支援接口。实施六氟化铀密封系统安全改进，完善氟化氢在线监测系统和六氟化铀操作规程，强化倒料安全，推动贫化六氟化铀再利用和稳定化处理。加强个人内照射剂量管理，降低核燃料循环设施从业人员职业照射水平。

推进乏燃料安全贮存和处理。编制和发布核电厂乏燃料处置规划，推进乏燃料贮存和处理。依法明确核电厂乏燃料近堆干法贮存设施的安全审评要求，加快乏燃料离堆贮存能力建设。加强乏燃料后处理产学研一体化顶层设计，建立保障机制，优化运行管理，积极推动大型商用后处理厂选址和建设，缓解核电厂乏燃料在堆贮存压力。

保障放射性物品运输安全。推动公－铁联运放射性物品，提高乏燃料和六氟化铀等运输容器的设计能力和制造质量。规范在役Ⅰ类放射性物品运输容器定期安全性能评价，强化放射性物品运输活动安全监督。建立乏燃料等Ⅰ类放射性物品运输在线实时监控系统。提高放射性物品运输装置安全防护水平，强化运输过程中安全保障措施。

（三）统筹推进，加快早期核设施退役及放射性废物处理处置

加快早期核设施退役和废物治理。加快重点单位早期反应堆、核燃料循环设施、科研设施、三废处理设施的退役进程，完成一批核设施退役项目。加快放射性废物处理能力建设，基本完成历史遗留中低放废液固化处理，处置一批中低放固体废物，探索创新核燃料循环前端中低放固体废物的处置方式。

推动核电放射性固体废物处理处置。发布实施《中低水平放射性固体废物处置场规划》，开展5座中低放固体废物处置场选址、建设，形成中低放固体废物处置的合理布局，推进核电废物外运处置。建设秦山、大亚湾核电基地放射性废物集中处理示范工程，推广可燃放射性固体废物焚烧、放射性污染金属熔炼技术应用，推进核电厂放射性废物减容与清洁解控。

加快高放废物处置研究。开工建设高放废物地质处置地下实验室。推进高放废物地质处置场选址与场址调查，开展工程屏障、处置工艺技术、处置化学、安

全评价等研究，完成 2 ～ 3 个地质处置场重点候选场址的筛选。明确高放废物地质处置安全目标和原则，研究我国高放废物地质处置选址技术安全准则。

（四）规范管理，减少核技术利用辐射事故发生

实施放射源安全行动计划。完善放射性药品生产、运输、销售、使用等环节辐射安全管理制度，实行放射性药品运输事后备案，优化放射性药品进出口管理。修订《射线装置分类办法》，细化和优化 I 、II 、III类射线装置分类原则。全面升级国家核技术利用辐射安全监管系统，完成各省份核技术利用系统与国家系统数据对接。开展放射源安全专项检查行动，核实放射源生产、销售、使用情况，排查安全风险。强化高风险移动源辐射监管，制定规范性文件，明确移动 γ 射线探伤装置固有安全性和实时监控要求，在国家核技术利用辐射安全监管系统中开发高风险移动源实时跟踪数据系统模块，结合地方试点经验，优化实时监控系统。加强对大型科研加速器装置、质子重离子等医疗装置以及使用 I 类源的辐照装置的安全管理。

加强废旧放射源辐射安全管理。推动高风险放射源生产单位配套建设废旧放射源长期贮存设施，基本形成国内高风险废旧放射源的长期贮存能力，保障钴 -60 等废旧放射源回收后的长期安全。完善废旧放射源循环再利用、收贮、处理处置辐射安全管理，开展废放射源近地表处置接收准则、整备标准及处置安全研究。完善废旧金属回收熔炼辐射安全管理制度，督促企业自主开展辐射监测，在废旧金属再利用的制品产品验收标准中加入放射性指标要求。

（五）综合整治，保障铀矿冶及伴生放射性矿辐射环境安全

加强铀矿冶排放管理和辐射防护。优化铀矿冶生产“三废”处理技术及废水排放管理。落实铀矿冶企业监测责任，加强企业流出物和周边环境监测。加强地下铀矿山在役矿井通风，完善防尘降氡措施，开展井下消防系统等安全改造，提高铀矿山和在役矿井的安全性。强化铀矿冶辐射防护最优化管理，规范职业照射剂量管理措施，铀矿冶个人职业照射剂量不断降低。

推进铀矿冶设施安全整治和退役。按年度开展尾矿库现状评价，监测铀矿山尾矿（渣）坝的安全状态，对发现安全隐患的尾矿（渣）库进行安全整治。推进硬岩铀矿退役治理工作，基本完成 2010 年前关停的铀矿冶设施退役治理和环境恢复。全面完成位于敏感地区的铀矿地质勘探设施退役治理。安全关闭“十二五”期间关停的铀矿冶设施，维护环保设施正常运行，启动退役治理。进一步依法明确铀矿冶设施退役治理后长期监护责任主体，建立长期监护机制，落实长期监护

资源保障。制定地浸铀矿山退役治理计划，及时开展退役环境治理。

加强伴生放射性矿辐射环境管理。完成伴生放射性矿现状调查和辐射现状普查，推进伴生放射性矿产资源分类管理。开展锆及氧化锆、石煤、稀土等伴生放射性矿开发利用辐射安全监管和辐射环境标准研究。督促伴生放射性矿开采、利用企业加强周边辐射环境监测和流出物监测。研究控制人为活动引起的天然放射性水平提高。

（六）强化管理，提高核安全设备质量可靠性

强化对核安全设备监管。适时更新民用核安全设备目录，动态调整重点监管的核安全设备。优化核安全设备许可审批流程，按设备类别明确核安全设备许可的条件，建立量化评价指标，对持证单位进行动态管理。制定和完善核安全设备鉴定管理要求和制造活动关键工艺要求，建立核安全设备独立验证手段，持续完善核电厂在役检查无损检验技术能力验证体系。严格执法，严肃查处违规操作和弄虚作假行为，处罚结果及时向社会公开和行业通报，建立责任人终身追究制度。强化过程监督，严格重大不符合项安全审评。强化经验反馈，完善关键部件材料可靠性数据库。依法加强对进口民用核安全设备审评监督及安全检验。

落实企业核安全设备质量责任。加强营运单位对核安全设备的监造管理，强化出厂验收。民用核安全设备持证单位持续提高核安全文化水平及质量保证体系有效性，建立关键工艺、关键岗位责任人制度，提高设备质量和可靠性。

（七）防控结合，提升核安保水平

提高核设施安保水平。开展核电厂出入口控制、监控视频系统、低空飞行物及海面探测等实物保护系统改造。提高核电厂网络安全水平，对核电厂网络威胁进行评估和风险分析，合理配置工具，建立和强化核电厂防范网络攻击、数据操纵或篡改的能力。开展研究堆周界围墙、视频监控系统、控制区铁丝网等改造。对核燃料循环设施构筑围栏，升级现有的保密技防或监控系统。对重点放射性废物处理设施开展实物保护能力建设，整体提升实物保护水平。

提高核技术利用安保水平。发布《城市放射性废物库安全防范系统要求》，升级改造国家放射源集中贮存库和省级城市放射性废物库安保系统。完成部分地区城市放射性废物库废旧放射源库的清库工作。

维护国际核不扩散体系。不断完善核进出口管制体系，加强核两用品出口管制，积极打击核走私活动。加强信息共享，提高边境核辐射探测和处置能力，加强进出境口岸放射性物品检测。推广减少高浓铀合作模式，研究推进高浓铀微堆

改造，协助相关国家改造高浓铀微堆，推广使用低浓铀。

（八）常备不懈，加强核与辐射应急响应

完善应急预案和指挥体系。适时修订《国家核应急预案》和各级应急预案，有效衔接国家其他相关应急预案。制定发布《核应急预案管理办法》，动态管理各级核应急预案，完善核应急预案执行程序，对各级核应急预案落实情况进行检查评估。优化核应急专网，实现国家核应急响应（指挥）中心与相关部门和各级应急指挥中心互联互通，加强应急信息交流和共享。完善监管部门核与辐射事故应急平台建设，整合集成指挥、监测、协调、信息报送等功能。完善重点省份和涉核集团公司（院）核应急指挥中心建设。加强有关省份核应急前沿指挥所（联合指挥所）以及核应急机动指挥平台建设。

强化应急救援和技术支持体系。完成国家核应急救援队组建，加强救援队能力建设，研发应急救援设备，具备执行重特大核事故处置任务的能力。完成国家核事故应急支援基地和核电集团核事故场内应急支援队伍建设。加强重点省份核应急救援力量建设，建成适合本区域的核应急救援体系。开展重点地区核与辐射应急能力建设，具备有效应对突发核污染事件的预警、应急监测和应急处置能力。核设施营运单位加强应急队伍建设，提高应急救援能力和水平。实施国家核应急大数据战略，建立完善核应急资源管理等数据系统。“十三五”末完成各核电集团公司层面核应急资源储备。加强核应急各专业技术支持中心能力建设，完善工作机制，开展协同演练。省级核应急组织和核设施营运单位完善核应急技术支持手段。

加强应急演习和培训。突出实战，适时组织实施“神盾”系列国家核应急联合演习，加强核应急技术支持力量协同演习，开展军地联合应急监测演练，完善演习评估机制。每年开展一次国家辐射事故综合应急演习，“十三五”时期完成各省（区、市）综合性辐射应急演习任务，各省（区、市）定期组织开展专项应急演习。完善国家核应急管理培训体系，定期组织应急指挥决策层参加应急管理培训，加强对各级核应急组织管理人员的专业培训。完善国家级核应急培训基地建设。

（九）创新驱动，推进核安全科技研发

推进重大专项核安全科研实施。充分利用国家科技重大专项、核能开发科研及退役治理专项等现有科研资金及渠道，进一步建立和完善核安全科技研发平台，继续推进一批核安全技术研发并取得突破。

推进核安全重点技术研发。按照夯实基础、突破瓶颈、提升水平、拓展领先的总体思路，针对“十三五”期间需要重点关注的12个领域，推动技术研发。开展严重事故分析研究、设备材料老化评估及运行许可证延续关键技术研究、风险指引型核安全监管技术研究、新型反应堆安全评价验证研究、安全分析软件研发、非能动安全技术研究、数字化仪控系统失效模式和可靠性研究、核电厂网络安全研究、内陆核电安全技术及环境影响评价技术研究、应急去污洗消技术研究、放射性废物中等深度和近地表处置技术研究、高放废物处理处置技术研究。推动科研成果的工程应用，为提升我国核安全整体水平提供有力支撑。

（十）提升能力，推进核安全监管现代化建设

不断提高审评技术能力。全面建成国家核与辐射安全监管技术研发基地。在堆芯及事故分析、概率安全分析、力学计算、临界安全分析、辐射防护计算、厂址选择、环境影响评价及应急工作中进一步提高校核计算能力。开展压水堆非能动安全系统性能验证，核安全设备、管道系统力学分析验证，数字化仪控系统验证，放射性废物安全验证。推进标准化审评方式，优化核电项目及新型核能技术安全审评，完善审评方法。

完善监督监控能力。强化地区核与辐射安全监督站能力建设，改善监督站业务用房、现场检查和执法技术装备。加大概率安全分析技术成果应用，研究并试点开展风险指引型监督检查。统一各类核设施、铀矿冶设施从业人员职业照射剂量统计标准，实现归口化管理，建立全国统一的个人剂量管理系统。建设全国放射性废物管理信息系统。建立涵盖核电厂、研究堆、核燃料循环设施、核安全设备等要素在内的经验反馈信息平台，完善相关数据库，强化运行、建造事件反馈和信息经验共享。

加强辐射环境监测能力。完善国家辐射环境质量监测网，推进国控辐射环境质量自动监测站建设。完善海洋辐射监测网络，强化核电厂放射性流出物对海洋生态环境影响监测。开展中央本级辐射监测能力建设，系统提升地区核与辐射安全监督站辐射监测水平，强化中央本级技术支持单位辐射监测能力。推进快速应急监测系统建设，全国所有地级市具备核与辐射应急监测快速响应能力。强化核设施外围环境监督性监测，提升监督性监测系统整体配置与性能。完善省级辐射环境监测网络建设，依法开展辐射环境监测实验室计量认证工作，省级辐射环境监测机构全部通过辐射监测能力评估和计量认证，加强重点地市级区域辐射环境监测能力建设，国家、省、区域辐射监测数据实现网络互联。

四、重点工程

为确保完成规划目标，“十三五”安排核安全改进、核设施退役及放射性废物治理、核安保与反恐升级、核事故应急保障、核安全科技创新、核安全监管能力建设6项重点工程，通过重点工程实施有效推进规划重点任务落实。

（一）核安全改进工程

开展技术升级、工程改造等重大项目，排除安全隐患，持续提高核电厂、研究堆、核燃料循环等核设施的安全水平，保障核安全。

专栏1　核安全改进工程
1. 核电厂安全改进，包括开展日本福岛核事故后核电厂安全改进行动计划长期项目，开展核电厂数字化仪控系统、乏燃料水池、冷源安全、应急电源、安注系统、放射性废物处理系统等安全改进；在核岛厂房控制区增加视频监视系统
2. 秦山320MW机组许可证延续评估，包括评估执照基准变化对机组安全状况的影响，开展系统、设备及重要零部件时限老化分析和整体性评估，开展机组安全改进
3. 研究堆安全改进，包括中国先进研究堆安全棒驱动机构改造及其他辅助系统安全改造、中国实验快堆辐射防护系统升级改造，高通量工程试验堆、岷江试验堆、中国脉冲堆等研究堆老化系统设备技术改造
4. 核燃料循环设施安全改进，包括部分燃料元件制造设施、铀浓缩工程辅助配套等设施鉴定、评估及加固改造

（二）核设施退役及放射性废物治理工程

推进核设施退役及放射性污染治理，开展放射性废物处理设施和放射性废物处置场建设，对关停的铀地质勘探设施与铀矿冶设施实施退役治理。

专栏2　核设施退役及放射性废物治理工程
1. 早期核设施退役，包括重点单位早期反应堆、核燃料循环设施、科研设施、三废处理等设施的退役
2. 放射性废物处理能力建设，包括高、中、低放废液处理设施的建设，放射性固体废物压缩减容、焚烧、暂存能力建设
3. 放射性废物处置能力建设，包括5座中低放固体废物处置场建设；西北中低放固体废物处置场扩建；新建成的中低放固体废物处置场废物接收检测能力建设；高放废物地质处置地下实验室建设
4. 铀矿冶设施和铀地质勘探设施退役治理，包括完成部分关停的铀矿冶设施退役治理和环境恢复，安全关闭部分铀矿冶设施，及时启动退役治理；开展铀矿地质勘探矿床（点）的退役治理和环境恢复

（三）核安保与反恐升级工程

对已运行核设施开展实物保护安全性能评价，推进核设施和城市放射性废物库实物保护系统升级和改造，提升设施核安保水平。

专栏 3　核安保与反恐升级工程
1. 核电厂实物保护改造，包括部分核电厂实物保护系统整体升级改造、视频监控系统改造、门禁等出入口控制改造，增加入侵探测和生物智能识别系统、低空飞行物管控工具和设备、海面探测系统设备
2. 核电厂网络安全能力建设，包括建立核电厂网络安全实验室，搭建核电厂工控系统测试平台，配备核电厂网络安全监控工具，开展网络计算机关键系统技术控制措施研究及相关基础设施的建设
3. 研究堆实物保护改造，包括重点单位实物保护系统运行保障能力建设；重点单位实物保护系统工程改造
4. 核燃料循环设施实物保护改造，包括部分核燃料循环设施实物保护系统改造、核安全监控体系升级改造和整体安保能力建设
5. 城市放射性废物库实物保护系统升级改造，包括部分城市放射性废物库安保系统升级改造；对个别地区城市放射性废物库废旧放射源和放射性废物开展清库
6. 高浓铀研究堆低浓化改造，包括对部分研究堆开展低浓化改造，协助相关国家开展低浓铀改造

（四）核事故应急保障工程

按照国家三级应急体系，通过加强国家、省级和重点核设施单位核事故应急和支援能力建设，提高应急准备和响应水平，有效应对核事故。

专栏 4　核事故应急保障工程
1. 国家核事故应急救（支）援体系建设，包括国家核事故应急救援队能力建设；浙江秦山、广东大亚湾（阳江）、山东烟台 3 个支援基地建设，核电培训、物资储备和技术支持等基础设施建设，配备运输车辆、信息通信、运行维修、远程遥控、辐射监测与防护、后勤保障等设备；国家级核应急专业技术支持中心和救援分队建设，各支力量达到相应能力要求
2. 边境及周边地区应急监测能力建设，在边境及周边地区配置固定及可移动自动监测装置，建设前沿中心实验室和后方实验室，研究布设水体辐射自动监测站，加强无人机辐射应急航测能力建设，研发针对核试验的多尺度放射性后果评价系统
3. 省级应急能力建设，包括江苏、浙江、广东、福建、广西、辽宁、山东和海南等各核电省份应急指挥、救援能力建设并完善应急物资储备，省级核应急医学救援队伍建设，配备现场医学救援装备
4. 重点单位和核电集团公司应急能力建设，包括各核电集团公司和重点单位核事故应急能力、指挥协调、技术支持、救援分队等能力建设，配备必要应急物资及装备

（五）核安全科技创新工程

围绕核电厂严重事故、设备材料老化等重点领域，开展提升核安全水平的科研攻关，建立一批平台，突破一批关键技术。

专栏5　核安全科技创新工程
1. 严重事故分析研究，对典型严重事故开展风险评估，对严重事故分析工具、应对措施开展试验验证
2. 设备材料老化评估及许可证延续关键技术研究，建立评估模型，评估长期工况下设备材料老化行为，建立核设施运行许可证延续论证技术体系
3. 风险指引型核安全监管技术研究，制定适用于我国监管要求的风险指引型核安全监管框架，制定具体行动实施程序，开发数据库平台
4. 新型反应堆安全评价验证研究，对加速器驱动次临界洁净核能系统、模块化小堆、示范钠冷快堆、高温堆和浮式反应堆等建立安全评价验证模型，开展安全评价技术研究
5. 安全分析软件研发，开发具有自主知识产权的大型先进压水堆安全分析核心软件，建立核安全分析软件评价数据库、综合计算分析应用平台
6. 非能动安全技术研究，对核电厂重要非能动安全系统开展非能动机理、设计优化和试验验证等研究工作，提升核电厂非能动系统安全性
7. 数字化仪控系统失效模式和可靠性研究，开展数字化仪控系统失效机理和故障模式等研究，建立数字化仪控系统安全评估框架和模型，完善核电厂数字化仪控系统安全评估体系
8. 核电厂网络安全研究，开展核电厂工业控制系统等级保护和测评要求、安全评估标准和规范研究，构建核电厂信息安全技术体系和信息安全监控管理与运维体系平台
9. 内陆核电安全技术及环境影响评价技术研究，开展内陆核电安全目标、机组放射性废液处理与监测、大气扩散规律和冷却塔等重要系统环境影响评价技术、场外应急技术、流域环境容量等研究，建立内陆核电厂大气、水等生态环境影响评价计算方法和模型
10. 应急去污洗消技术研究，开展放射性去污剂配方及适应性实验研究，研发应急去污洗消系统，研究污水、固体废弃物处理与处置方法
11. 放射性废物中等深度和近地表处置技术研究，开展中低放废物分类及处置技术路线研究，开展中等深度处置安全技术路线和目标研究，建立中等深度处置设施安全分析技术体系和平台。开展岩洞近地表处置技术研究
12. 高放废物处理处置技术研究，重点突破高放废液玻璃固化技术，开发高放废物地质处置多屏障系统安全性能评价模型和计算软件，开展多屏障系统安全性能验证

（六）核安全监管能力建设工程

开展国家、省、地级市核安全监管能力建设，全面加强核安全审评、监督、监测能力，构建核安全监管技术支撑平台，不断提升我国核安全监管水平。

专栏 6　核安全监管能力建设工程
1. 国家核与辐射安全监管技术研发基地建设，包括建设压水堆安全性技术试验平台、核安全监控预警与应急响应平台、核安全国际合作交流平台、核电厂运行安全仿真分析技术实验室、放射性废物安全管理技术验证实验室、辐射环境监测技术实验室
2. 全国辐射环境监测网络建设，包括国控大气辐射环境自动监测站建设，对接近运行寿命周期、设备老化的自动监测站进行系统优化和升级改造；对 5 家重点核设施单位共 21 个国控点位的外围环境监督性监测系统进行升级；省级辐射环境监测网建设，覆盖重点监管的核设施周边地区、边境及其他敏感地区
3. 中央和地方辐射环境监测能力建设，包括全国 6 个地区核与辐射安全监督站、2 个技术支持中心监测能力建设，提高大规模样品实验室分析能力、质量控制能力以及信息汇总和评价能力；补齐省级核与辐射应急监测调度平台及地市级快速应急监测系统，有核电省份事故早期预警及污染区快速划定能力建设，重点地市开展区域性监测分析实验室建设
4. 核与辐射安全监督站基础能力建设，包括全国 6 个地区核与辐射安全监督站执法装备配备、人员培训。监督站业务用房、华东地区核电模拟机控制室及其配套设施等相关能力建设
5. 核与辐射安全监管信息系统建设和升级，包括国家核技术利用辐射安全管理系统全面升级，具体涵盖核技术利用网络化监督检查系统、放射性药品进出口及转让业务系统、核技术利用经验反馈系统开发；建立高风险移动放射源在线实时跟踪监控平台；建立全国放射性废物管理信息系统，对核设施、核技术利用活动中放射性废物产生、处理、贮存和处置实现全过程信息化管理
6. 海洋辐射监测能力建设，包括在我国沿海核电厂附近海域建设辐射监测系统，完善海洋辐射监测预警体系

五、保障措施

（一）完善法律法规，强化法治基础

积极推进核安全立法。推动出台核安全法、原子能法。研究修订《放射性同位素与射线装置安全和防护条例》《核电厂核事故应急管理条例》。指导和规范地方核与辐射安全法规制修订工作，做好与国家法律法规体系的衔接。

完善部门规章和导则。制定工作计划，有序推进核安全部门规章和技术导则的制修订工作。制定放射性废物分类办法等 2 项部门规章。修订核动力厂质量保证安全规定等 5 项部门规章。制定核动力厂营运单位核应急演习等 19 项导则，修订核设施实物保护等 15 项导则。

推进核安全标准系统化。加强核安全标准顶层设计与管理，建立核与辐射安全标准体系，加快制修订一批核安全标准，强化核安全标准立项审查，提高标准与法规的衔接性。

（二）强化政策配套，推进重点工作

建立系统的核安全与放射性污染防治政策体系。制定国家放射性废物管理战略。依法落实核电站乏燃料处理处置基金制度。制定放射性废物清洁解控和最小化政策，优化放射性同位素与射线装置管理政策。探索制定研究堆审批立项阶段的设施运维和退役费用安排政策。研究建立核保险巨灾责任准备金制度，调整核事故第三方损害最高赔偿限额，研究商业保险参与国家核应急工作机制。推动高风险放射源辐射安全责任保险试点工作，推动在Ⅲ类以上放射源放射性测井和工业移动探伤领域建立责任保险。研究建立职业人员健康损害赔偿制度。

（三）优化体制机制，提高管理效率

优化核安全监督管理制度。建立监管独立、部门协作、权责分明、运转高效、分工负责的核安全管理体系，优化核事故应急协调机制。初步建立核设施退役和放射性废物治理企业化、市场化、专业化管理模式和运行机制。积极引入行业组织、第三方机构参与核安全监督管理。

推进行政许可改革。加快推进核安全人员资质、核安全设备、放射性物品运输等方面的行政许可改革论证，加强核安全事中事后监管。引导、鼓励核电集团公司申请核安全许可证，落实集团公司核安全管理责任。

推进辐射环境监测体制改革。按照中央关于省以下环保机构监测监察执法垂直管理制度改革试点的有关精神，做好辐射环境监测体制调整工作，省级环保部门统一负责本行政区域内辐射环境质量监测、调查评价和考核工作，按照核设施与核技术利用活动分布情况，在重点区域增强监测力量，配备相应监测装备，开展本行政区域内辐射环境监测工作。完善辐射环境安全管理督查工作机制，加大对地方核与辐射安全监管工作的督查和指导，推进督查工作规范化和制度化。进一步完善核与辐射安全监管对口援藏、援疆的政策和技术支持机制。

（四）加快人才培养，夯实人才保障

完善核安全人才培养培训体系。制定核安全人才发展计划，建立健全高校、科研机构与企业的人才联合培养机制，“十三五”末实现核与辐射安全等相关专业人才增长 1 万人左右。加大涉核领域严重事故分析、公众沟通、人因分析、核法律等方向的人才培养力度，解决人才稀释及紧缺问题。积极拓宽人才培训渠道，通过实施人员交流、非全日制研究生教育、国际培训、导师计划等，开展多类型多方位的交流培训，鼓励企业开展人员培训。编制实施《核与辐射安全监督检查人员中长期业务培训规划》，拓展培训领域，优化课程设置，扩大培训范围，强化核与辐射安全监管人员培训。

建立良好的人才管理机制。探索建立政府管理部门与企业、企业与企业间均衡的人才流动机制，吸引高素质人才进入核安全监管领域，强化核燃料循环产业前端和后端人才配置。形成有利于各类专业人才充分施展才能的选人用人机制，提高核安全从业人员的薪酬待遇，完善以绩效为核心的人才考核与激励机制，培养核安全学术和技术引领者、专业领域技术带头人等。

（五）强化文化培育，提高安全意识

全方位开展核安全文化宣传贯彻。制定核安全文化建设实施方案和年度工作计划。建立核安全文化宣传贯彻队伍，完善宣传贯彻教材，推动核安全文化宣传培训工作深入开展。在核设备领域以及特种工艺人员资格考核领域建立核安全文化示范基地，并推动向其他领域延伸。在行业内树立核安全文化典型单位和个人，汇编核安全文化建设良好实践，强化经验交流，充分发挥引领作用，推动各单位将核安全文化的理念和要求纳入规章制度。

建立核安全文化评估机制。完善核安全文化检查机制，将核安全文化融入日常核安全监督检查。制定核安全文化评估标准和程序，建立评估体系，在核动力厂、核设备领域开展核安全文化试点评估活动，在核技术利用、核燃料循环领域探索核安全文化评估工作。推动行业协会开展核安全文化同行评估。

（六）加强公众沟通，推进公众参与

推进“四位一体”的核安全公众沟通工作。完善以政府为主导的公众沟通制度，推进公众沟通能力建设。将核安全基础知识纳入教育和培训体系，推动核与辐射知识进社区、中小学及干部培训课堂，依托企业，建设 10 个国家级核与辐射安全科普宣教基地，强化网络平台和新媒体宣传功能，加强与媒体的沟通交流。完善信息公开方案和指南，加强信息公开平台建设，企业在不同阶段依法公开项目建设信息，政府主动公开许可审批、监督执法、环境监测、事故事件等信息，加强公开信息解读。保障在核设施建设过程中公众依法参与的权利。

（七）深化国际合作，借鉴先进经验

积极参与国际核安全体系建设。学习国际先进理念和先进技术，汲取国际经验和教训。分享我国良好实践，推动建立公平、合作、共赢的国际核安全体系。推广国家核电安全监管体系，依托核与辐射安全监管技术研发基地，推动建设核与辐射安全国际合作交流平台，帮助有需要的国家提升监管能力，分享我国良好实践。加强国际履约，促进履约成果转化，强化核安全双多边国际交流与合作。

（八）完善投入机制，落实支持政策

支持国家核与辐射安全监管技术研发基地、国家辐射环境监测网的建设和设施运维，地区核与辐射安全监督站能力建设，战略性、公益性、基础性核安全科技研发。加大地方投入，保障省、地市级辐射监测与应急能力建设经费，省级辐射环境监测网建设、运维经费，地方监管执法经费，城市放射性废物库的改造资金。企业加大投入，保障安全改造、技术升级、应急抢险、运行管理、安全保卫经费。有效使用乏燃料处理处置基金和核电厂退役基金。

六、组织实施

明确责任主体。各部门、各级地方政府和相关企事业单位要按照职责分工和规划确定的目标要求，将工作任务纳入到年度工作计划，在各自现有资金渠道中给予优先安排，制定实施方案，落实主体，明晰责任，严格管理，加强考核。

加强沟通协调。环境保护部、国家发展改革委、财政部、国家能源局、国防科工局作为规划主要实施部门要加强组织协调，中央、地方和军队有关部门、相关企事业单位要相互配合，积极制定配套政策，切实推动规划实施。

强化监督评估。环境保护部等规划主要实施部门对本规划实施情况加强跟踪分析和监督检查，组织开展规划中期和期末评估，评估结果向国务院汇报。

附录B　电力发展“十三五”规划（2016—2020年）

（国家发展和改革委员会国家能源局　2017年6月5日发布）

前言

“十三五”时期是我国全面建成小康社会的决胜期、全面深化改革的攻坚期。电力是关系国计民生的基础产业，电力供应和安全事关国家安全战略，事关经济社会发展全局，面临重要的发展机遇和挑战。面对新形势，党中央、国务院明确提出了“推动消费、供给、技术、体制革命，全方位加强国际合作”能源发展战略思想，以及“节约、清洁、安全”的能源发展方针，为电力工业持续健康发展提供了根本遵循。

为深入贯彻落实党的十八大和十八届三中、四中、五中、六中全会精神，根据《中华人民共和国国民经济和社会发展第十三个五年规划纲要》《能源发展“十三五”规划》制订本规划。

本规划内容涵盖水电、核电、煤电、气电、风电、太阳能发电等各类电源和输配电网，重点阐述“十三五”时期我国电力发展的指导思想和基本原则，明确主要目标和重点任务，是“十三五”电力发展的行动纲领和编制相关专项规划的指导文件、布局重大电力项目的依据，规划期为2016—2020年。规划实施过程中，适时进行滚动调整。

一、发展基础

（一）取得的成绩

电力工业发展规模迈上新台阶。“十二五”期间，我国电力建设步伐不断加快，多项指标居世界首位。截至2015年年底，全社会用电量达到5.69万亿kW·h；全国发电装机达15.3亿kW，其中，水电3.2亿kW（含抽水蓄能0.23亿kW），风电1.31亿kW，太阳能发电0.42亿kW，核电0.27亿kW，火电9.93亿kW（含煤电9亿kW，气电0.66亿kW），生物质能发电0.13亿kW；“西电东送”规模达1.4亿kW；220kV及以上线路合计60.9万km，变电容量33.7亿kV·h。

截至2015年年底，我国人均装机约1.11kW，人均用电量约4 142kW·h，均超世界平均水平；电力在终端能源消费中占比达25.8%。

华北、华中、华东、东北、西北、南方六个区域各级电网网架不断完善，配电网供电能力、供电质量和装备水平显著提升，智能化建设取得突破，农村用电条件得到明显改善，全面解决了无电人口用电问题。

结构调整取得新成就。“十二五”时期，我国非化石电源发展明显加快。全国水电规模稳步增加，新增投产超过1亿kW，占全国发电装机比重达到20.9%；风电规模高速增长，占比由2010年的3.1%提高至8.6%，跃升为我国第三大电源；光伏发电实现了跨越式发展，累计新增约4 200万kW；核电在运行装机规模居世界第四，在建设3 054万kW，居世界第一。

火电机组结构持续优化，超临界、超超临界机组比例明显提高，单机30万kW及以上机组比重上升到78.6%；单机60万kW及以上机组比重明显提升，达到41%。

非化石能源装机占比从2010年的27%提高到2015年的35%；非化石能源在一次能源消费中的比重从2010年的9.4%提高到2015年的12%，超额完成“十二五”规划目标。

节能减排达到新水平。持续推进燃煤机组淘汰落后产能和节能改造升级，累计关停小火电机组超过2 800万kW，实施节能改造约4亿kW，实施超低排放改造约1.6亿kW。

全国火电机组平均供电煤耗降至315g/（kW·h）（标准煤）[其中煤电平均供电煤耗约318g/（kW·h）（标准煤）]，达到世界先进水平，煤电机组二氧化碳排放强度下降到约890g/（kW·h）；供电煤耗五年累计降低18 g/（kW·h）(标准煤)，年节约标准煤7 000万t以上，减排二氧化碳约2亿t。

实施严格的燃煤机组大气污染物排放标准，完善脱硫脱硝、除尘、超低排放等环保电价政策，推动现役机组全面实现脱硫，脱硝比例达到92%。2015年电力行业二氧化硫、氮氧化物等主要大气污染物排放总量较2010年分别减少425万t、501万t，二氧化硫、氮氧化物减排量超额完成了“十二五”规划目标。

装备技术创新取得新突破。燃煤发电技术不断创新，达到世界领先水平。百万kW级超超临界机组、超低排放燃煤发电技术广泛应用；60万kW级、百万kW

级超超临界二次再热机组和世界首台60万kW级超临界CFB机组投入商业运行；25万kW整体煤气化联合循环（IGCC）、10万t二氧化碳捕集装置示范项目建成，世界首台百万kW级间接空冷机组开工建设。

水电工程建设技术和装备制造水平显著提高。攻克了世界领先的300米级特高拱坝、深埋长引水隧洞群等技术，相继建成了世界最高混凝土双曲拱坝（锦屏一级水电站），深埋式长隧洞（锦屏二级水电站）及世界第三、亚洲第一高的土心墙堆石坝（糯扎渡水电站）。

风电、太阳能等新能源发电技术与国际先进水平的差距显著缩小。我国已经形成了大容量风电机组整机设计体系和较完整的风电装备制造技术体系；规模化光伏开发利用技术取得重要进展，晶体硅太阳电池产业技术具备较强的国际竞争力，批量化单晶硅电池效率达到19.5%，多晶硅电池效率达到18.5%。

核电技术步入世界先进行列。完成三代AP1000技术引进消化吸收，形成自主品牌的CAP1400和“华龙一号”三代压水堆技术，开工建设具有第四代特征的高温气冷堆示范工程，建成实验快堆并成功并网发电。

电网技术装备和安全运行水平处于世界前列。国际领先的特高压输电技术开始应用，±1 100kV直流输电工程开工建设。大电网调度运行能力不断提升，供电安全可靠水平有效提高。新能源发电并网、电网灾害预防与治理等关键技术及成套装备取得突破，多端柔性直流输电示范工程建成投运。

电力国际合作拓展新局面。对外核电、火电、水电、新能源发电及输变电合作不断加强，投资形式日趋多样。带动了我国标准、技术、装备、金融“走出去”。与8个周边国家和地区开展电力贸易，投资巴西、葡萄牙等国电网。

体制改革开启新篇章。《中共中央 国务院关于进一步深化电力体制改革的若干意见》（中发〔2015〕9号）及相关配套文件相继出台，试点工作逐步开展，价格机制逐步完善，输配电价改革试点加快推进，市场主体逐步培育，电力市场建设取得新进展。

简政放权深入推进。取消和下放电力审批事项17项，全面清理规范性文件，建立合法性审查制度，颁布或修改一大批电力法律、法规、产业政策和行业标准。

组建中国电建、中国能建两家特大型能源建设集团，主辅分离取得阶段性进展。基本取消了县级供电企业“代管体制”，基本实现城乡用电同网同价。

专栏 1 "十二五"电力工业发展情况

类别	指标名称	2010 年	2015 年	年均增速
用电量	全社会用电量 /（亿 kW • h）	41 999	56 933	6.27%
	人均用电量 /（kW • h）	3 132	4 142	5.75%
电源规模	总装机规模 / 亿 kW	9.7	15.3	9.54%
	人均装机 /（kW/ 人）	0.7	1.11	9.66%
	水电 / 亿 kW	2.16	3.2	8.15%
	核电 / 亿 kW	0.11	0.27	19.67%
	风电 / 亿 kW	0.3	1.31	34.29%
	光伏 / 亿 kW	0.003	0.42	168.67%
	火电 / 亿 kW	7.1	9.93	6.94%
	生物质能发电 / 亿 kW	—	0.13	—
电网规模	220kV 及以上线路 / 万 km	44.6	60.9	6.4%
	变电容量 /（亿 kV • A）	19.90	33.7	11.11%
电力流	西电东送规模 / 亿 kW	1	1.4	6.96%
能耗	火电机组平均供电煤耗 /[g/(kW • h)（标准煤）]	333	315	〔-18〕
	线路损失率	6.53%	6.64%	〔0.11 个百分点〕
主要大气污染物排放量	二氧化硫 / 万 t	956	528.1	
	氮氧化物 / 万 t	1 055	551.9	

注：1.〔〕为五年累计值。

2. 2015 年二氧化硫、氮氧化物排放量以环境统计年鉴公布数据为准。

（二）机遇与挑战

电力工业发展取得成绩的同时，也暴露出很多问题。"十二五"期间，电力供应由总体平衡、局部偏紧的状态逐步转向相对宽松、局部过剩。非化石电源快速发展的同时，部分地区弃风、弃光、弃水问题突出，"三北"地区风电消纳困难，云南、四川两省弃水严重。局部地区电网调峰能力严重不足，尤其北方冬季采暖期调峰困难，进一步加剧了非化石能源消纳矛盾。电力设备利用效率不高，火电利用小时数持续下降，输电系统利用率偏低，综合线损率有待进一步降低。区域电网结构有待优化，输电网稳定运行压力大，安全风险增加。城镇配电网供电可靠性有待提高，农村电网供电能力不足。电力市场在配置资源中发挥决定性作用的体制机制尚未建立，电力结构优化及转型升级的调控政策亟待进一步加强。

“十三五”是我国全面建成小康社会的决胜期，深化改革的攻坚期，也是电力工业加快转型发展的重要机遇期。在世界能源格局深刻调整、我国电力供需总体宽松、环境资源约束不断加强的新时期，电力工业发展面临一系列新形势、新挑战。

供应宽松常态化。“十三五”期间，随着经济发展进入新常态，增长速度换挡，结构调整加快，发展动力转换，节能意识增强，全社会用电增速明显放缓。“十二五”期间开工建设的发电设备逐步投入运行，局部地区电力供过于求，设备利用小时数偏低，电力系统整体利用效率下降。我国电力供应将进入持续宽松的新阶段。

电源结构清洁化。大气污染防治力度加强，气候变化形势日益严峻，生态与环保刚性约束进一步趋紧。我国已向国际社会承诺 2020 年非化石能源消费比重达到 15% 左右，加快清洁能源的开发利用和化石能源的清洁化利用已经成为必然趋势。加快能源结构调整的步伐，向清洁低碳、安全高效转型升级迫在眉睫。

电力系统智能化。推进电力工业供给侧改革，客观上要求改善供应方式，提高供给效率，增强系统运行灵活性和智能化水平。风电、光伏发电大规模并网消纳，核电安全运行对电力系统灵活性和调节能力提出了新的要求。为全面增强电源与用户双向互动，提升电网互济能力，实现集中和分布式供应并举，传统能源和新能源发电协同，增强调峰能力建设，提升负荷侧响应水平，建设高效智能电力系统成为必然选择。

电力发展国际化。随着“一带一路”建设的逐步推进，全方位、多领域的电力对外开放格局更加明晰，电力产业国际化将成为一种趋势。电力企业国际化面临积累国际竞争经验，提高产品和服务多样化水平，电力行业标准与国际标准衔接，履行企业环境责任，完善金融保险配套服务等诸多挑战。电力国际化进程对我国与周边国家的电力互联互通和电力装备制造水平提出了新要求。

体制机制市场化。新一轮电力体制改革将改变电网企业的功能定位和盈利模式，促进电网投资、建设和运营向着更加理性化的方向发展。市场主体逐渐成熟，发电和售电侧引入市场竞争，形成主体多元、竞争有序的交易格局。新兴业态和商业模式创新不断涌现，市场在资源配置中的决定性作用开始发挥，市场化正在成为引领电力工业发展的新方向。

二、指导思想、原则和目标

（一）指导思想

深入贯彻党的十八大和十八届三中、四中、五中、六中全会精神，落实“四个革命、一个合作”发展战略，牢固树立和贯彻落实创新、协调、绿色、开放、共享发展理念，按照《中华人民共和国国民经济和社会发展第十三个五年规划纲要》《能源发展“十三五”规划》相关部署，加强统筹协调，加强科技创新，加强国际合作；着力调整电力结构，着力优化电源布局，着力升级配电网，着力增强系统调节能力，着力提高电力系统效率，着力推进体制改革和机制创新；加快调整优化，转型升级，构建清洁低碳、安全高效的现代电力工业体系，惠及广大电力用户，为全面建成小康社会提供坚实支撑和保障。

（二）基本原则

统筹兼顾，协调发展。统筹各类电源建设，逐步提高非化石能源消费比重。降低全社会综合用电成本。统筹电源基地开发、外送通道建设和消纳市场，促进网源荷储一体协同发展。

清洁低碳，绿色发展。坚持生态环境保护优先，坚持发展非煤能源发电与煤电清洁高效有序利用并举，坚持节能减排。提高电能占终端能源消费比重，提高发电用煤占煤炭消费总量比重，提高天然气利用比例。

优化布局，安全发展。坚持经济合理，调整电源布局，优化电网结构。坚守安全底线，科学推进远距离、大容量电力外送，构建规模合理、分层分区、安全可靠的电力系统，提高电力抗灾和应急保障能力。

智能高效，创新发展。加强发输配用交互响应能力建设，构建“互联网 +”智能电网。加强系统集成优化，改进调度运行方式，提高电力系统效率。大力推进科技装备创新，探索管理运营新模式，促进转型升级。

深化改革，开放发展。坚持市场化改革方向，健全市场体系，培育市场主体，推进电价改革，提高运营效率，构建有效竞争、公平公正公开的电力市场。坚持开放包容、政府推动、市场主导，充分利用国内国外两个市场、两种资源，实现互利共赢。

保障民生，共享发展。围绕城镇化、农业现代化和美丽乡村建设，以解决电网薄弱问题为重点，提高城乡供电质量，提升人均用电和电力普遍服务水平。在革命老区、民族地区、边疆地区、集中连片贫困地区实施电力精准扶贫。

（三）发展目标

1. 供应能力

为保障全面建成小康社会的电力电量需求，预期2020年全社会用电量6.8万亿～7.2万亿kW·h，年均增长3.6%～4.8%，全国发电装机容量20亿kW，年均增长5.5%。人均装机突破1.4kW，人均用电量5 000kW·h左右，接近中等发达国家水平。城乡电气化水平明显提高，电能占终端能源消费比重达到27%。

考虑到为了避免出现电力短缺影响经济社会发展的情况和电力发展适度超前的原则，在预期2020年全社会用电需求的基础上，按照2 000亿kW·h预留电力储备，以满足经济社会可能出现加速发展的需要。

2. 电源结构

按照非化石能源消费比重达到15%的要求，到2020年，非化石能源发电装机达到7.7亿kW左右，比2015年增加2.5亿kW左右，占比约39%，提高4个百分点，发电量占比提高到31%；气电装机增加5 000万kW，达到1.1亿kW以上，占比超过5%；煤电装机力争控制在11亿kW以内，占比降至约55%。

3. 电网发展

合理布局能源富集地区外送，建设特高压输电和常规输电技术的“西电东送”输电通道，新增规模1.3亿kW，达到2.7亿kW左右；电网主网架进一步优化，省间联络线进一步加强，形成规模合理的同步电网。严格控制电网建设成本。全国新增500kV及以上交流线路9.2万km，变电容量9.2亿kV·A。

基本建成城乡统筹、安全可靠、经济高效、技术先进、环境友好、与小康社会相适应的现代配电网。中心城市（区）智能化建设和应用水平大幅提高，供电可靠率达到99.99%，综合电压合格率达到99.97%；城镇地区供电能力及供电安全水平显著提升，供电可靠率达到99.9%，综合电压合格率达到98.79%；乡村地区全面解决电网薄弱问题，基本消除“低电压”，供电可靠率达到99.72%，综合电压合格率达到97%，户均配变容量不低于2kV·A。为电采暖、港口岸电、充电基础设施等电能替代提供有力支撑。

4. 综合调节能力

抽水蓄能电站装机新增约1 700万kW，达到4 000万kW左右，单循环调峰气电新增规模500万kW。热电联产机组和常规煤电灵活性改造规模分别达到1.33亿kW和8 600万kW左右。落实全额保障性收购制度，将弃风、弃光率控制在合理水平。

5. 节能减排

力争淘汰火电落后产能 2 000 万 kW 以上。新建燃煤发电机组平均供电煤耗低于 300g/（kW • h）(标准煤)，现役燃煤发电机组经改造平均供电煤耗低于 310g/（kW • h）（标准煤）。火电机组二氧化硫和氮氧化物年排放总量均力争下降 50% 以上。30 万 kW 级以上具备条件的燃煤机组全部实现超低排放，煤电机组二氧化碳排放强度下降到 865g/（kW • h）左右。火电厂废水排放达标率实现 100%。电网综合线损率控制在 6.5% 以内。

6. 民生用电保障

2020 年，电能替代新增用电量约 4 500 亿 kW • h。

力争实现北方大中型以上城市热电联产集中供热率达到 60% 以上，逐步淘汰管网覆盖范围内的燃煤供热小锅炉。

完成全国小城镇和中心村农网改造升级、贫困村通动力电，实现平原地区机井用电全覆盖，东部地区基本实现城乡供电服务均等化，中西部地区城乡供电服务差距大幅缩小，贫困及偏远少数民族地区农村电网基本满足生产生活需要。

专栏 2 “十三五”电力工业发展主要目标

类别	指标名称	2015 年	2020 年	年均增速	属性
电力总量	总装机 / 亿 kW	15.3	20	5.5%	预期性
	西电东送 / 亿 kW	1.4	2.7	14.04%	预期性
	全社会用电量 /（万亿 kW • h）	5.69	6.8 ～ 7.2	3.6 ～ 4.8%	预期性
	电能占终端能源消费比例	25.8%	27%	〔1.2 个百分点〕	预期性
	人均装机 /（kW/ 人）	1.11	1.4	4.75%	预期性
	人均用电量 /（kW • h/ 人）	4 142	4 860 ～ 5 140	3.2% ～ 4.4%	预期性
电力结构	非化石能源消费比例	12%	15%	〔3 个百分点〕	约束性
	非化石能源发电装机比例	35%	39%	〔4 个百分点〕	预期性
	常规水电 / 亿 kW	2.97	3.4	2.8%	预期性
	抽蓄装机 / 万 kW	2 303	4 000	11.7%	预期性
	核电 / 亿 kW	0.27	0.58	16.5%	预期性
	风电 / 亿 kW	1.31	2.1	9.9%	预期性
	太阳能发电 / 亿 kW	0.42	1.1	21.2%	预期性
	化石能源发电装机比例	65%	61%	〔-4 个百分点〕	预期性
	煤电装机比例	59%	55%	〔-4 个百分点〕	预期性
	煤电 / 亿 kW	9	＜ 11	4.1%	预期性
	气电 / 亿 kW	0.66	1.1	10.8%	预期性

（续）

专栏 2　“十三五”电力工业发展主要目标					
类别	指标名称	2015 年	2020 年	年均增速	属性
节能减排	新建煤电机组平均供电煤耗 /［g/(kW·h)（标准煤）］	—	300	—	约束性
	现役煤电机组平均供电煤耗 /［g/(kW·h)（标准煤）］	318	＜ 310	〔-8〕	约束性
	线路损失率	6.64%	＜ 6.50%		预期性
民生保障	充电设施建设	满足 500 万辆电动车充电			预期性
	电能替代用电量 /（亿 kW·h）	—	4 500		预期性

注：1.〔〕为五年累计值。

2. 2015 年煤电平均供电煤耗根据中电联公布的火电平均供电煤耗估算。

三、重点任务

（一）积极发展水电，统筹开发与外送

坚持生态优先和移民妥善安置前提下，积极开发水电。以重要流域龙头水电站建设为重点，科学开发西南水电资源。坚持干流开发优先、支流保护优先的原则，积极有序推进大型水电基地建设，严格控制中小流域、中小水电开发。坚持开发与市场消纳相结合，统筹水电的开发与外送，完善市场化消纳机制，基本解决四川、云南水电消纳问题。强化政策措施，新建项目应提前落实市场空间，防止新弃水现象发生。

继续做好金沙江下游、大渡河、雅砻江等水电基地建设；积极推进金沙江上游等水电基地开发，推动藏东南“西电东送”接续能源基地建设；继续推进雅砻江两河口、大渡河双江口等龙头水电站建设，加快金沙江中游龙头水电站研究论证，积极推动龙盘水电站建设；基本建成长江上游、黄河上游、乌江、南盘江红水河、雅砻江和大渡河六大水电基地。

重点依托西南水电基地开发，建成金沙江中游送电广西、滇西北至广东、四川水电外送、乌东德电站送电两广输电通道，开工建设白鹤滩电站外送工程，积极开展金沙江上游等消纳方案研究。

“十三五”期间，全国常规水电新增投产约 4 000 万 kW，开工 6 000 万 kW 以上，其中小水电规模 500 万 kW 左右。到 2020 年，常规水电装机达到 3.4 亿 kW。

（二）大力发展新能源，优化调整开发布局

按照集中开发与分散开发并举、就近消纳为主的原则优化风电布局，统筹开

发与市场消纳，有序开发风光电。加快中东部及南方等消纳能力较强地区的风电开发力度，积极稳妥推进海上风电开发。按照分散开发、就近消纳为主的原则布局光伏电站，全面推进分布式光伏和"光伏+"综合利用工程，积极支持光热发电。

调整"三北"风电消纳困难及弃水严重地区的风电建设节奏，提高风电就近消纳能力，解决弃风限电问题。加大消纳能力较强或负荷中心区风电开发力度，力争中东部及南方区域风电占全国新增规模的一半。在江苏、广东、福建等地因地制宜推进海上风电项目建设。

全面推进分布式光伏发电建设，重点发展屋顶分布式光伏发电系统，实施光伏建筑一体化工程。在中东部地区结合采煤沉陷区治理以及农业、林业、渔业综合利用等适度建设光伏电站项目。推进光热发电试点示范工程。

"十三五"期间，风电新增投产 0.79 亿 kW 以上，太阳能发电新增投产 0.68 亿 kW 以上。2020 年，全国风电装机达到 2.1 亿 kW 以上，其中海上风电 500 万 kW 左右；太阳能发电装机达到 1.1 亿 kW 以上，其中分布式光伏 6 000 万 kW 以上、光热发电 500 万 kW。

依托电力外送通道，有序推进"三北"地区可再生能源跨省区消纳 4 000 万 kW，存量优先。

（三）鼓励多元化能源利用，因地制宜试点示范

在满足环保要求的条件下，合理建设城市生活垃圾焚烧发电和垃圾填埋气发电项目。积极清洁利用生物质能源，推动沼气发电、生物质发电和分布式生物质气化发电。到 2020 年，生物质发电装机 1 500 万 kW 左右。

开展燃煤与生物质耦合发电、燃煤与光热耦合发电示范与应用。在东北等粮食主产区布局一批燃煤与农林废弃残余物耦合发电示范项目，在京津冀、长三角、珠三角布局一批燃煤与污泥耦合发电示范项目，在华北、西北布局一批燃煤与光热耦合发电示范项目。

推进"万千瓦级"高温地热发电项目建设。因地制宜发展中小型分布式中低温地热发电项目。开展深层高温干热岩发电系统关键技术研究和项目示范。

开展海洋能等综合技术集成应用示范。在有条件的沿海地区建设海洋能与风电、太阳能等可再生能源互补的海岛微电网示范项目。积极开展示范性潮汐电站建设。

开展风光储输多元化技术综合应用示范。结合风电、光伏等新能源开发，融合储能、微网应用，推动可再生能源电力与储能、智能输电、多元化应用新技术

示范，推动多能互补、协同优化的新能源电力综合开发。“十三五”期间，继续推动张家口等可再生能源示范区相关建设。

（四）安全发展核电，推进沿海核电建设

坚持安全发展核电的原则，加大自主核电示范工程建设力度，着力打造核心竞争力，加快推进沿海核电项目建设。建成三门、海阳 AP1000 自主化依托项目，建设福建福清、广西防城港“华龙一号”示范工程。开工建设 CAP1400 示范工程等一批新的沿海核电工程。深入开展内陆核电研究论证和前期准备工作。认真做好核电厂址资源保护工作。

“十三五”期间，全国核电投产约 3 000 万 kW、开工 3 000 万 kW 以上，2020 年装机达到 5 800 万 kW。

（五）有序发展天然气发电，大力推进分布式气电建设

充分发挥现有天然气电站调峰能力，推进天然气调峰电站建设，在有条件的华北、华东、南方、西北等地区建设一批天然气调峰电站，新增规模达到 500 万 kW 以上。适度建设高参数燃气蒸汽循环热电联产项目，支持利用煤层气、煤制气、高炉煤气等发电。推广应用分布式气电，重点发展热电冷多联供。“十三五”期间，全国气电新增投产 5 000 万 kW，2020 年达到 1.1 亿 kW 以上，其中热电冷多联供 1 500 万 kW。

（六）加快煤电转型升级，促进清洁有序发展

积极主动适应能源结构调整和电力市场发展，加快煤电结构优化和转型升级，鼓励煤电联营，促进煤电高效、清洁、可持续发展。

严格控制煤电规划建设。坚持市场引导与政府调控并举的原则，通过建立风险预警机制和实施“取消一批、缓核一批、缓建一批”，同时充分发挥电力系统联网效益，采取跨省区电力互济、电量短时互补等措施，多措并举减少新增煤电规模。“十三五”期间，取消和推迟煤电建设项目 1.5 亿 kW 以上。到 2020 年，全国煤电装机规模力争控制在 11 亿 kW 以内。

合理控制煤电基地建设。配合远距离输电通道规划建设，根据受端供需状况合理安排煤电基地开发规模和建设时序，减小受端省份接受外来电力的压力。

因地制宜规划建设热电联产和低热值煤发电项目。在充分利用已有热源且最大限度地发挥其供热能力的基础上，按照“以热定电”的原则规划建设热电联产项目。优先发展背压式热电联产机组，电力富裕地区严控抽凝式热电机组。适当发展低热值煤综合利用发电项目。建设一定规模以煤矸石为主的综合利用

发电项目。

积极促进煤电转型升级。加快新技术研发和推广应用，提高煤电发电效率及节能环保水平。全面实施燃煤电厂超低排放和节能改造“提速扩围”工程，加大能耗高、污染重煤电机组改造和淘汰力度。“十三五”期间，全国实施煤电超低排放改造约 4.2 亿 kW，实施节能改造约 3.4 亿 kW，力争淘汰落后煤电机组约 2 000 万 kW。到 2020 年，全国现役煤电机组平均供电煤耗降至 310g/(kW • h)（标准煤）；具备条件的 30 万 kW 级以上机组全部实现超低排放。

（七）加强调峰能力建设，提升系统灵活性

高度重视电力系统调节能力建设，从负荷侧、电源侧、电网侧多措并举，充分挖掘现有系统调峰能力，加大调峰电源规划建设力度，着力增强系统灵活性、适应性，破解新能源消纳难题。

加快抽水蓄能电站建设。统筹规划、合理布局，在有条件的地区，抓紧建设一批抽水蓄能电站。加强抽水蓄能电站调度运行管理，切实发挥抽水蓄能电站提供备用、增强系统灵活性的作用。“十三五”期间，抽蓄电站开工 6 000 万 kW 左右，新增投产 1 700 万 kW 左右，2020 年装机达到 4 000 万 kW 左右。

全面推动煤电机组灵活性改造。实施煤电机组调峰能力提升工程，充分借鉴国际火电灵活性相关经验，加快推动北方地区热电机组储热改造和纯凝机组灵活性改造试点示范及推广应用。“十三五”期间，“三北”地区热电机组灵活性改造约 1.33 亿 kW，纯凝机组改造约 8 200 万 kW；其他地区纯凝机组改造约 450 万 kW。改造完成后，增加调峰能力 4 600 万 kW，其中“三北”地区增加 4 500 万 kW。

优化电力调度运行。在确保电力系统安全稳定的前提下，以节能环保低碳为目标，制定科学可行的电力系统调度原则和具体措施，确定各类机组的发电优先序位、用户侧的有序用电序位以及机组的调峰、轮停序位，根据中长期、日前交易电量及负荷预测确定合理开机组合。推行节能低碳电力调度，加强对新能源发电的功率预测和考核，充分发挥电网联络线调剂作用，努力消纳可再生能源，减少能源、资源消耗和污染物排放。

大力提高电力需求侧响应能力。建立健全基于价格激励的负荷侧响应措施，进一步优化推广发电侧和用户侧峰谷电价机制，探索实行可中断负荷电价。完善推广电力需求侧管理，整合系统运行、市场交易和用户用电数据，提高负荷侧大数据分析能力，增强负荷侧响应能力。引导用户错峰用电，减小系统峰谷差。积极推进大容量和分布式储能技术的示范应用与推广。

（八）筹划外送通道，增强资源配置能力

“十三五”期间电力外送统筹送受端需求、受端电源结构及调峰能力，合理确定受电比重和受电结构。跨区送电具有可持续性，满足送端地区长远需要，应参与受端电力市场竞争。输煤输电并举，避免潮流交叉迂回，促进可再生能源消纳，确保电网安全。

在实施水电配套外送输电通道的基础上，重点实施大气污染防治行动 12 条输电通道及酒泉至湖南、准东至安徽、金中至广西输电通道。建成东北（扎鲁特）送电华北（山东）特高压直流输电通道，解决东北电力冗余问题。适时推进陕北（神府、延安）电力外送通道建设。结合受端市场情况，积极推进新疆、呼盟、蒙西（包头、阿拉善、乌兰察布）、陇（东）彬（长）、青海等地区电力外送通道论证。

“十三五”期间，新增“西电东送”输电能力 1.3 亿 kW，2020 年达到 2.7 亿 kW。

（九）优化电网结构，提高系统安全水平

坚持分层分区、结构清晰、安全可控、经济高效原则，按照《电力系统安全稳定导则》的要求，充分论证全国同步电网格局，进一步调整完善区域电网主网架，提升各电压等级电网的协调性，探索大电网之间的柔性互联，加强区域内省间电网互济能力，提高电网运行效率，确保电力系统安全稳定运行和电力可靠供应。

东北地区：“十三五”期间，西电东送、北电南送的格局随着外送通道建设改变。重点加快扎鲁特至山东青州特高压直流输电工程建设，2018 年形成 1 000 万 kW 电力外送能力；适时启动赤峰（元宝山）至冀北输电通道建设；加强东北主网至高岭背靠背 500kV 电网，确保 300 万 kW 的输电能力；加强蒙东与辽宁、吉林省间断面建设。2020 年东北地区初步形成 1 700 万 kW 外送能力，力争实现电力供需基本平衡。

依托扎鲁特外送通道及其配套工程，进一步优化三省一区内部电网结构，主要是蒙东电网围绕扎鲁特换流站建设，逐步形成覆盖呼伦贝尔、兴安、通辽和赤峰 500kV 网架；黑龙江电网重点加强省内东西部网络联系，建设向扎鲁特电力汇集输电工程；吉林电网重点完善中部网架，配套建设水电站、抽水蓄能电站送出工程；辽宁电网结合负荷增长需要加强内部网架。

华北地区：“十三五”期间，西电东送格局基本不变，京津冀鲁接受外来电力超过 8 000 万 kW。依托在建大气污染防治行动计划交流特高压输电工程，规划建设蒙西至晋中，胜利至锡盟，潍坊经临沂、枣庄至石家庄交流特高压输电工程，初步形成两横两纵的 1 000kV 交流特高压网架。建设张北至北京柔性直流工程，增加张北地区风光电外送能力。研究实施蒙西电网与华北主网异步联网及北京西至石家庄交流特高压联络线工程。

结合交流特高压输变电及其配套工程，进一步优化华北地区各省（区、市）电网结构。主要是按照京津冀协同发展战略部署，京津冀地区加强 500kV 电网建设和配电网升级改造，实现首都接受外来电能力 2 200 万 kW 以上，满足“电能替代”工程用电需求，确保首都供电安全；山东电网结合特高压交流和直流落点，优化 500kV 网架，提高受电能力；山西电网重点满足规划内电源接入和送出，优化与京津冀电网互联结构；蒙西电网结合外送和本地负荷发展，加强锡盟与蒙西之间的联络，形成完整、坚强的蒙西电网。

西北地区：“十三五”期间，重点加大电力外送和可再生能源消纳能力。加快准东、宁东、酒泉和陕北特高压直流外送通道建设；根据市场需求，积极推进新疆第三回、陇彬、青海外送通道研究论证。

继续完善 750kV 主网架，增加电力互济能力。主要是陕西电网建设陕北至关中第二通道，形成陕北“目”字形网架，提高陕北向关中送电能力，为陕北特高压直流外送创造条件；甘肃电网启动河西地区主网加强方案，提高向兰白地区输电能力；青海电网结合新能源建设，适当补强原有网架；宁夏电网形成 750kV 双环网，优化调整 330/220kV 电网，满足上海庙直流接入；新疆电网进一步向南疆延伸，形成 750kV 多环网结构，适时启动南疆与格尔木联网工程。

华东地区：“十三五”期间，长三角地区新增外来电力 3 800 万 kW。建成淮南经南京至上海 1 000kV 特高压交流输电工程，初步形成受端交流特高压网架；建设苏州特高压站至新余、江苏东洲至崇明 500kV 输变电工程，实现上海与苏州电网互联；研究实施适用技术，保证多回大容量直流安全稳定受入；开工建设闽粤联网工程。

结合交直流特高压输变电及其配套工程，进一步优化华东地区各省（市）电网结构。主要是上海电网结合外来电及城市发展，利用已有走廊及站址，做好电网改扩建，同时有效控制短路电流；江苏电网、浙江电网、安徽电网着重完善 500kV 网架，提高负荷密集地区电网安全稳定运行水平并合理控制短路电流；福建电网加强山区 500kV 网架，同时论证推进福建北部向南部新增输电通道。

华中地区："十三五"期间，实现电力外送到电力受入转变，湖南、湖北、江西新增接受外电达到 1 600 万 kW。实施渝鄂直流背靠背工程，实现与川渝藏电网异步联网，提高四川水电外送能力及系统安全稳定水平；推进省间电网加强工程，满足外来电增加需要；针对华北、华中联网安全运行薄弱环节，研究采取必要的安全措施；积极研究论证三峡电力留存及外送方案优化调整。

湖北电网围绕陕北（神府、延安）直流、渝鄂背靠背工程，做好相关配套工程论证及建设，进一步优化 500kV 网架，控制关键节点短路电流水平；河南电网做好 500kV 网架优化，适时加强豫南电网；湖南电网研究论证酒湖直流电力消纳，做好配套工程建设，论证黔东电厂改接贵州可行性；江西电网重点优化并加强赣东、赣南电网。

"十三五"期间，川渝藏形成相对独立的同步电网，建成川渝第三条 500kV 输电通道，提高川渝间电网互济能力。四川电网结合第四回特高压直流外送工程加强水电汇集通道建设，同时完善西部水电基地至负荷中心 500kV 输电通道。结合金沙江上游开发，积极推进金上水电外送工程论证和前期工作。研究论证川西电网目标网架，确保涉藏水电开发和消纳。重庆电网进一步加强受端电网建设，满足外来电力增加需要。西藏电网结合电气化铁路规划建设，重点建设藏中电网与昌都联网、拉萨至灵芝铁路供电工程，同时在立足优先保障自身电力供应的前提下，综合技术、经济、国防等多方面因素，推进建设阿里电网与藏区主网互联工程，实现主网覆盖西藏各地区。

南方地区："十三五"期间，稳步推进"西电东送"，形成"八交十一直"输电通道，送电规模达到 4 850 万 kW；进一步加强和优化主网结构，实现云南电网与主网异步联网，建成海南联网 II 回工程；适时启动广东电网直流背靠背工程，形成以送、受端电网为主体，规模适中、结构清晰、定位明确的 2~3 个同步电网，提高电网安全稳定水平；提高向香港、澳门地区供电能力。

广东电网重点解决多直流连锁故障及短路电流超标问题，推动电网实现东西分区运行；广西电网重点结合云电送桂逐步实现由通道型电网向受端电网转变；云南电网重点加强滇西北、滇西南、滇东北送电通道建设，同时结合乌东德电站接入进一步优化滇中电网结构，增强云南电网运行的灵活性；贵州电网重点加强黔西南、黔西送电通道建设，优化贵阳负荷中心电网结构并进一步增强黔东电网与主网的联络；海南电网重点结合昌江核电及联网 II 回的建设，进一步优化现有 220kV 电网结构，提高电网抗灾能力。

（十）升级改造配电网，推进智能电网建设

满足用电需求，提高供电质量，着力解决配电网薄弱问题，促进智能互联，提高新能源消纳能力，推动装备提升与科技创新，加快构建现代配电网。有序放开增量配电网业务，鼓励社会资本有序投资、运营增量配电网，促进配电网建设平稳健康发展。

加强城镇配电网建设。强化配电网统一规划，健全标准体系。全面推行模块化设计、规范化选型、标准化建设。中心城市（区）围绕发展定位和高可靠用电需求，高起点、高标准建设配电网，供电质量达到国际先进水平，北京、上海、广州、深圳等超大型城市建成世界一流配电网。城镇地区结合国家新型城镇化进程及发展需要，适度超前建设配电网，满足快速增长的用电需求，全面支撑“京津冀”“长江中游”“中原”“成渝”等城市群以及“丝绸之路经济带”等重点区域发展需要。积极服务新能源、分布式电源、电动汽车充电基础设施等多元化负荷接入需求。做好与城乡发展、土地利用的有效衔接，将管廊专项规划确定入廊的电力管线建设规模、时序纳入配电网规划。

实施新一轮农网改造升级工程。加快新型小乡镇、中心村电网和农业生产供电设施改造升级。结合“农光互补”“光伏扶贫”等分布式能源发展模式，建设可再生能源就地消纳的农村配网示范工程。开展西藏、新疆和四川、云南、甘肃、青海四省藏区农村电网建设攻坚。加快西部及贫困地区农村电网改造升级，特别是国家扶贫开发工作重点县、集中连片特困地区以及革命老区的农村电网改造升级，实现贫困地区通动力电。推进东中部地区城乡供电服务均等化进程，逐步提高农村电网信息化、自动化、智能化水平，进一步优化电力供给结构。

推进“互联网+”智能电网建设。全面提升电力系统的智能化水平，提高电网接纳和优化配置多种能源的能力，满足多元用户供需互动。实现能源生产和消费的综合调配，充分发挥智能电网在现代能源体系中的作用。

提升电源侧智能化水平，加强传统能源和新能源发电的厂站级智能化建设，促进多种能源优化互补。全面建设智能变电站，推广应用在线监测、状态诊断、智能巡检系统，建立电网对山火、冰灾、台风等各类自然灾害的安全预警体系。推进配电自动化建设，根据供电区域类型差异化配置，整体覆盖率达90%，实现配电网可观可控。提升输配电网络的柔性控制能力，示范应用配电侧储能系统及柔性直流输电工程。

构建“互联网+”电力运营模式，推广双向互动智能计量技术应用。加快电能服务管理平台建设，实现用电信息采集系统全覆盖。全面推广智能调度控制系统，应用大数据、云计算、物联网、移动互联网技术，提升信息平台承载能力和业务应用水平。调动电力企业、装备制造企业、用户等市场主体的积极性，开展智能电网支撑智慧城市创新示范区，合力推动智能电网发展。

（十一）实施电能替代，优化能源消费结构

立足能源清洁化发展和大气污染防治，以电能替代散烧煤、燃油为抓手，不断提高电能占终端能源消费比重、可再生能源占电力消费比重及电煤占煤炭消费比重。综合考虑地区潜力空间、节能环保效益、财政支持能力、电力体制改革和电力市场交易等因素，因地制宜，分步实施，逐步扩大电能替代范围，着力形成节能环保、便捷高效、技术可行、广泛应用的新型电力消费市场。重点在居民采暖、生产制造、交通运输、电力供应与消费四个领域，推广或试点电采暖、地能热泵、工业电锅炉（窑炉）、农业电排灌、船舶岸电、机场桥载设备、电蓄能调峰等。开展差别化试点探索，积极创新，实施一批试点示范项目。

2020 年，实现能源终端消费环节电能替代散烧煤、燃油消费总量约 1.3 亿 t 标准煤，提高电能占终端能源消费比重。

（十二）加快充电设施建设，促进电动汽车发展

按照“因地制宜、快慢互济、经济合理”的原则，以用户居住地停车位、单位停车场、公交及出租车场站等配建的专用充电设施为主体，以公共建筑物停车场、社会公共停车场、临时停车位等配建的公共充电设施为辅助，以独立占地的城市快充站、换电站和高速公路服务区配建的城际快充站为补充，推动电动汽车充电基础设施体系加快建设。加大停车场与充电基础设施一体化建设支持力度。探索电动汽车充放电与电力系统互动，改善系统调峰能力。

到 2020 年，新增集中式充换电站超过 1.2 万座，分散式充电桩超过 480 万个，基本建成适度超前、车桩相随、智能高效的充电基础设施体系，满足全国超过 500 万辆电动汽车的充电需求。

（十三）推进集中供热，逐步替代燃煤小锅炉

围绕大气污染防治和提高能源利用效率，健康有序发展以集中供热为前提的热电联产，不断提高我国北方城市集中供热普及率，解决我国北方地区冬季供暖期大气污染严重、区域热电供需矛盾突出、热源结构不合理等问题，保障城市居民和工业园区用热需求。

综合考虑地区电力、热力需求和当地气候、资源、环境条件，统筹协调城市

或工业园区的总体规划、供热规划、环境治理规划和电力规划等，按照“统一规划、以热定电、立足存量、结构优化、提高能效、环保优先”的基本原则，在优先利用已有热源且最大限度地发挥其供热能力的基础上，通过配套支持政策重点鼓励发展能效高、污染少的背压式热电联产机组。同时，发展热电联产集中供热与环境保护协调联动，与关停小锅炉和减少用煤量挂钩，提高热电联产供热范围内小锅炉的环保排放标准，加快小锅炉关停。在风能、太阳能、生物质能等可再生能源资源富集区，因地制宜发展风电供暖、太阳能光热电联供、生物质热电联产等新能源供热应用。

到 2020 年，实现北方大中型以上城市热电联产集中供热率达到 60% 以上，形成规划科学、布局合理、利用高效、供热安全的热电联产产业健康发展格局。

（十四）积极发展分布式发电，鼓励能源就近高效利用

加快分布式电源建设。放开用户侧分布式电源建设，推广“自发自用、余量上网、电网调节”的运营模式，鼓励企业、机构、社区和家庭根据自身条件，投资建设屋顶式太阳能、风能等各类分布式电源。鼓励在有条件的产业聚集区、工业园区、商业中心、机场、交通枢纽及数据存储中心和医院等推广建设分布式能源项目，因地制宜发展中小型分布式中低温地热发电、沼气发电和生物质气化发电等项目。支持工业企业加快建设余热、余压、余气、瓦斯发电项目。

（十五）开展电力精准扶贫，切实保障民生用电

围绕新型工业化、城镇化、农业现代化和美丽乡村建设，以满足用电需求、提高供电质量、促进智能化为目标，着力解决乡村及偏远地区供电薄弱问题，加大电力精准扶贫力度，加快建设现代配电服务体系，推进村庄公共照明设施建设，支持经济发展，服务社会民生。

加强老少边穷地区电力供应保障。全面解决农村电网户均供电容量低、安全隐患多、“卡脖子”“低电压”等问题，加大国家级贫困县、集中连片特殊困难地区以及偏远少数民族地区、革命老区配电网建设与改造力度。

加大电力扶贫力度。坚持因地制宜、整体推进、政府主导、社会支持的原则，充分结合当地资源特点，鼓励电力企业履行社会责任，在贫困地区建设电力项目。支持贫困地区水电开发，适当发展绿色小水电，贫困地区的电力项目优先纳入电力规划。鼓励水电项目留存部分电力电量保障当地用电需要。建立长期可靠的项目运营管理机制和扶贫收益分配管理制度。确保电力扶贫项目与贫困人口精准对应，切实实现“精准扶贫、有效扶贫”。

（十六）加大攻关力度，强化自主创新

应用推广一批相对成熟、有市场需求的新技术，尽快实现产业化。试验示范一批有一定积累，但尚未实现规模化生产的适用技术，进一步验证技术路线和经济性。集中攻关一批前景广阔但核心技术受限的关键技术。鼓励企业增加研发投入，积极参与自主创新。

清洁高效发电技术。全面掌握拥有自主知识产权的超超临界机组设计、制造技术；以高温材料为重点，加快攻关700℃超超临界发电技术；研究开展中间参数等级示范，实现发电效率突破50%。推进自主产权的60万kW级超超临界CFB发电技术示范。加快整体煤气化联合循环（IGCC）自主化设计制造攻关，在深入评估论证基础上推进大容量IGCC国产化示范应用，推进煤基梯级利用发电技术应用。加快燃煤与生物质耦合发电关键技术研发与应用。实践世界最先进的燃煤发电除尘、脱硫、脱硝和节能、节水、节地等技术；研究碳捕捉与封存（CCS）和资源化利用技术，适时开展应用示范。发展智能发电技术，开展发电过程智能化检测、控制技术研究与智能仪表控制系统装备研发，攻关高效燃煤发电机组、大型风力发电机组、重型燃气机组、核电机组等领域先进运行控制技术与示范应用。

先进电网技术与储能技术。开展大容量机电储能、熔盐蓄热储能、高效化学电池储能等多种储能示范应用，大幅降低单位千瓦建设成本，力争接近抽水蓄能电站水平，加快推广应用。继续推进特高压输电、大容量断路器、直流断路器、大容量柔性输电等先进电网技术的研发与应用。推进微电网关键技术研究及示范建设。推进高温超导等前沿技术领域的研究。开展电网防灾减灾技术研究。

电力行业网络与信息安全。建立健全信息技术产品选型安全审查机制，加强供应链安全管理。推进核心芯片、操作系统、数据库、应用软件等基础软硬件产品的安全可控能力建设。强化密码技术在电力行业网络安全工作中的支撑作用。加强联动协作与信息共享，持续提升电力行业网络安全综合检测预警及感知能力。

“互联网+”智慧能源。将发电、输配电、负荷、储能融入智能电网体系中，加快研发和应用智能电网、各类能源互联网关键技术装备，实现智能化能源生产消费基础设施、多能协同综合能源网络建设、能源与信息通信基础设施深度融合，建立绿色能源灵活交易机制，形成新型城镇多种能源综合协同、绿色低碳、智慧互动的供能模式。

电力领域其他重点自主创新。积极发展新型煤基发电技术，突破常规煤电效率瓶颈，推进燃料电池发电技术研发应用，研发固体氧化物、熔融碳酸盐燃料电池堆和发电系统集成技术。突破热端部件设计制造技术，掌握高性能复合材料大规模制备技术，建成微型、小型和中型燃气轮机整机试验平台、重型燃气轮机整机发电试验电站。探索机电型电热冷三联供示范系统运用。提高大型先进压水堆核电技术自主化程度，推动高温气冷堆技术优化升级，开展小型智能堆、商用快堆、熔盐堆等先进核能技术研发。加强百万 kW 级水轮发电机组、大容量高水头抽水蓄能机组等重大技术攻关。加快高效太阳能发电技术、大容量风电技术等可再生能源发电技术研发和应用。

（十七）落实“一带一路”倡议，加强电力国际合作

坚持开放包容、分类施策、合作共赢原则，充分利用国际国内两个市场、两种资源，积极推进电力装备、技术、标准和工程服务国际合作，根据需要推动跨境电网互联互通，鼓励电力企业参与境外电力项目建设经营。探讨构建全球能源互联网，推动以清洁和绿色方式满足全球电力需求。

积极开展对外业务。拓展电力装备出口，积极推进高效清洁火电、水电、核电、输变电等大型成套设备出口。积极推动对外电力服务，开展电力升级改造合作，带动电力设计、标准等技术服务国际合作。在控制财务风险的基础上，稳妥推进对外电力投资。

（十八）深化电力体制改革，完善电力市场体系

组建相对独立和规范运行的电力交易机构，建立公平有序的电力市场规则，初步形成功能完善的电力市场。深入推进简政放权。

有序推进电力体制改革。核定输配电价。2017 年年底前，完成分电压等级核定电网企业准许总收入和输配电价，逐步减少电价交叉补贴。加快建立规则明晰、水平合理、监管有力、科学透明的独立输配电价体系。建立健全电力市场体系。建立标准统一的电力市场交易技术支持系统，积极培育合格市场主体，完善交易机制，丰富交易品种。2016 年启动东北地区辅助服务市场试点，成熟后全面推广。2018 年年底前，启动现货交易试点；2020 年全面启动现货市场，研究风险对冲机制。组建相对独立和规范运行的电力交易机构。建立完善的治理结构、完备的市场规则和健全的制度体系；充分发挥各类市场主体和第三方机构在促进交易机构规范运行中的作用。积极推进交易机构股份制改造和相对独立规范运行，2016 年年底前完成电力交易机构组建工作。有序放开发用电计划。建立优先购电和优先发电制度，落实优先购电和优先发电的保障措施；切实保障电力电量平衡。逐

年减少发电计划，2020 年前基本取消优先发电权以外的非调节性发电计划。全面推进配售电侧改革。支持售电主体创新商业模式和服务内容，2018 年年底前完成售电侧市场竞争主体培育工作，基本形成充分竞争的售电侧市场主体；鼓励社会资本开展增量配电业务；明确增量配电网放开的具体办法；建立市场主体准入退出机制；完善市场主体信用体系；在试点基础上全面推开配售电改革。

深入推进简政放权。总结电力项目核准权限下放后的承接情况、存在问题和实施效果，结合电力体制改革精神，进一步探索创新市场化的电力项目开发和投资管理机制。加强简政放权后续监管，组织开展电力项目简政放权专项监管，重点对核准权限下放后的项目优选、项目核准、项目依法依规建设以及并网运行等工作进行监管，督促国家产业政策和技术标准落实，维护电力项目规划建设秩序。

四、规划实施

（一）加强组织领导

在国家发展改革委的统筹指导下，国家能源局作为全国电力规划的责任部门，建立健全以国家能源局组织协调、相关职能部门积极配合、各省级政府和重点电力企业细化落实的电力规划实施工作机制，加强对电力重大战略问题的研究和审议，推动规划实施。省级能源主管部门是省级电力规划的责任部门，各省级能源主管部门要切实履行职责，组织协调实施。

（二）细化任务落实

各省（区、市）要将本规划确定的约束性指标、主要任务和重大工程列入本地区能源发展规划和电力发展专项规划，分解落实目标任务，明确进度安排协调和目标考核机制，精心组织实施。各重点电力企业要充分发挥市场主体作用，积极有序推进规划项目前期论证，保障规划顺利实施。

（三）做好评估调整

规划实施年度中每年对规划执行情况进行回顾、梳理、评估，结合实施情况对规划项目进行微调。坚持规划中期评估制度，严格评估程序，委托第三方机构开展评估工作，对规划滚动实施提出建议，及时总结经验、分析问题、制订对策。规划确需调整的，由国家能源局按程序修订后公布。

（四）加强督促检查

国家能源局及其派出监管机构要完善电力规划实施情况监管组织体系，创新监管措施和手段，有效开展监管工作。各派出机构要会同省级能源主管部门，密切跟踪工作进展，掌握目标任务完成情况，定期组织开展监督检查和考核评价，编制并发布规划实施情况监管报告，提出滚动调整建议。建立重大情况报告制度，探索建立规划审计制度，及时发现并纠正实施中存在的问题。国家能源局派出机构与地方能源管理部门要进一步加强沟通协调，实现信息共享。

（五）健全法律法规和标准体系

修订颁布《电力法》，完善《电网调度管理条例》《电力供应与使用条例》《电力设施保护条例》等及其配套管理办法，出台《核电管理条例》，建立规范政府行为和市场行为的电力法制体系。

加强行业管理，强化电力规划管理办法的贯彻实施，研究制定电网无歧视公平接入、跨区送受电、微电网、热电联产、燃气发电、煤电联营、电网备用容量管理、节能低碳调度、高效智能电力系统建设和技术监督等政策。按照市场化改革要求，继续出台电力体制改革配套文件及指导意见。抓紧修订一批电力行业国家标准、定额和规程。落实国家大面积停电事件应急预案，提高电力系统抗灾和应急响应恢复能力。

探索建立电力领域法律法规和标准及时更新机制，充分发挥法制对电力改革和发展的引导、推动、规范和保障作用。

（六）建立协调机制

建立规划统筹协调机制，衔接国家规划与地方规划，协商重大电力项目布局、规模和时序，协调电网与电源项目。建立规划年度对接制度，开展地方电力规划咨询评估，依法开展规划环境影响评价。探索改进电源项目前期管理。加大财政资金支持，建设电力项目信息管理系统，提高项目储备、规划、核准、建设、运营和退役全过程信息化管理能力。加强信息公开，增强信息透明度。

完善运行调控机制，开展风电、光伏投资监测预警，建立弃风（光）率预警考核机制。2017 年起，全面开展适应大规模清洁能源发电开发利用的电力节能低碳调度。建立跨省（区）送电中长期协议制度。整合各渠道电力信息数据，加强电力预测分析和预警，规范电力信息报告和发布制度。依托国家电力规划中心等中介机构，加快监测体系建设，为政府决策提供信息支持。建立健全电力行业信用支撑体系，实行黑名单制度。

（七）健全产业政策

研究制订覆盖规划建设、投资运营、信贷金融、装备制造的电力全产业链预警机制。研究燃煤与光热、生物质耦合及风光抽蓄耦合等可再生能源利用方式补助方法。结合电力体制改革进程，有序放开上网电价和公益性以外的用电价格。

在放开上网电价之前，研究完善燃煤、天然气、水力、核电等上网电价机制，增强弹性，更好反映市场供求关系。完善输配电成本监审和核算制度。探索风（光）电专用电力外送通道运营模式。

支持抽水蓄能电站投资主体多元化。建立龙头电站梯级水库补偿机制，促进水电流域梯级电站联合优化运行。完善新能源发电电价补贴机制，探索市场化交易模式，推动技术进步和成本下降。支持煤电机组灵活性改造。鼓励实施电能替代。建立调峰、调频、调压等辅助服务市场，完善电力调峰成本补偿和价格机制。建立可再生能源全额保障性收购的电力运行监测评估制度。研究促进可再生能源就近消纳和储能发展的价格政策。

采取多种方式，继续安排资金支持城镇配电网、农村电网建设改造和电动汽车充电设施建设。鼓励社会资本参与跨省区输电工程、配电网工程、分布式电源并网工程、储能装置和电动汽车充电基础设施投资和建设。鼓励电力企业参与碳排放权交易。完善电力行业落后产能退出政策。

搭建电力产业新业态融资平台。鼓励风险投资、产业基金以多种形式参与电力产业创新。积极引导社会资本投资。鼓励通过发行专项债券、股权交易、众筹和 PPP 等方式，加快示范项目建设。加强电力市场化改革领域人才培养。

附录C 能源发展“十三五”规划

（国家发展和改革委员会国家能源局 2016年12月26日发布）

前言

能源是人类社会生存发展的重要物质基础，攸关国计民生和国家战略竞争力。当前，世界能源格局深刻调整，供求关系总体缓和，应对气候变化进入新阶段，新一轮能源革命蓬勃兴起。我国经济发展步入新常态，能源消费增速趋缓，发展质量和效率问题突出，供给侧结构性改革刻不容缓，能源转型变革任重道远。“十三五”时期是全面建成小康社会的决胜阶段，也是推动能源革命的蓄力加速期，牢固树立和贯彻落实创新、协调、绿色、开放、共享的发展理念，遵循能源发展“四个革命、一个合作”战略思想，深入推进能源革命，着力推动能源生产利用方式变革，建设清洁低碳、安全高效的现代能源体系，是能源发展改革的重大历史使命。

本规划根据《中华人民共和国国民经济和社会发展第十三个五年规划纲要》（以下简称“十三五”规划纲要）编制，主要阐明我国能源发展的指导思想、基本原则、发展目标、重点任务和政策措施，是“十三五”时期我国能源发展的总体蓝图和行动纲领。

第一章 发展基础与形势

一、发展基础

“十二五”时期我国能源较快发展，供给保障能力不断增强，发展质量逐步提高，创新能力迈上新台阶，新技术、新产业、新业态和新模式开始涌现，能源发展站到转型变革的新起点。

能源供给保障有力。能源生产总量、电力装机规模和发电量稳居世界第一，长期以来的保供压力基本缓解。大型煤炭基地建设取得积极成效，建成一批安全高效大型现代化煤矿。油气储采比稳中有升，能源储运能力显著增强，油气主干管道里程从 7.3 万 km 增长到 11.2 万 km，220kV 及以上输电线路长度突破 60 万 km，西电东送能力达到 1.4 亿 kW，资源跨区优化配置能力大幅提升。

结构调整步伐加快。非化石能源和天然气消费比重分别提高 2.6 个和 1.9 个百分点，煤炭消费比重下降 5.2 个百分点，清洁化步伐不断加快。水电、风电、光伏发电装机规模和核电在建规模均居世界第一。非化石能源发电装机比例达到 35%，新增非化石能源发电装机规模占世界的 40% 左右。

节能减排成效显著。单位国内生产总值能耗下降 18.4%，二氧化碳排放强度下降 20% 以上，超额完成规划目标。大气污染防治行动计划逐步落实，重点输电通道全面开工，成品油质量升级行动深入实施，东部 11 个省（市）提前供应国五标准车用汽柴油，散煤治理步伐加快，煤炭清洁高效利用水平稳步提升。推动现役煤电机组全面实现脱硫，脱硝机组比例达到 92%，单位千瓦时供电煤耗下降 18g 标准煤，煤电机组超低排放和节能改造工程全面启动。

科技创新迈上新台阶。千万吨煤炭综采、智能无人采煤工作面、三次采油和复杂区块油气开发、单机 80 万 kW 水轮机组、百万 kW 超超临界燃煤机组、特高压输电等技术装备保持世界领先水平。自主创新取得重大进展，三代核电“华龙一号”、四代安全特征高温气冷堆示范工程开工建设，深水油气钻探、页岩气开采取得突破，海上风电、低风速风电进入商业化运营，大规模储能、石墨烯材料等关键技术正在孕育突破，能源发展进入创新驱动的新阶段。

体制改革稳步推进。大幅取消和下放行政审批事项，行政审批制度改革成效明显。电力体制改革不断深化，电力市场建设、交易机构组建、发用电计划放开、售电侧和输配电价改革加快实施。油气体制改革稳步推进。电煤价格双轨制取消，煤炭资源税改革取得突破性进展，能源投资进一步向民间资本开放。

国际合作不断深化。“一带一路”能源合作全面展开，中巴经济走廊能源合作深入推进。西北、东北、西南及海上四大油气进口通道不断完善。电力、油气、可再生能源和煤炭等领域技术、装备和服务合作成效显著，核电国际合作迈开新步伐。双多边能源交流广泛开展，我国对国际能源事务的影响力逐步增强。

专栏1 “十二五”时期能源发展主要成就				
指标名称	单位	2010年	2015年	年均增长
一次能源生产量（标准煤）	亿t	31.2	36.2	3.0%
其中：煤炭	亿t	34.3	37.5	1.8%
原油	亿t	2.0	2.15	1.1%
天然气	亿m^3	957.9	1 346.0	7.0%
非化石能源（标准煤）	亿t	3.2	5.2	10.2%
电力装机规模	亿kW	9.7	15.3	9.5%
其中：水电	亿kW	2.2	3.2	8.1%
煤电	亿kW	6.6	9.0	6.4%
气电	万kW	2 642.0	6 603.0	20.1%
核电	万kW	1 082.0	2 717.0	20.2%
风电	万kW	2 958.0	13 075.0	34.6%
太阳能发电	万kW	26.0	4 318.0	177.0%
能源消费总量（标准煤）	亿t	36.1	43.0	3.6%
能源消费结构 其中：煤炭	%	69.2	64.0	〔-5.2个百分点〕
石油	%	17.4	18.1	〔0.7个百分点〕
天然气	%	4.0	5.9	〔1.9个百分点〕
非化石能源	%	9.4	12.0	〔2.6个百分点〕

注：〔〕内为五年累计值。

二、发展趋势

从国际看，“十三五”时期世界经济将在深度调整中曲折复苏，国际能源格局发生重大调整，围绕能源市场和创新变革的国际竞争仍然激烈，主要呈现以下五个趋势。

能源供需宽松化。美国页岩油气革命，推动全球油气储量、产量大幅增加。液化天然气技术进一步成熟，全球天然气贸易规模持续增长，并从区域化走向全球化。非化石能源快速发展，成为能源供应新的增长极。世界主要发达经济体和新兴经济体潜在增长率下降，能源需求增速明显放缓，全球能源供应能力充足。

能源格局多极化。世界能源消费重心加速东移，发达国家能源消费基本趋于稳定，发展中国家能源消费继续保持较快增长，亚太地区成为推动世界能源消费增长的主要力量。美洲油气产能持续增长，成为国际油气新增产量的主要供应地区，西亚地区油气供应一极独大的优势弱化，逐步形成西亚、中亚－俄罗斯、非洲、美洲多极发展新格局。

能源结构低碳化。世界能源低碳化进程进一步加快，天然气和非化石能源成为世界能源发展的主要方向。经济合作与发展组织成员国天然气消费比重已经超过30%，2030 年天然气有望成为第一大能源品种。欧盟可再生能源消费比重已经达到15%，预计 2030 年将超过 27%。日本福岛核事故影响了世界核电发展进程，但在确保安全的前提下，主要核电大国和一些新兴国家仍将核电作为低碳能源发展的方向。

能源系统智能化。能源科技创新加速推进，新一轮能源技术变革方兴未艾，以智能化为特征的能源生产消费新模式开始涌现。智能电网加快发展，分布式智能供能系统在工业园区、城镇社区、公用建筑和私人住宅中开始应用，新能源汽车产业化进程加快，越来越多的用能主体参与能源生产和市场交易，智慧能源新业态初现雏形。

国际竞争复杂化。能源国际竞争焦点从传统的资源掌控权、战略通道控制权向定价权、货币结算权、转型变革主导权扩展。能源生产消费国利益分化调整，传统与新兴能源生产国之间角力加剧，全球能源治理体系加速重构。

从国内看，“十三五”时期是我国经济社会发展非常重要的时期。能源发展将呈现以下五个趋势。

能源消费增速明显回落。未来五年，钢铁、有色、建材等主要耗能产品需求预计将达到峰值，能源消费将稳中有降。在经济增速趋缓、结构转型升级加快等因素共同作用下，能源消费增速预计将从“十五”以来的年均 9% 下降到 2.5% 左右。

能源结构双重更替加快。“十三五”时期是我国实现非化石能源消费比重达到 15% 目标的决胜期，也是为 2030 年前后碳排放达到峰值奠定基础的关键期。煤炭消费比重将进一步降低，非化石能源和天然气消费比重将显著提高，我国主体能源由油气替代煤炭、非化石能源替代化石能源的双重更替进程将加快推进。

能源发展动力加快转换。能源发展正在由主要依靠资源投入向创新驱动转变，科技、体制和发展模式创新将进一步推动能源清洁化、智能化发展，培育形成新产业和新业态。能源消费增长的主要来源逐步由传统高耗能产业转向第三产业和居民生活用能，现代制造业、大数据中心、新能源汽车等将成为新的用能增长点。

能源供需形态深刻变化。随着智能电网、分布式能源、低风速风电、太阳能新材料等技术的突破和商业化应用，能源供需方式和系统形态正在发生深刻变化。“因地制宜、就地取材”的分布式供能系统将越来越多地满足新增用能需求，风能、太阳能、生物质能和地热能在新城镇、新农村能源供应体系中的作用将更加凸显。

能源国际合作迈向更高水平。"一带一路"建设和国际产能合作的深入实施，推动能源领域更大范围、更高水平和更深层次地开放交融，有利于全方面加强能源国际合作，形成开放条件下的能源安全新格局。

三、主要问题和挑战

"十三五"时期，我国能源消费增长换挡减速，保供压力明显缓解，供需相对宽松，能源发展进入新阶段。在供求关系缓和的同时，结构性、体制机制性等深层次矛盾进一步凸显，成为制约能源可持续发展的重要因素。面向未来，我国能源发展既面临厚植发展优势、调整优化结构、加快转型升级的战略机遇期，也面临诸多矛盾交织、风险隐患增多的严峻挑战。

传统能源产能结构性过剩问题突出。煤炭产能过剩，供求关系严重失衡。煤电机组平均利用小时数明显偏低，并呈现进一步下降趋势，导致设备利用效率低下、能耗和污染物排放水平大幅增加。原油一次加工能力过剩，产能利用率不到70%，但高品质清洁油品生产能力不足。

可再生能源发展面临多重瓶颈。可再生能源全额保障性收购政策尚未得到有效落实。电力系统调峰能力不足，调度运行和调峰成本补偿机制不健全，难以适应可再生能源大规模并网消纳的要求，部分地区弃风、弃水、弃光问题严重。鼓励风电和光伏发电依靠技术进步降低成本、加快分布式发展的机制尚未建立，可再生能源发展模式多样化受到制约。

天然气消费市场亟须开拓。天然气消费水平明显偏低与供应能力阶段性富余问题并存，需要尽快拓展新的消费市场。基础设施不完善，管网密度低，储气调峰设施严重不足，输配成本偏高，扩大天然气消费面临诸多障碍。市场机制不健全，国际市场低价天然气难以适时进口，天然气价格水平总体偏高，随着煤炭、石油价格下行，气价竞争力进一步削弱，天然气消费市场拓展受到制约。

能源清洁替代任务艰巨。部分地区能源生产消费的环境承载能力接近上限，大气污染形势严峻。煤炭占终端能源消费比重高达20%以上，高出世界平均水平10个百分点。"以气代煤"和"以电代煤"等清洁替代成本高，洁净型煤推广困难，大量煤炭在小锅炉、小窑炉及家庭生活等领域散烧使用，污染物排放严重。高品质清洁油品利用率较低，交通用油等亟须改造升级。

能源系统整体效率较低。电力、热力、燃气等不同供能系统集成互补、梯级利用程度不高。电力、天然气峰谷差逐渐增大，系统调峰能力严重不足，需求侧响应机制尚未充分建立，供应能力大都按照满足最大负荷需要设计，造成系统设备利用率持续下降。风电和太阳能发电主要集中在西北部地区，长距离大规模外送需配套大量煤电用以调峰，输送清洁能源比例偏低，系统利用效率不高。

跨省区能源资源配置矛盾凸显。能源资源富集地区大都仍延续大开发、多外送的发展惯性，而主要能源消费地区需求增长放缓，市场空间萎缩，更加注重能源获取的经济性与可控性，对接受区外能源的积极性普遍降低。能源送受地区之间利益矛盾日益加剧，清洁能源在全国范围内优化配置受阻，部分跨省区能源输送通道面临低效运行甚至闲置的风险。

适应能源转型变革的体制机制有待完善。能源价格、税收、财政、环保等政策衔接协调不够，能源市场体系建设滞后，市场配置资源的作用没有得到充分发挥。价格制度不完善，天然气、电力调峰成本补偿及相应价格机制较为缺乏，科学灵活的价格调节机制尚未完全形成，不能适应能源革命的新要求。

第二章　指导方针和目标

一、指导思想

全面贯彻党的十八大和十八届三中、四中、五中、六中全会精神，更加紧密地团结在以习近平同志为核心的党中央周围，认真落实党中央、国务院决策部署，紧紧围绕统筹推进“五位一体”总体布局和协调推进“四个全面”战略布局，牢固树立和贯彻落实创新、协调、绿色、开放、共享的发展理念，主动适应、把握和引领经济发展新常态，遵循能源发展“四个革命、一个合作”的战略思想，顺应世界能源发展大势，坚持以推进供给侧结构性改革为主线，以满足经济社会发展和民生需求为立足点，以提高能源发展质量和效益为中心，着力优化能源系统，着力补齐资源环境约束、质量效益不高、基础设施薄弱、关键技术缺乏等短板，着力培育能源领域新技术新产业新业态新模式，着力提升能源普遍服务水平，全面推进能源生产和消费革命，努力构建清洁低碳、安全高效的现代能源体系，为全面建成小康社会提供坚实的能源保障。

二、基本原则

——革命引领，创新发展。把能源革命作为能源发展的核心任务，把创新作为引领能源发展的第一动力。加快技术创新、体制机制创新、商业模式创新，充分发挥市场配置资源的决定性作用，增强发展活力，促进能源持续健康发展。

——效能为本，协调发展。坚持节约资源的基本国策，把节能贯穿于经济社会发展全过程，推行国际先进能效标准和节能制度，推动形成全社会节能型生产方式和消费模式。以智能高效为目标，加强能源系统统筹协调和集成优化，推动各类能源协同协调发展，大幅提升系统效率。

——清洁低碳，绿色发展。把发展清洁低碳能源作为调整能源结构的主攻方向，坚持发展非化石能源与清洁高效利用化石能源并举。逐步降低煤炭消费比重，提高天然气和非化石能源消费比重，大幅降低二氧化碳排放强度和污染物排放水平，优化能源生产布局和结构，促进生态文明建设。

——立足国内，开放发展。加强能源资源勘探开发，增强能源储备应急能力，构建多轮驱动的能源供应体系，保持能源充足稳定供应。积极实施“一带一路”倡议，深化能源国际产能和装备制造合作，推进能源基础设施互联互通，提升能源贸易质量，积极参与全球能源治理。

——以人为本，共享发展。按照全面建成小康社会的要求，加强能源基础设施和公共服务能力建设，提升产业支撑能力，提高能源普遍服务水平，切实保障和改善民生。坚持能源发展和脱贫攻坚有机结合，推进能源扶贫工程，重大能源工程优先支持革命老区、民族地区、边疆地区和集中连片贫困地区。

——筑牢底线，安全发展。树立底线思维，增强危机意识，坚持国家总体安全观，牢牢把握能源安全主动权。增强国内油气供给保障能力，推进重点领域石油减量替代，加快发展石油替代产业，加强煤制油气等战略技术储备，统筹利用“两个市场，两种资源”，构建多元安全保障体系，确保国家能源安全。

三、政策取向

更加注重发展质量，调整存量、做优增量，积极化解过剩产能。对存在产能过剩和潜在过剩的传统能源行业，“十三五”前期原则上不安排新增项目，大力推进升级改造和淘汰落后产能。合理把握新能源发展节奏，着力消化存量，优化发展增量，新建大型基地或项目应提前落实市场空间。尽快建立和完善煤电、风电、光伏发电设备利用率监测预警和调控约束机制，促进相关产业健康有序发展。

更加注重结构调整，加快双重更替，推进能源绿色低碳发展。抓住能源供需宽松的有利时机，加快能源结构双重更替步伐。着力降低煤炭消费比重，加快散煤综合治理，大力推进煤炭分质梯级利用。鼓励天然气勘探开发投资多元化，实现储运接收设施公平接入，加快价格改革，降低利用成本，扩大天然气消费。超前谋划水电、核电发展，适度加大开工规模，稳步推进风电、太阳能等可再生能源发展，为实现 2030 年非化石能源发展目标奠定基础。

更加注重系统优化，创新发展模式，积极构建智慧能源系统。把提升系统调峰能力作为补齐电力发展短板的重大举措，加快优质调峰电源建设，积极发展储能，变革调度运行模式，加快突破电网平衡和自适应等运行控制技术，显著提高电力系统调峰和消纳可再生能源能力。强化电力和天然气需求侧管理，显著提升用户响应能力。大力推广热、电、冷、气一体化集成供能，加快推进“互联网 +”智慧能源建设。

更加注重市场规律，强化市场自主调节，积极变革能源供需模式。适应跨省区能源配置需求减弱的新趋势，处理好能源就地平衡与跨区供应的关系，慎重研究论证新增跨区输送通道。用市场机制协调电力送、受双方利益，发挥比较优势，实现互利共赢。坚持集中开发与分散利用并举，高度重视分布式能源发展，大力推广智能化供能和用能方式，培育新的增长动能。

更加注重经济效益，遵循产业发展规律，增强能源及相关产业竞争力。以全社会综合用能成本较低作为能源发展的重要目标和衡量标准，更加突出经济性，着力打造低价能源优势。遵循产业发展趋势和规律，逐步降低风电、光伏发电价格水平和补贴标准，合理引导市场预期，通过竞争促进技术进步和产业升级，实现产业健康可持续发展。

更加注重机制创新，充分发挥价格调节作用，促进市场公平竞争。放开电力、天然气竞争性环节价格，逐步形成及时反映市场供求关系、符合能源发展特性的价格机制，引导市场主体合理调节能源生产和消费行为。推动实施有利于提升清洁低碳能源竞争力的市场交易制度和绿色财税机制。

四、主要目标

按照“十三五”规划《纲要》总体要求，综合考虑安全、资源、环境、技术、经济等因素，2020 年能源发展主要目标是：

——能源消费总量。能源消费总量控制在 50 亿 t 标准煤以内，煤炭消费总量控制在 41 亿 t 以内。全社会用电量预期为 6.8 万亿～ 7.2 万亿 kW · h。

——能源安全保障。能源自给率保持在 80% 以上，增强能源安全战略保障能力，提升能源利用效率，提高能源清洁替代水平。

——能源供应能力。保持能源供应稳步增长，国内一次能源生产量约 40 亿 t 标准煤，其中，煤炭 39 亿 t，原油 2 亿 t，天然气 2 200 亿 m^3，非化石能源 7.5 亿 t 标准煤。发电装机 20 亿 kW 左右。

——能源消费结构。非化石能源消费比重提高到15%以上，天然气消费比重力争达到10%，煤炭消费比重降低到58%以下。发电用煤占煤炭消费比重提高到55%以上。

——能源系统效率。单位国内生产总值能耗比2015年下降15%，煤电平均供电煤耗下降到310g/(kW•h)(标准煤)以下，电网线损率控制在6.5%以内。

——能源环保低碳。单位国内生产总值二氧化碳排放比2015年下降18%。能源行业环保水平显著提高，燃煤电厂污染物排放显著降低，具备改造条件的煤电机组全部实现超低排放。

——能源普遍服务。能源公共服务水平显著提高，实现基本用能服务便利化，城乡居民人均生活用电水平差距显著缩小。

专栏2 “十三五”时期能源发展主要指标

类别	指标名称	单位	2015年	2020年	年均增长	属性
能源总量	一次能源生产量(标准煤)	亿t	36.2	40	2.0%	预期性
	电力装机总量	亿kW	15.3	20	5.5%	预期性
	能源消费总量(标准煤)	亿t	43.0	<50	<3%	预期性
	煤炭消费总量(原煤)	亿t	39.6	41	0.7%	预期性
	全社会用电量	万亿kW•h	5.7	6.8～7.2	3.6%～4.8%	预期性
能源安全	能源自给率	%	84	>80		预期性
能源结构	非化石能源装机比重	%	35	39	〔4个百分点〕	预期性
	非化石能源发电量比重	%	27	31	〔4个百分点〕	预期性
	非化石能源消费比重	%	12	15	〔3个百分点〕	约束性
	天然气消费比重	%	5.9	10	〔4.1个百分点〕	预期性
	煤炭消费比重	%	64	58	〔-6个百分点〕	约束性
	电煤占煤炭消费比重	%	49	55	〔6个百分点〕	预期性
能源效率	单位国内生产总值能耗降低	%	—	—	〔15个百分点〕	约束性
	煤电机组供电煤耗（标准煤）	g/（kW•h）	318	<310		约束性
	电网线损率	%	6.64	<6.5		预期性
能源环保	单位国内生产总值二氧化碳排放降低	%	—	—	〔18个百分点〕	约束性

注：〔〕内为五年累计值。

第三章　主要任务

一、高效智能，着力优化能源系统

以提升能源系统综合效率为目标，优化能源开发布局，加强电力系统调峰能力建设，实施需求侧响应能力提升工程，推动能源生产供应集成优化，构建多能互补、供需协调的智慧能源系统。

优化能源开发布局。根据国家发展战略，结合全国主体功能区规划和大气污染防治要求，充分考虑产业转移与升级、资源环境约束和能源流转成本，全面系统优化能源开发布局。能源资源富集地区合理控制大型能源基地开发规模和建设时序，创新开发利用模式，提高就地消纳比例，根据目标市场落实情况推进外送通道建设。能源消费地区因地制宜发展分布式能源，降低对外来能源调入的依赖。充分发挥市场配置资源的决定性作用和更好发挥政府作用，以供需双方自主衔接为基础，合理优化配置能源资源，处理好清洁能源充分消纳战略与区域间利益平衡的关系，有效化解弃风、弃光、弃水和部分输电通道闲置等资源浪费问题，全面提升能源系统效率。

加强电力系统调峰能力建设。加快大型抽水蓄能电站、龙头水电站、天然气调峰电站等优质调峰电源建设，加大既有热电联产机组、燃煤发电机组调峰灵活性改造力度，改善电力系统调峰性能，减少冗余装机和运行成本，提高可再生能源消纳能力。积极开展储能示范工程建设，推动储能系统与新能源、电力系统协调优化运行。推进电力系统运行模式变革，实施节能低碳调度机制，加快电力现货市场及电力辅助服务市场建设，合理补偿电力调峰成本。

实施能源需求响应能力提升工程。坚持需求侧与供给侧并重，完善市场机制及技术支撑体系，实施“能效电厂”“能效储气库”建设工程，逐步完善价格机制，引导电力、天然气用户自主参与调峰、错峰，增强需求响应能力。以智能电网、能源微网、电动汽车和储能等技术为支撑，大力发展分布式能源网络，增强用户参与能源供应和平衡调节的灵活性和适应能力。积极推行合同能源管理、综合节能服务等市场化机制和新型商业模式。

实施多能互补集成优化工程。加强终端供能系统统筹规划和一体化建设，在新城镇、新工业园区、新建大型公用设施（机场、车站、医院和学校等）、商务区和海岛地区等新增用能区域，实施终端一体化集成供能工程，因地制宜推广天然气热电冷三联供、分布式再生能源发电、地热能供暖制冷等供能模式，加强热、电、冷、气等能源生产耦合集成和互补利用。在既有工业园区等用能区域，推进能源综合梯级利用改造，推广应用上述供能模式，加强余热余压、工业副产品、生活垃圾等能源资源回收及综合利用。利用大型综合能源基地风能、太阳能、水能、煤炭、天然气等资源组合优势，推进风光水火储多能互补工程建设运行。

专栏 3　能源系统优化重点工程
综合能源基地建设工程：统筹规划、集约开发，优化建设山西、鄂尔多斯盆地、内蒙古东部地区、西南地区和新疆五大国家综合能源基地。稳步推进宁夏宁东、甘肃陇东区域能源基地开发，科学规划安徽两淮、贵州毕节、陕西延安、内蒙古呼伦贝尔、河北张家口等区域能源基地建设，促进区域能源协调可持续发展 优质调峰机组建设工程：加快推进金沙江龙盘、岗托等龙头水电站建设，建设雅砻江两河口、大渡河双江口等龙头水电站，提高水电丰枯调节能力和水能利用效率。合理规划抽水蓄能电站规模与布局，完善投资、价格机制和管理体制，加快大型抽水蓄能电站建设，新增开工规模 6 000 万 kW，2020 年在运行规模达到 4 000 万 kW。在大中型城市、气源有保障地区和风光等集中开发地区优先布局天然气调峰电站 风光水火储多能互补工程：重点在青海、甘肃、宁夏、四川、云南、贵州和内蒙古等省区，利用风能、太阳能、水能、煤炭和天然气等资源组合优势，充分发挥流域梯级水电站、具有灵活调节能力火电机组的调峰能力和效益，积极推进储能等技术研发应用，完善配套市场交易和价格机制，开展风光水火储互补系统一体化运行示范，提高互补系统电力输出功率稳定性和输电效率，提升可再生能源发电就地消纳能力。加快发展储电、储热、储冷等多类型、大容量、高效率储能系统，积极建设储能示范工程，合理规划建设供电、加油、加气与储能（电）站一体化设施 终端一体化集成供能工程：在新增用能区域加强终端供能系统统筹规划和一体化建设，因地制宜实施传统能源与风能、太阳能、地热能、生物质能和海洋能等能源的协同开发利用，统筹规划电力、燃气、热力、供冷和供水管廊等基础设施，建设终端一体化集成供能系统。在既有用能区域推广应用上述供能模式，同时加快能源综合梯级利用改造，建设余热、余压综合利用发电机组。建成北京城市副中心、福建平潭综合实验区、山西大同经济技术开发区等终端一体化集成供能示范工程，余热、余压综合利用规模达到 1 000 万 kW，建设一批智慧能源示范园区 “能效电厂”建设工程：全国范围内扩大实施峰谷、季节、可中断负荷等价格制度，推广落实气、电价格联动机制。在四川、云南、湖北、湖南、广西和福建等水电比重大的省份实施丰枯电价。鼓励发展咨询、诊断、设计、融资、改造和托管等“一站式”合同能源管理服务，积极开展合同能源管理示范工程

积极推动“互联网 +”智慧能源发展。加快推进能源全领域、全环节智慧化发展，实施能源生产和利用设施智能化改造，推进能源监测、能量计量、调度运行和管理智能化体系建设，提高能源发展可持续自适应能力。加快智能电网发展，积极推进智能变电站、智能调度系统建设，扩大智能电表等智能计量设施、智能

信息系统、智能用能设施应用范围，提高电网与发电侧、需求侧交互响应能力。推进能源与信息、材料、生物等领域新技术深度融合，统筹能源与通信、交通等基础设施建设，构建能源生产、输送、使用和储能体系协调发展、集成互补的能源互联网。

二、节约低碳，推动能源消费革命

坚持节约优先，强化引导和约束机制，抑制不合理能源消费，提升能源消费清洁化水平，逐步构建节约高效、清洁低碳的社会用能模式。

实施能源消费总量和强度“双控”。把能源消费总量和能源消费强度作为经济社会发展重要约束性指标，建立指标分解落实机制。调整产业结构，综合运用经济、法律等手段，切实推进工业、建筑、交通等重点领域节能减排，通过淘汰落后产能、加快传统产业升级改造和培育新动能，提高能源效率。加强重点行业能效管理，推动重点企业能源管理体系建设，提高用能设备能效水平，严格钢铁、电解铝、水泥等高耗能行业产品能耗标准。

开展煤炭消费减量行动。严控煤炭消费总量，京津冀鲁、长三角和珠三角等区域实施减煤量替代，其他重点区域实施等煤量替代。提升能效环保标准，积极推进钢铁、建材、化工等高耗煤行业节能减排改造。全面实施散煤综合治理，逐步推行天然气、电力、洁净型煤及可再生能源等清洁能源替代民用散煤，实施工业燃煤锅炉和窑炉改造提升工程，散煤治理取得明显进展。

拓展天然气消费市场。积极推进天然气价格改革，推动天然气市场建设，探索建立合理气、电价格联动机制，降低天然气综合使用成本，扩大天然气消费规模。稳步推进天然气接收和储运设施公平开放，鼓励大用户直供。合理布局天然气销售网络和服务设施，以民用、发电、交通和工业等领域为着力点，实施天然气消费提升行动。以京津冀及周边地区、长三角、珠三角、东北地区为重点，推进重点城市“煤改气”工程。加快建设天然气分布式能源项目和天然气调峰电站。2020 年气电装机规模达到 1.1 亿 kW。

实施电能替代工程。积极推进居民生活、工业与农业生产、交通运输等领域电能替代。推广电锅炉、电窑炉、电采暖等新型用能方式，以京津冀及周边地区为重点，加快推进农村采暖电能替代，在新能源富集地区利用低谷富余电实施储能供暖。提高铁路电气化率，适度超前建设电动汽车充电设施，大力发展港口岸电、机场桥电系统，促进交通运输“以电代油”。到 2020 年电能在终端能源消费中的比重提高到 27% 以上。

开展成品油质量升级专项行动。2017年起全面使用国五标准车用汽柴油，抓紧制定发布国六标准车用汽柴油标准，力争2019年全面实施。加快推进普通柴油、船用燃料油质量升级，推广使用生物质燃料等清洁油品，提高煤制燃料战略储备能力。加强车船尾气排放与净化设施改造监管，确保油机协同升级。

创新生产生活用能模式。实施工业节能、绿色建筑、绿色交通等清洁节能行动。健全节能标准体系，大力开发、推广节能高效技术和产品，实现重点用能行业、设备节能标准全覆盖。推行重点用能行业能效“领跑者”制度和对标达标考核制度。积极创建清洁能源示范省（区、市）、绿色能源示范市（县）、智慧能源示范镇（村、岛）和绿色园区（工厂），引导居民科学合理用能，推动形成注重节能的生活方式和社会风尚。

专栏4　能源消费革命重点工程
天然气消费提升行动：扩大城市高污染燃料禁燃区范围，加快实施“煤改气”。以京津冀及周边地区、长三角、珠三角、东北地区为重点，推进重点城市“煤改气”工程，增加用气450亿m^3，替代燃煤锅炉18.9万t（蒸汽）。提高天然气发电利用比重，鼓励发展天然气分布式多联供项目，支持发展燃气调峰电站，结合热负荷需求适度发展燃气热电联产项目。扩大交通领域天然气利用，推广天然气公交车、出租车、物流配送车、环卫车、重型载货汽车和液化天然气船舶
充电基础设施建设工程：建设“四纵四横”城际电动汽车快速充电网络，新增超过800座城际快速充电站。新增集中式充换电站超过1.2万座，分散式充电桩超过480万个，满足全国500万辆电动汽车充换电需求
节能行动：大力推广应用高效节能产品和设备，发展高效锅炉、高效内燃机、高效电机和高效变压器，推进高耗能通用设备改造，推广节能电器和绿色照明，不断提高重点用能设备能效。提高建筑节能标准，加快推进建筑节能改造，推广供热计量，完善绿色建筑标准体系，推广超低能耗建筑。实施工业园区节能改造工程，加强园区能源梯级利用。大力发展城市公共交通，提高绿色出行比例
清洁能源示范省区建设工程：着眼于提高非化石能源和天然气消费比重，控制煤炭消费，提高清洁化用能水平，加快推进浙江清洁能源示范省，宁夏新能源综合示范区，青海、张家口可再生能源示范区建设，支持四川、海南、西藏等具备条件的省区开展清洁能源示范省建设，支持日喀则等地区发挥资源综合比较优势，推进绿色能源示范区建设，在具备资源条件和发展基础的地区建设一批智慧能源示范城市（乡镇、园区、楼宇）

三、多元发展，推动能源供给革命

推动能源供给侧结构性改革，以五大国家综合能源基地为重点优化存量，把推动煤炭等化石能源清洁高效开发利用作为能源转型发展的首要任务，同时大力拓展增量，积极发展非化石能源，加强能源输配网络和储备应急设施建设，加快形成多轮驱动的能源供应体系，着力提高能源供应体系的质量和效率。

着力化解和防范产能过剩。坚持转型升级和淘汰落后相结合，综合运用市场和必要的行政手段，提升存量产能利用效率，从严控制新增产能，支持企业开展产能国际合作，推动市场出清，多措并举促进市场供需平衡。加强市场监测预警，强化政策引导，主动防范风险，促进产业有序健康发展。

——煤炭。严格控制审批新建煤矿项目、新增产能技术改造项目和生产能力核增项目，确需新建煤矿的，实行减量置换。运用市场化手段以及安全、环保、技术、质量等标准，加快淘汰落后产能和不符合产业政策的产能，积极引导安全无保障、资源枯竭、赋存条件差、环境污染重、长期亏损的煤矿产能有序退出，推进企业兼并重组，鼓励煤、电、化等上下游产业一体化经营。实行煤炭产能登记公告制度，严格治理违法违规煤矿项目建设，控制超能力生产。“十三五”期间，停缓建一批在建煤矿项目，14 个大型煤炭基地生产能力达到全国的 95%以上。

专栏 5　煤炭发展重点
严格控制新增产能：神东、陕北、黄陇和新疆基地，在充分利用现有煤炭产能基础上，结合已规划电力、现代煤化工项目，根据市场情况合理安排新建煤矿项目；蒙东（东北）、宁东、晋北、晋中、晋东和云贵基地，有序建设接续煤矿，控制煤炭生产规模；鲁西、冀中、河南和两淮基地压缩煤炭生产规模
加快淘汰落后产能：尽快关闭 13 类落后小煤矿，以及开采范围与自然保护区、风景名胜区、饮用水水源保护区等区域重叠的煤矿。2018 年前淘汰产能小于 30 万 t/a 且发生过重大及以上安全生产责任事故的煤矿，产能 15 万 t/a 且发生过较大及以上安全生产责任事故的煤矿，以及采用国家明令禁止使用的采煤方法、工艺且无法实施技术改造的煤矿
有序退出过剩产能：开采范围与依法划定、需特别保护的相关环境敏感区重叠的煤矿，晋、蒙、陕、宁等地区产能小于 60 万 t/a 的非机械化开采煤矿，冀、辽、吉、黑、苏、皖、鲁、豫、甘、青和新等地区产能小于 30 万 t/a 的非机械化开采煤矿，其他地区产能小于 9 万 t/a 的非机械化开采煤矿有序退出市场

——煤电。优化规划建设时序，加快淘汰落后产能，促进煤电清洁高效发展。建立煤电规划建设风险预警机制，加强煤电利用小时数监测和考核，与新上项目规模挂钩，合理调控建设节奏。“十三五”前两年暂缓核准电力盈余省份中除民生热电和扶贫项目之外的新建自用煤电项目，采取有力措施提高存量机组利用率，使全国煤电机组平均利用小时数达到合理水平；后三年根据供需形势，

按照国家总量控制要求，合理确定新增煤电规模，有序安排项目开工和投产时序。民生热电联产项目以背压式机组为主。提高煤电能耗、环保等准入标准，加快淘汰落后产能，力争关停 2 000 万 kW。2020 年煤电装机规模力争控制在 11 亿 kW 以内。

全面实施燃煤机组超低排放与节能改造，推广应用清洁高效煤电技术，严格执行能效环保标准，强化发电厂污染物排放监测。2020 年煤电机组平均供电煤耗控制在 310g/（kW•h）以下，其中新建机组控制在 300 g/（kW•h）以下，二氧化硫、氮氧化物和烟尘排放浓度分别不高于 35mg/m^3、50 mg/m^3、10 mg/m^3。

专栏 6　煤电发展重点
优化建设时序：取消一批，缓核一批，缓建一批和停建煤电项目，新增投产规模控制在 2 亿 kW 以内 淘汰落后产能：逐步淘汰不符合环保、能效等要求且不实施改造的 30 万 kW 以下、运行满 20 年以上纯凝机组、25 年及以上抽凝热电机组，力争淘汰落后产能 2 000 万 kW 节能减排改造："十三五"期间完成煤电机组超低排放改造 4.2 亿 kW，节能改造 3.4 亿 kW。其中：2017 年前总体完成东部 11 省市现役 30 万 kW 及以上公用煤电机组、10 万 kW 及以上自备煤电机组超低排放改造；2018 年前基本完成中部 8 省现役 30 万 kW 及以上煤电机组超低排放改造；2020 年前完成西部 12 省区市及新疆生产建设兵团现役 30 万 kW 及以上煤电机组超低排放改造。不具备改造条件的机组实现达标排放，对经整改仍不符合要求的，由地方政府予以淘汰关停。东部、中部地区现役煤电机组平均供电煤耗力争在 2017 年、2018 年实现达标，西部地区到 2020 年前达标

——煤炭深加工。按照国家能源战略技术储备和产能储备示范工程的定位，合理控制发展节奏，强化技术创新和市场风险评估，严格落实环保准入条件，有序发展煤炭深加工，稳妥推进煤制燃料、煤制烯烃等升级示范，增强项目竞争力和抗风险能力。严格执行能效、环保、节水和装备自主化等标准，积极探索煤炭深加工与炼油、石化、电力等产业有机融合的创新发展模式，力争实现长期稳定高水平运行。"十三五"期间，煤制油、煤制天然气生产能力分别达到 1 300 万 t 和 170 亿 m^3 左右。

鼓励煤矸石、矿井水、煤矿瓦斯等煤炭资源综合利用，提升煤炭资源附加值和综合利用效率。采用先进煤化工技术，推进低阶煤中低温热解、高铝粉煤灰提取氧化铝等煤炭分质梯级利用示范项目建设。积极推广应用清洁煤技术，大力发展煤炭洗选加工，2020 年原煤入选率达到 75% 以上。

专栏 7　煤炭深加工建设重点
煤制油项目：宁夏神华宁煤二期、内蒙古神华鄂尔多斯二三线、陕西兖矿榆林二期、新疆甘泉堡、新疆伊犁、内蒙古伊泰、贵州毕节和内蒙古东部 煤制天然气项目：新疆准东、新疆伊犁、内蒙古鄂尔多斯、山西大同和内蒙古兴安盟。 煤炭分质利用示范项目：陕西延长榆神煤油电多联产、陕煤榆林煤油气化多联产、龙成榆林煤油气多联产和江西江能神雾萍乡煤电油多联产等

——炼油。加强炼油能力总量控制，淘汰能耗高、污染重的落后产能，适度推进先进产能建设。严格项目准入标准，防止以重柴油深加工等名义变相增加炼油能力。积极开展试点示范，推进城市炼厂综合治理，加快产业改造升级，延长炼油加工产业链，增加供应适销对路、附加值高的下游产品，提高产业智能制造和清洁高效水平。

推进非化石能源可持续发展。统筹资源、环境和市场条件，超前布局、积极稳妥推进建设周期长、配套要求高的水电和核电项目，实现接续滚动发展。坚持集中开发与分散利用并举，调整优化开发布局，全面协调推进风电开发，推动太阳能多元化利用，因地制宜发展生物质能、地热能、海洋能等新能源，提高可再生能源发展质量和在全社会总发电量中的比重。

——常规水电。坚持生态优先、统筹规划、梯级开发，有序推进流域大型水电基地建设，加快建设龙头水电站，控制中小水电开发。在深入开展环境影响评价、确保环境可行的前提下，科学安排金沙江、雅砻江、大渡河等大型水电基地建设时序，合理开发黄河上游等水电基地，深入论证西南水电接续基地建设。创新水电开发运营模式，探索建立水电开发收益共享长效机制，保障库区移民合法权益。2020 年常规水电规模达到 3.4 亿 kW，“十三五”新开工规模 6 000 万 kW 以上。

发挥现有水电调节能力和水电外送通道、周边联网通道输电潜力，优化调度运行，促进季节性水电合理消纳。加强四川、云南等弃水问题突出地区水电外送通道建设，扩大水电消纳范围。

——核电。安全高效发展核电，在采用我国和国际最新核安全标准、确保万无一失的前提下，在沿海地区开工建设一批先进三代压水堆核电项目。加快堆型整合步伐，稳妥解决堆型多、堆型杂的问题，逐步向自主三代主力堆型集中。积极开展内陆核电项目前期论证工作，加强厂址保护。深入实施核电重大科技专项，开工建设 CAP1400 示范工程，建成高温气冷堆示范工程。加快论证并推动大型商用乏燃料后处理厂建设。适时启动智能小型堆、商业快堆、60 万 kW 级高温气冷堆等自主创新示范项目，推进核能综合利用。实施核电专业人才队伍建设行动，加强核安全监督、核电操作人员及设计、建造、工程管理等关键岗位人才培养，完善专业人才梯队建设，建立多元化人才培养渠道。2020 年运行核电装机力争达到 5 800 万 kW，在建核电装机达到 3 000 万 kW 以上。

——风电。坚持统筹规划、集散并举、陆海齐进、有效利用。调整优化风电开发布局，逐步由“三北”地区为主转向中东部地区为主，大力发展分散式风电，稳步建设风电基地，积极开发海上风电。加大中东部地区和南方地区资源勘探开发，优先发展分散式风电，实现低压侧并网就近消纳。稳步推进“三北”地区风电基地建设，统筹本地市场消纳和跨区输送能力，控制开发节奏，将弃风率控制在合理水平。加快完善风电产业服务体系，切实提高产业发展质量和市场竞争力。2020 年风电装机规模达到 2.1 亿 kW 以上，风电与煤电上网电价基本相当。

——太阳能。坚持技术进步、降低成本、扩大市场、完善体系。优化太阳能开发布局，优先发展分布式光伏发电，扩大“光伏 +”多元化利用，促进光伏规模化发展。稳步推进“三北”地区光伏电站建设，积极推动光热发电产业化发展。建立弃光率预警考核机制，有效降低光伏电站弃光率。2020 年，太阳能发电规模达到 1.1 亿 kW 以上，其中，分布式光伏 6 000 万 kW、光伏电站 4 500 万 kW、光热发电 500 万 kW，光伏发电力争实现用户侧平价上网。

专栏 8　风能和太阳能资源开发重点
稳步推进内蒙古、新疆、甘肃、河北等地区风电基地建设。在青海、新疆、甘肃、内蒙古、陕西等太阳能资源和土地资源丰富地区，科学规划、合理布局、有序推进光伏电站建设。在四川、云南、贵州等水能资源丰富的西南地区，借助水电站外送通道和灵活调节能力，推进多能互补形式的大型新能源基地开发建设，充分发挥风电、光伏发电、水电的互补效益，重点推进四川省凉山州风水互补、雅砻江风光水互补、金沙江风光水互补、贵州省乌江与北盘江“两江”流域风水联合运行等基地规划建设
鼓励“三北”地区风电和光伏发电参与电力市场交易和大用户直供，支持采用供热、制氢、储能等多种方式，扩大就地消纳能力。大力推动中东部和南方地区分散风能资源的开发，推动低风速风机和海上风电技术进步
推广光伏发电与建筑屋顶、滩涂、湖泊、鱼塘、农业大棚及相关产业有机结合的新模式，鼓励利用采煤沉陷区废弃土地建设光伏发电项目，扩大中东部和南方地区分布式利用规模

——生物质能及其他。积极发展生物质液体燃料、气体燃料、固体成型燃料。推动沼气发电、生物质气化发电，合理布局垃圾发电。有序发展生物质直燃发电、生物质耦合发电，因地制宜发展生物质热电联产。加快地热能、海洋能综合开发利用。2020 年生物质能发电装机规模达到 1 500 万 kW 左右，地热能利用规模达到 7 000 万 t 标准煤以上。

夯实油气资源供应基础。继续加强国内常规油气资源勘探开发，加大页岩气、页岩油、煤层气等非常规油气资源调查评价，积极扩大规模化开发利用，立足国内保障油气战略资源供应安全。

——石油。加强国内勘探开发，促进石油增储稳产。深化精细勘探开发，延缓东部石油基地产量衰减，实现西部鄂尔多斯、塔里木、准噶尔三大石油基地增储稳产。加强海上石油基地开发，积极稳妥推进深水石油勘探开发。支持鄂尔多斯、松辽、渤海湾等地区超低渗油、稠油、致密油等低品位资源和页岩油、油砂等非常规资源勘探开发和综合利用。“十三五”期间，石油新增探明储量 50 亿 t 左右，年产量 2 亿 t 左右。

——天然气。坚持海陆并进，常非并举。推进鄂尔多斯、四川、塔里木气区持续增产，加大海上气区勘探开发力度。以四川盆地及周缘为重点，加强南方海相页岩气勘探开发，积极推进重庆涪陵、四川长宁－威远、云南昭通、陕西延安等国家级页岩气示范区建设，推动其他潜力区块勘探开发。建设沁水盆地、鄂尔多斯盆地东缘和贵州毕水兴等煤层气产业化基地，加快西北煤层气资源勘查，推进煤矿区瓦斯规模化抽采利用。积极开展天然气水合物勘探，优选一批勘探远景目标区。2020 年常规天然气产量达到 1 700 亿 m^3，页岩气产量达到 300 亿 m^3，煤层气（煤矿瓦斯）利用量达到 160 亿 m^3。

补齐能源基础设施短板。按照系统安全、流向合理、优化存量、弥补短板的原则，稳步有序推进跨省区电力输送通道建设，完善区域和省级骨干电网，加强配电网建设改造，着力提高电网利用效率。科学规划、整体布局，统筹推进油气管网建设，增强区域间协调互济供给能力和终端覆盖能力。加强能源储备应急体系建设。

——电网。坚持分层分区、结构清晰、安全可控、经济高效的发展原则，充分论证全国同步电网格局，进一步调整完善电网主网架。根据目标市场落实情况，稳步推进跨省区电力输送通道建设，合理确定通道送电规模。有序建设大气污染防治重点输电通道，积极推进大型水电基地外送通道建设，优先解决云南、四川弃水和东北地区窝电问题。探索建立灵活可调节的跨区输电价格形成机制，优化电力资源配置。进一步优化完善区域和省级电网主网架，充分挖掘既有电网输送潜力，示范应用柔性直流输电，加快突破电网平衡和自适应等运行控制技术，着力提升电网利用效率。加大投资力度，全面实施城乡配电网建设改造行动，打造现代配电网，鼓励具备条件地区开展多能互补集成优化的微电网示范应用。“十三五”期间新增跨省区输电能力 1.3 亿 kW 左右。

——油气管网。统筹油田开发、原油进口和炼厂建设布局，以长江经济带和沿海地区为重点，加强区域管道互联互通，完善沿海大型原油接卸码头和陆上接转通道，加快完善东北、西北、西南陆上进口通道，提高管输原油供应能力。按照“北油南下、西油东运、就近供应、区域互联”的原则，优化成品油管输流向，鼓励企业间通过油品资源串换等方式，提高管输效率。按照“西气东输、北气南下、海气登陆、就近供应”的原则，统筹规划天然气管网，加快主干管网建设，优化区域性支线管网建设，打通天然气利用“最后一公里”，实现全国主干管网及区域管网互联互通。优化沿海液化天然气（LNG）接收站布局，在环渤海、长三角、东南沿海地区，优先扩大已建 LNG 接收站储转能力，适度新建 LNG 接收站。加强油气管网运行维护，提高安全环保水平。2020 年，原油、成品油管道总里程分别达到 3.2 万 km 和 3.3 万 km，年输油能力分别达到 6.5 亿 t 和 3 亿 t；天然气管道总里程达到 10 万 km，干线年输气能力超过 4 000 亿 m^3。

——储备应急设施。加快石油储备体系建设，全面建成国家石油储备二期工程，启动后续项目前期工作，鼓励商业储备，合理提高石油储备规模。加大储气库建设力度，加快建设沿海 LNG 和城市储气调峰设施。推进大型煤炭储配基地和煤炭物流园区建设，完善煤炭应急储备体系。

专栏 9　能源基础设施建设重点	
电力	跨省区外送电通道：建成内蒙古锡盟经北京天津至山东、内蒙古蒙西至天津南、陕北神木至河北南网扩建、山西盂县至河北、内蒙古上海庙至山东、陕西榆横至山东、安徽淮南经江苏至上海、宁夏宁东至浙江、内蒙古锡盟至江苏泰州、山西晋北至江苏、滇西北至广东等大气污染防治重点输电通道以及金沙江中游至广西、观音岩水电外送、云南鲁西背靠背、甘肃酒泉至湖南、新疆准东至华东皖南、扎鲁特至山东青州、四川水电外送、乌东德至广东、川渝第三通道、渝鄂背靠背、贵州毕节至重庆输电工程。开工建设赤峰（含元宝山）至华北、白鹤滩至华中华东、张北至北京、陕北（神府、延安）至湖北、闽粤联网输电工程。结合电力市场需求，深入开展新疆、东北（呼盟）、蒙西（包头、阿拉善、乌兰察布）、陇彬（陇东、彬长）、青海、金沙江上游等电力外送通道项目前期论证。区域电网：依托外送通道优化东北电网 500kV 主网架；完善华北电网主网架，适时推进蒙西与华北主网异步联网；完善西北电网 750kV 主网架，覆盖至南疆等地区；优化华东 500kV 主网架；加快实施川渝藏电网与华中东四省电网异步联网，推进实施西藏联网工程；推进云南电网与南方主网异步联网，适时开展广东电网异步联网
石油	跨境跨区原油输配管道：完善中哈、中缅原油管道，建设中俄二线、仪长复线仪征至九江段、日仪增输、日照—濮阳—洛阳等原油管道，完善长江经济带管网布局，实施老旧管道改造整改。论证中哈原油管道至格尔木延伸工程。跨区成品油输配管道：建设锦州至郑州、樟树至株洲、洛阳至三门峡至运城至临汾、三门峡至西安管道，改扩建格尔木至拉萨等管道
天然气	跨境跨区干线管道：建设中亚天然气管道 D 线、西气东输三线（中段）四线五线、陕京四线、中俄东线、中俄西线（西段）、川气东送二线、新疆煤制气外输、鄂安沧煤制气外输、蒙西煤制气外输、青岛至南京、青藏天然气管道等。区域互联互通管道：建成中卫至靖边、濮阳至保定、东先坡至燕山、武清至通州、建平至赤峰、海口至徐闻等跨省管道，建设长江中游城市群供气支线
储气库	已建项目扩容达容：大港库群、华北库群、金坛盐穴、中原文 96、相国寺等。新建项目：华北兴 9、华北文 23、中原文 23、江汉黄场、河南平顶山、江苏金坛、江苏淮安等

四、创新驱动，推动能源技术革命

深入实施创新驱动发展战略，推动大众创业、万众创新，加快推进能源重大技术研发、重大装备制造与重大示范工程建设，超前部署重点领域核心技术集中攻关，加快推进能源技术革命，实现我国从能源生产消费大国向能源科技装备强国转变。

加强科技创新能力建设。加强能源科技创新体系顶层设计，完善科技创新激励机制，统筹推进基础性、综合性、战略性能源科技研发，提升能源科技整体竞争力，培育更多能源技术优势并加快转化为经济优势。深入推进能源领域国家重大专项工程。整合现有科研力量，建设一批能源创新中心和实验室。进一步激发能源企业、高校及研究机构的创新潜能，推动大众创业、万众创新，鼓励加强合作，建立一批技术创新联盟，推进技术集成创新。强化企业创新主体地位，健全市场导向机制，加快技术产业化应用，打造若干具有国际竞争力的科技创新型能源企业。依托现有人才计划，强化人才梯队建设，培育一批能源科技领军人才与团队。

推进重点技术与装备研发。坚持战略导向，以增强自主创新能力为着力点，围绕油气资源勘探开发、化石能源清洁高效转化、可再生能源高效开发利用、核能安全利用、智慧能源、先进高效节能等领域，应用推广一批技术成熟、市场有需求、经济合理的技术，示范试验一批有一定技术积累但工艺和市场有待验证的技术，集中攻关一批前景广阔的技术，加速科技创新成果转化应用。加强重点领域能源装备自主创新，重点突破能源装备制造关键技术、材料和零部件等瓶颈，加快形成重大装备自主成套能力，推动可再生能源上游制造业加快智能制造升级，提升全产业链发展质量和效益。

实施科技创新示范工程。发挥我国能源市场空间大、工程实践机会多的优势，加大资金、政策扶持力度，重点在油气勘探开发、煤炭加工转化、高效清洁发电、新能源开发利用、智能电网、先进核电、大规模储能、柔性直流输电、制氢等领域，建设一批创新示范工程，推动先进产能建设，提高能源科技自主创新能力和装备制造国产化水平。

专栏 10　能源科技创新重点任务	
关键技术	推广应用：页岩气水平井分段压裂、蒸汽辅助重力泄油、煤层气井高效排水降压、百万吨级煤炭间接液化、生物柴油、高效低成本晶体硅电池、大容量特高压直流输电、智能电网、第三代核电技术、能源装备耐热耐腐蚀材料、新型高效储能材料 示范试验：非常规油气评价、干热岩资源勘查与开发利用、新一代煤炭气化、规模化煤炭分质利用、非粮燃料乙醇、生物质集中高效热电联产、柔性直流输电、先进超超临界火电机组高温金属材料研制与部件制造、大功率电力电子器件制造及应用、精细陶瓷、石墨烯储能器件、光伏电池材料 集中攻关：煤炭绿色无人开采、深井灾害防治、非常规油气精确勘探和高效开发、深海和深层常规油气开发、新型低阶煤热解分质转化、绿色煤电、生物航空燃油、核电乏燃料后处理、新型高效低成本光伏发电、光热发电、超导直流输电、基于云技术的电网调度控制系统、新能源并网技术、微网技术、新型高效电池储能、氢能和燃料电池

（续）

专栏 10　能源科技创新重点任务	
重大装备	煤炭：薄煤层机械化开采装备、重大事故应急抢险技术装备、大型空分装置、超大型煤炭气化装置、大型煤炭液化装置、大型合成气甲烷化装置 油气：旋转导向钻井系统、国产水下生产系统、万吨级半潜式起重铺管船、海上大型浮式生产储油系统、非常规油气勘探开发技术装备、重大海上溢油应急处置技术装备 电力：节能 / 超低排放型超临界循环流化床锅炉、燃气轮机、百万 kW 级水电机组、核电主泵和爆破阀等关键设备、低速及 7 ～ 10MW 级风电机组、光热发电核心设备、高效锅炉、高效电机、超大规模可再生能源集成装备、大规模储能电池
重大示范工程	煤炭：智慧煤矿、煤制芳烃、煤基多联产、百万吨级煤油共炼、煤油气资源综合利用、煤电铝一体化、煤制清洁燃料 油气：非常规油气开发、深层稠油开发、1 500m 以下深海油气开发 电力：清洁高效燃煤发电、自主知识产权重型 F 级燃气轮机发电、“华龙一号”、CAP1400、60 万 kW 高温气冷堆、CFR600 快堆、模块化小型堆、智能电网、大规模先进储能 新能源：大型超大型海上风电、大型光热发电、多能互补分布式发电、生物质能梯级利用多联产、海岛微网、深层高温干热岩发电、海洋潮汐发电、天然气水合物探采

五、公平效能，推动能源体制革命

坚持市场化改革方向，理顺价格体系，还原能源商品属性，充分发挥市场配置资源的决定性作用和更好发挥政府作用，深入推进能源重点领域和关键环节改革，着力破除体制机制障碍，构建公平竞争的能源市场体系，为提高能源效率、推进能源健康可持续发展营造良好制度环境。

完善现代能源市场。加快形成统一开放、竞争有序的现代能源市场体系。放开竞争性领域和环节，实行统一市场准入制度，推动能源投资多元化，积极支持民营经济进入能源领域。健全市场退出机制。加快电力市场建设，培育电力辅助服务市场，建立可再生能源配额制及绿色电力证书交易制度。推进天然气交易中心建设。培育能源期货市场。开展用能权交易试点，推动建设全国统一的碳排放交易市场。健全能源市场监管机制，强化自然垄断业务监管，规范竞争性业务市场秩序。

推进能源价格改革。按照“管住中间、放开两头”的总体思路，推进能源价格改革，建立合理反映能源资源稀缺程度、市场供求关系、生态环境价值和代际补偿成本的能源价格机制，妥善处理和逐步减少交叉补贴，充分发挥价格杠杆调节作用。放开电力、油气等领域竞争性环节价格，严格监管和规范电力、油气输配环节政府定价，研究建立有效约束电网和油气管网单位投资和成本的输配价格机制，实施峰谷分时价格、季节价格、可中断负荷价格、两部制价格等科学价格制度，完善调峰、调频、备用等辅助服务价格制度，推广落实气、电价格联动机制。研究建立有利于激励降低成本的财政补贴和电价机制，逐步实现风电、光伏发电上网电价市场化。

深化电力体制改革。按照“准许成本加合理收益”的原则，严格成本监管，合理制定输配电价。加快建立相对独立、运行规范的电力交易机构，改革电网企业运营模式。有序放开除公益性调节性以外的发用电计划和配电增量业务，鼓励以混合所有制方式发展配电业务，严格规范和多途径培育售电市场主体。全面放开用户侧分布式电力市场，实现电网公平接入，完善鼓励分布式能源、智能电网和能源微网发展的机制和政策，促进分布式能源发展。积极引导和规范电力市场建设，有效防范干预电力市场竞争、随意压价等不规范行为。

推进油气体制改革。出台油气体制改革方案，逐步扩大改革试点范围。推进油气勘探开发制度改革，有序放开油气勘探开发、进出口及下游环节竞争性业务，研究推动网运分离。实现管网、接收站等基础设施公平开放接入。

加强能源治理能力建设。进一步转变政府职能，深入推进简政放权、放管结合、优化服务改革，加强规划政策引导，健全行业监管体系。适应项目审批权限下放新要求，创新项目管理机制，推动能源建设项目前期工作由政府主导、统一实施，建设项目经充分论证后纳入能源规划，通过招投标等市场机制选择投资主体。

深入推进政企分开。逐步剥离由能源企业行使的管网规划、系统接入、运行调度、标准制定等公共管理职能，由政府部门或委托第三方机构承担。强化能源战略规划研究，组织开展能源发展重大战略问题研究，提升国家能源战略决策能力。

健全能源标准、统计和计量体系，修订和完善能源行业标准，构建国家能源大数据研究平台，综合运用互联网、大数据、云计算等先进手段，加强能源经济形势分析研判和预测预警，显著提高能源数据统计分析和决策支持能力。

六、互利共赢，加强能源国际合作

统筹国内国际两个大局，充分利用两个市场、两种资源，全方位实施能源对外开放与合作战略，抓住“一带一路”建设重大机遇，推动能源基础设施互联互通，加大国际产能合作，积极参与全球能源治理。

推进能源基础设施互联互通。加快推进能源合作项目建设，促进“一带一路”沿线国家和地区能源基础设施互联互通。研究推进跨境输电通道建设，积极开展电网升级改造合作。

加大国际技术装备和产能合作。加强能源技术、装备与工程服务国际合作，深化合作水平，促进重点技术消化、吸收再创新。鼓励以多种方式参与境外重大电力项目，因地制宜参与有关新能源项目投资和建设，有序开展境外电网项目投资、建设和运营。

积极参与全球能源治理。务实参与二十国集团、亚太经合组织、国际能源署、国际可再生能源署、能源宪章等国际平台和机构的重大能源事务及规则制订。加强与东南亚国家联盟、阿拉伯国家联盟、上海合作组织等区域机构的合作，通过基础设施互联互通、市场融合和贸易便利化措施，协同保障区域能源安全。探讨构建全球能源互联网。

七、惠民利民，实现能源共享发展

全面推进能源惠民工程建设，着力完善用能基础设施，精准实施能源扶贫工程，切实提高能源普遍服务水平，实现全民共享能源福利。

完善居民用能基础设施。推进新一轮农村电网改造升级工程，实施城市配电网建设改造行动，强化统一规划，健全技术标准，适度超前建设，促进城乡网源协调发展。统筹电网升级改造与电能替代，满足居民采暖领域电能替代。积极推进棚户区改造配套热电联产机组建设。加快天然气支线管网建设，扩大管网覆盖范围。在天然气管网未覆盖地区推进液化天然气、压缩天然气、液化石油气直供，保障民生用气。推动水电气热计量器具智能化升级改造，加强能源资源精细化管理。积极推进城市地下综合管廊建设，鼓励能源管网与通信、供水等管线统一规划、设计和施工，促进城市空间集约化利用。

精准实施能源扶贫工程。在革命老区、民族地区、边疆地区、集中连片贫困地区，加强能源规划布局，加快推进能源扶贫项目建设。调整完善能源开发收益分配机制，增强贫困地区自我发展“造血功能”。继续强化定点扶贫，加大政府、企业对口支援力度，重点实施光伏、水电、天然气开发利用等扶贫工程。

提高能源普遍服务水平。完善能源设施维修和技术服务站，培育能源专业化服务企业，健全能源资源公平调配和应急响应机制，保障城乡居民基本用能需求，降低居民用能成本，促进能源军民深度融合发展，增强普遍服务能力。提高天然气供给普及率，全面释放天然气民用需求，2020 年城镇气化率达到 57%，用气人口达到4.7亿人。支持居民以屋顶光伏发电等多种形式参与清洁能源生产，增加居民收入，共享能源发展成果。

大力发展农村清洁能源。采取有效措施推进农村地区太阳能、风能、小水电、农林废弃物、养殖场废弃物、地热能等可再生能源开发利用，促进农村清洁用能，加快推进农村采暖电能替代。鼓励分布式光伏发电与设施农业发展相结合，大力推广应用太阳能热水器、小风电等小型能源设施，实现农村能源供应方式多元化，推进绿色能源乡村建设。

专栏11　民生工程建设重点
配电网：建成20个中心城市（区）核心区高可靠性供电示范区、60个新型城镇化配电网示范区。基本建成结构合理、技术先进、灵活可靠、经济高效、环境友好的新型配电网，中心城市（区）用户年均停电时间不超过1h；城镇地区用户年均停电时间不超过10h。乡村地区用户年均停电时间不超过24h，综合电压合格率达到97%，动力电基本实现全覆盖
农村电网：开展西藏、新疆以及四川、云南、甘肃、青海四省藏区农村电网建设攻坚，加强西部及贫困地区农村电网改造升级，推进东中部地区城乡供电服务便利化进程。到2017年年底，完成中心村电网改造升级，实现平原地区机井用电全覆盖，贫困村全部通动力电。到2020年，全国农村地区基本实现稳定可靠的供电服务全覆盖，供电能力和服务水平明显提升，农村电网供电可靠率达到99.8%，综合电压合格率达到97.9%，户均配变容量不低于2kV・A
光伏扶贫：完成200万建档立卡贫困户光伏扶贫项目建设
离网式微电网工程：在海岛、边防哨卡等电网未覆盖地区建设一批微电网工程

第四章　保障措施

一、健全能源法律法规体系

建立健全完整配套的能源法律法规体系，推动相关法律制定和修订，完善配套法规体系，发挥法律、法规、规章对能源行业发展和改革的引导和约束作用，实现能源发展有法可依。

二、完善能源财税投资政策

完善能源发展相关财政、税收、投资、金融等政策，强化政策引导和扶持，促进能源产业可持续发展。

加大财政资金支持。继续安排中央预算内投资，支持农村电网改造升级、石油天然气储备基地建设、煤矿安全改造等。继续支持科技重大专项实施。支持煤炭企业化解产能过剩，妥善分流安置员工。支持已关闭煤矿的环境恢复治理。完善能源税费政策。全面推进资源税费改革，合理调节资源开发收益。加快推进环境保护费改税。完善脱硫、脱硝、除尘和超低排放环保电价政策，加强运行监管，实施价、税、财联动改革，促进节能减排。

完善能源投资政策。制定能源市场准入“负面清单”，鼓励和引导各类市场主体依法进入“负面清单”以外的领域。加强投资政策与产业政策的衔接配合，完善非常规油气、深海油气、天然铀等资源勘探开发与重大能源示范项目投资政策。

健全能源金融体系。建立能源产业与金融机构信息共享机制，稳步发展能源期货市场，探索组建新能源与可再生能源产权交易市场。加强能源政策引导，支持金融机构按照风险可控、商业可持续原则加大能源项目建设融资，加大担保力度，鼓励风险投资以多种方式参与能源项目。鼓励金融与互联网深度融合，创新能源金融产品和服务，拓宽创新型能源企业融资渠道，提高直接融资比重。

三、强化能源规划实施机制

建立制度保障，明确责任分工，加强监督考核，强化专项监管，确保能源规划有效实施。

增强能源规划引导约束作用。完善能源规划体系，制定相关领域专项规划，细化规划确定的主要任务，推动规划有效落实。强化省级能源规划与国家规划的衔接，完善规划约束引导机制，将规划确定的主要目标任务分解落实到省级能源规划中，实现规划对有关总量控制的约束。完善规划与能源项目的衔接机制，项目按核准权限分级纳入相关规划，原则上未列入规划的项目不得核准，提高规划对项目的约束引导作用。

建立能源规划动态评估机制。能源规划实施中期，能源主管部门应组织开展规划实施情况评估，必要时按程序对规划进行中期调整。规划落实情况及评估结果纳入地方政府绩效评价考核体系。

创新能源规划实施监管方式。坚持放管结合，建立高效透明的能源规划实施监管体系。创新监管方式，提高监管效能。重点监管规划发展目标、改革措施和重大项目落实情况，强化煤炭、煤电等产业政策监管，编制发布能源规划实施年度监管报告，明确整改措施，确保规划落实到位。